石河子大学"中央支持地方高校改革发展资金部省合
国家社会科学基金项目（18BJY048）资助

产业结构升级视角下的
新疆职业教育
供给侧结构性优化路径研究

徐秋艳 ◎ 著

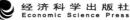

中国财经出版传媒集团

经济科学出版社
Economic Science Press

·北 京·

图书在版编目（CIP）数据

产业结构升级视角下的新疆职业教育供给侧结构性优化路径研究/徐秋艳著 . -- 北京：经济科学出版社，2024.9

ISBN 978 - 7 - 5218 - 5814 - 3

Ⅰ . ①产… Ⅱ . ①徐… Ⅲ . ①职业教育 - 教育改革 - 研究 - 新疆 Ⅳ . ①G719.21

中国国家版本馆 CIP 数据核字（2024）第 075635 号

责任编辑：王　娟　李艳红
责任校对：刘　昕
责任印制：张佳裕

产业结构升级视角下的新疆职业教育供给侧结构性优化路径研究

徐秋艳　著

经济科学出版社出版、发行　新华书店经销
社址：北京市海淀区阜成路甲 28 号　邮编：100142
总编部电话：010 - 88191217　发行部电话：010 - 88191522
网址：www. esp. com. cn
电子邮箱：esp@ esp. com. cn
天猫网店：经济科学出版社旗舰店
网址：http://jjkxcbs. tmall. com
北京季蜂印刷有限公司印装
710×1000　16 开　18.25 印张　290000 字
2024 年 9 月第 1 版　2024 年 9 月第 1 次印刷
ISBN 978 - 7 - 5218 - 5814 - 3　定价：76.00 元
（图书出现印装问题，本社负责调换。电话：010 - 88191545）
（版权所有　侵权必究　打击盗版　举报热线：010 - 88191661
QQ：2242791300　营销中心电话：010 - 88191537
电子邮箱：dbts@ esp. com. cn）

前　言

　　新疆曾是我国脱贫攻坚的主战场，实现新疆经济社会发展和长治久安关系党和国家工作全局。新疆经济社会发展还相对落后、地区发展不平衡问题突出，职业教育资源不足，导致就业机会不充分，这些因素都凸显了新疆职业教育发展的重要性和紧迫性。职业教育这种教育类型不但与经济社会发展联系紧密，而且与就业和民生联系更为直接，担负着传承技术技能，为社会培养多方面人才，促进就业创业的重要职责。新疆在职业教育供给侧结构方面还存在着诸多问题，如职业教育对人才的供给有一部分还是低质量、低效率的，所培养的人才离社会经济发展的需求有很大差距，还不能满足产业结构升级的需要，部分行业人才短缺的现象愈发突出，这与职业教育发展滞后有着直接的关系，所以急需对职业教育的供给侧结构予以优化，转结构促升级，提高新疆职业教育供给体系的质量与效率，这对于推进新疆职业教育的发展，促进青年充分就业，维护新疆社会稳定，助力新疆长治久安具有重要的作用。

　　本书以"理论研究→宏观实证研究与微观调研研究→政策建议研究"为研究逻辑，第 1 章阐述了研究背景、理论与实践价值、国内外研究动态、研究内容以及特色与创新等问题；第 2 章对职业教育供给侧结构、产业结构升级的相关概念、理论基础以及两者之间的机理分析进行了阐述；第 3 章对新疆职业教育供给侧结构与产业结构现状及优化的必要性和可行性分析进行了探析；第 4 章分析了新疆产业结构升级与新疆职业教育供给侧结构两者之间的关系；第 5 章通过构建指标体系，运用耦合度模型及协调度模型对新疆职业教育供给侧结构与产业结构升级之间的适应性进行了分析；第 6 章对新疆职业教育供给侧结构与产业结构升级适应性的影响因素进行了阐述；第7章、第8章、第9章、第10章基于新疆产业结构现状对新疆七个地区的职业院校的学生、教师、教育管理者及用人单位进行了调研并根据获取的一手数据进行深入分析；第11章通过对职业教育发达国家的职业教育发展个案及我国东中西部地区职业教育院校典型案例进行解读，为新疆职业教育的发展提供借鉴与启示；第12章综合以上分析针对性地提出了基于产业结构升级的新疆职业教育供给侧结构性优化路径以及本次研究中存在的不足和对未来研究的展望。

　　本书的主要创新之处在于以下两点。第一，研究视角创新。与以往职业教育结构与产业结构的研究不同，本书以产业结构升级为视角，探索新疆职业教育供给侧结构性优化路径，开创了新的研究视角。第二，研究得出了一些较为针对性、具体性的研究结论。一是基于产业结构升级与职业教育供给侧结构关系的实证分析，探讨适应新疆产业结构升级的职业教育供给侧结构性优化路径；二是基于产业结构现状对职业院校的学生、教师、教育管理者及对接的用人单位进行调研，获得一手数据并进行分析，从而针对性地提出优化路径。

目　　录

1

第1章

绪　论

1.1　研究背景与研究价值

1.1.1　研究背景

自习近平总书记在中央财经领导小组第十一次会议上首次提出供给侧结构性改革以来，推进供给侧结构性改革已然成为我国当前及未来一段时期经济工作的主线，供给侧结构性改革不仅涵盖经济领域还涵盖社会领域，而教育属于社会领域，对经济社会发展大局有着重要影响。在新发展格局下，习近平总书记在2021年4月召开的全国职业教育大会上进一步提出要加快现代职业教育体系的构建，培养更多高素质技术技能人才、能工巧匠与大国工匠等。2021年10月，《关于推动现代职业教育高质量发展的意见》中明确提出要紧密对接产业升级和技术变革趋势，优化职业教育供给结构。国务院原副总理刘延东也曾强调要围绕国家发展和民生需求，把职业教育放在供给侧结构性改革和促进就业大格局中谋划，深化教育链产业链融合，主动服务动能转换和产业升级。由此可见，职业教育发展与经济发展、产业结构密不可分，专业应根据产业发展需求进行调整，产业将依赖于有效的人才供给快速发展。

2020 年，我国如期实现脱贫攻坚战略目标，目前正向共同富裕进发。新疆是我国实现共同富裕的主战场之一，是实现新疆经济社会发展和长治久安关系着党和国家的工作全局的重要组成部分。新疆经济社会发展还相对落后、地区发展不平衡问题较为突出，就业机会不充分，这些因素都凸显了新疆职业教育发展的重要性和紧迫性。职业教育这种教育类型不但与经济社会发展联系紧密，而且与就业关系和民生关系联系更为直接，担负着传承技术技能、为社会培养多方面人才、促进就业创业的重要职责，然而，在职业教育供给侧结构方面却存在诸多问题，如新疆职业教育对人才的供给有一部分是低质量、低效率的，所培养的人才离社会经济发展的需求有一定差距，不能满足产业结构升级的需要。部分行业人才短缺的现象愈发突出，这与职业教育发展滞后有着直接的关系，所以急需对职业教育的供给侧结构予以优化，转结构促升级，提高新疆职业教育供给体系的质量与效率，这对于推进新疆职业教育的发展，促进青年充分就业，维护新疆社会稳定，助力新疆长治久安无疑具有重要的战略价值。

1.1.2 研究的学术价值与应用价值

1.1.2.1 学术价值

通过对职业教育供给结构与产业结构升级的适应性分析，厘清产业结构升级下职业教育系统内部各结构的支撑关系，不仅对丰富供给侧结构性改革研究成果与产业结构研究成果有重要意义，而且对充实贫困与反贫困问题的研究成果也有着重要的理论意义。

1.1.2.2 应用价值

第一，有助于认识产业结构升级视角下职业教育发展的现实不足和内在规律，研究成果不仅能够为相关决策部门提供有益的实证参考，促进教育资源的合理配置与优化，而且能够在促进产业结构升级下推进职业教育的发展，协调落后地区的职业教育发展与产业结构调整，促进经济社会可持续发展，有助于地区产业结构的升级。

第二，有益于助推新疆乃至国家的职业教育供给侧改革，为相对贫困地区的青少年提供更多的就学机会、就业机会，提升其创业实力，从而为产业结构升级提供长足的发展动力。

第三，有助于促进职业教育人才培养体系一体化设计，推动各层次职业教育专业设置、培养目标、课程体系、培养方案衔接等，在适应区域产业发展的人才培养质量的导向下，对传承技术技能、培养社会所需的多样化人才等有着重要的价值。

1.2　国内外研究动态

1.2.1　国内外研究动态

1.2.1.1　职业教育供给结构方面的研究

凯兴斯泰纳等在19世纪末20世纪初所提倡的"劳作教育"思想确立了现代职业教育的基本价值，而朗格朗在1995年提出的"终身职业教育"思想则对世界职业教育改革和许多国家职业教育决策产生了重要影响，经过多年的发展，关于职业教育与通识教育具有同等重要的地位的问题目前已成为共识。大卫·斯特恩（David Stern，1995）认为发展职业教育有利于提高一个国家的劳动生产率，进而促进经济的增长，而职业教育对产业的贡献将会呈现递增的趋势（萨卡罗普洛斯，1998）。对于很多发达国家而言，其高等教育结构中的职业教育具有关键的战略地位，由于职业教育回报相对较大（郭冬，2020），因此，许多国家渐渐意识到职业教育的重要性，将发展职业教育作为本国教育发展的重要战略（米德尔顿，2008）。

我国当代职业教育始于改革开放，社会主义市场经济体制改革促使现代职业教育服务实体经济产生了活力，教育供给侧结构性改革早期的探索从此开始。职业教育四十年的发展进程始终与建设中国特色社会主义相互交融。我国职业教育虽起步相对较晚，但学者们也不断地对其进行深入的研究。杨海燕（2014）提出，与中国经济社会发展、产业提升以及就业结构变动联系较为密切的高等教育类型是职业高等教育。另外还有学者研究提出职业院校中的学科专业规模结构、类型结构、层次结构、布局结构这四大部分都可以体现职业教育内部结构是否合理，并认为职业教育内部结构的合理化主要是由学科专业规模构成、对产业结构人才需求的符合程度等十二个关键要素组成（张淼等，2016）。

2015 年 11 月，习近平总书记在中央财经领导工作会议上明确提出了供给侧结构性改革，以期为经济增长的提质增效注入新动力、新能量。职业人才培养的质量和数量能够直接影响一国的经济社会发展情况，但随着职业教育的发展，中国经济社会的发展和职业教育资源匹配所暴露出的问题也日益突出，因此，职业教育供给侧结构性改革已经刻不容缓。职业教育领域应该逐渐转变长期以来忽视"供给侧结构性改革"只注重"需求侧改革"的观点，优化教育内部结构，实现要素的最优配置，从供需二侧同步加力以进一步优化供给结构，提升供给有效性（吉喆，2021）。目前关于教育供给侧结构性改革的理论研究较多，多数学者认为教育领域的供给侧结构性改革存在两方面问题，一是丰富教育供给结构问题，二是提高教育供给端的质量、效率、创新性。针对教育供给结构的问题，刘云生（2015）认为教育的供给侧结构性改革要形成以深度问题为导向的教育优先供给机制、以双管齐下为战略的教育短板补充机制、以主动为导向的教育尺度衡量机制。而庄西真（2016）则进一步提出了职业教育供给侧结构性改革来自于供给侧结构性改革在职业教育上体现出的五对问题，集中反映了当前职业教育的问题是有效供给能力不足。关于教育供给端的质量、效率和创新性的问题，有研究人员指出职业教育供给侧结构性改革路径的核心内容是优化职业教育资源配置，扩大优质职业教育资源供给（殷宝庆，2016），具体要从职业教育领域的体系结构、学科专业布局结构、师资培养培训、课程体系结构等方面进行职业教育供给侧结构化改革的要素供给与制度供给（吕景泉等，2016）。2016 年 3 月，国务院教育督导委员会办公室发布了《高等职业院校适应社会需求能力评估暂行办法》，评估内容主要涵盖了学生发展、"双师"队伍建设、专业人才培养、办学基础能力、社会服务能力五个方面，为推动高等职业教育供给侧改革发展提供了依据。有研究指出，高等职业教育将有助于劳动者工资水平的提高与就业时间的减少，是获得高等学术教育的优势渠道（Maria Esther Oswald – Egg et al.，2021），而高等职业教育的规模、内部结构、教学质量、政策措施等是高等职业教育供给侧结构性改革的关键要素，而动态调控高等职业教育规模、持续优化高等职业教育内部结构、稳定改善高等职业教育服务质量、系统制定高等职业教育政策措施，则是高等职业教育供给侧结构性变革的实践途径（郭福春、王玉龙，2019）。供给侧结构性改革以品质与效益为核心，对中国的高等职业教育提出了挑战：高职教育要提供新的人才，要为不同专业提供差异化的服务，同时还要满足新经济下高职教育差异化发展的常态要求。但是，由于当前中国高等职业教育还面临着若干问题，比如与区域经济发展脱节、学科的同质化程度高、学科结构不合理，以及教师专业素质范围狭窄等，所以，高等职业教育必须积极调整专业结构，强化工匠精神培育，以增强职业内在能力，从而增强对人才培养的适应性（成文，2017）。袁波澜等（2015）发现在新疆民族职业教育中，还存在着预科教学质量相对较低、学科专业的民族特色欠缺，以及少数民族毕业生的就业率相对低下的问题，这些都影响着新疆少数民族的职业教育发展。徐建华教授（2019）指出，我国当前的教育科类结构和人才市场需求之间存在着供需矛盾，当前高等职业教育改革的新发展，着重在两个方面：一是适应经济社会新常态发展的要求；二是要以供给侧教育改革为突破口，改善原有教育供给过程中生产要素间扭曲配置的状况（Sukardi，2019）。王殿安教授（2018）提出职业教育供给侧结构性改革有着重大意义，是实现职业教育专业（群）与产业（群）顺利衔接发展的关键所在，同时也是经济社会发展对技术技能人才需求重要的影响因素。

进入新世纪，职业教育"创新驱动，转型发展"的新态势已初露端倪，供给侧结构性改革蓄势待发（周稽裘，2019）。利用大数据技术推动职业教育发展，建立现代职业教育体系，实现职业教育现代化已成为业界共识（朱广亮，2019）。我国经济进入新常态，高职教育供给必须跟上经济供给侧结构性改革的步伐，培育适应经济社会需要的高素质人才，创造社会需求的优质技能服务，助推经济发展（程震，2020）。本书从以下几个方面对职业教育供给结构的相关文献进行梳理。

第一，学科结构方面的研究。

学科专业理论、学科方法、学科术语等共同组成了学科结构（陈燮军，1991），雷曾（Raizen，2009）指出"经济和社会发展走向未知，未来社会对于劳动者的技能需求是不确定的，职业教育应当提升大众化技能方面的培养"。周明星（2013）提出我国的职业教育是一个充满生命力的学科，目前还不能用一种或几种固定的标准分析，职业教育学科规划需要紧密结合我国发展情况，与时俱进。

从20世纪80年代以来，中国高等教育学科专业结构调整过三次，与国民经济发展不相适应的状况已经取得了一定改善，但不管是从广度还是深度上来看，这些调整措施仍然同迅速变化的中国国民经济和社会发展不相适应。高等技术职业教育建设的根本任务，是要培育基础理论知识水平适度、技术应用能力强、知识面较广、职业素养高的技能型人才与技术应用型人才。2000年教育部制定的《教育部关于加强高职高专教育人才培养工作的意见》中指出高职高专教育要培养拥护党的基本路线，适应一线急需的德、智、体、美等全面发展的高等技术应用型专业人才。2001年，教育部发布的《关于做好普通高等学校本科学科专业结构调整工作的若干原则意见》中指出要积极发展与区域经济建设工作紧密联系的应用型学科专业。2004年，教育部发布的《普通高等学校高职高专教育指导性专业目录（试行）》将高职教育专业学科分为十九大类七十八小类共五百三十一种。谭立平（2006）认为，高职教学的根本出路是深化改革、勇于革新，以满足国民经济与社会的发展需求，并形成了同中国社会主义现代化建设相适应的、具有我国特色的人才培养模式和课程体系，职业教育与产业结构相互作用形成了职业教育的办学模式，而推进职业教育办学模式改革的最直接力量则是产业结构转型（郝天聪、石伟平，2020）。齐秀云（2004）认为我国在加入WTO以后，经济结构逐步与世界接轨，产业结构的变化较为明显，因此，高职学科专业结构也要随着产业结构的变化而进行相应的调整，对于职业教育领域的"供需错位"问题，应当从供给侧角度进行改革（陈晨明，2016）。但是，目前要解决职业教育学科专业结构设置中存在的问题，就应当积极建立产业结构与职业教育学科专业设置之间的良性互动对策（徐莉亚，2016）。欧阳球林（2006）通过对江西省的职业学校研究调查发现，各高职院校在学科结构上存在科类比例严重失调的问题，虽然在社会经济发展过程中，不同的岗位对人才的需求数量不能一概而论，但是若存在较大的比例差距依然是不合理的。马君（2007）提出，我国当前职业教育的学科结构方面还存在一系列问题，诸如学科术语不规范、学科理论体系不成熟、学科研究范式或方法不完备等。王彬（2010）指出，我国当前部分的毕业生无法及时就业主要是由于结构性失业的存在，相当一部分学生所学的学科专业无法匹配当前社会的产业结构需求，而这种情况发生的根本原因在于高职院校的学科设置不合理。这几年，我国高等职业教育为经济发展提供了大批高质量人才，但因存在学科专业结构不合理等情况，"毕业即失业"现象出现频率越来越高，而发展高等职业教育，则更有利于缓解就业紧张（王静艳，2018）。

第二，层次结构方面的研究。

各级职业教育之间的组合与比例关系是职业教育的层次结构。从根本上来说，职教层次结构决定了一个国家职业教育体系的发展程度，联合国国际教科文组织、经济合作与发展组织、欧盟等均重视职业教育层次结构的变化以及发展趋势。好的职业类课程可提高竞争力，但许多课程未能满足劳动力市场的需求（经济合作与发展组织，2010）。欧洲职业培训发展中心（Cedefop，2010）提出，除了职业教育培训带来的经济效益，如个人工资、组织生产力提高和国家经济增长，职业教育还能带来一定的非经济利益，如个人工作满意度更高、组织缺勤率降低和社会犯罪率降低等。杰梅尔（Gemmel，1996）研究发现发展中国家的初等或中等教育与经济增长的关系较大，并且高等教育对经济增长的贡献率均小于同期中等职业教育（李洪平，2013）。杰弗里·塔布隆（Geoffrey Tabbron，1997）则提出为适应经济社会增长与行业转型，丰富职业教育的层次结构，政府应当加大与高等职业教育机构及中小企业的合作。中等职业教育发展的不平衡是造成区域经济社会发展和产业结构升级不均衡性的主要因素（朱新生，2011）。李玉静（2014）研究表明各国各地职业教育层次结构与各地的政治制度、文化传统、经济发展等各种因素之间都存在着密切联系。徐毅（2003）提出的中国高等教育职业体系结构是以高职高专、应用型本科院、研究生专业学位教育分别为专科主体本科主体及研究生教育主体。

目前大部分观点都提出，职业教育的层次结构应满足当地的经济发展，满足行业结构调整需要。而王敏（2006）则根据当前中国的基本国情和经济社会发展水平，认为目前中国应当重点发展专科层次的高等职业教育，东部地区应当发展本层次的高等职业教育。葛雷军（2008）、王守龙（2011）、许海燕（2012）、广键梅（2012）、徐晔与王秀婷（2014）等分别对杭州、安徽、湖北及抚顺等省市进行了实证研究，剖析了职教层次结构与经济发展水平的互相落差，并根据不同的现实情况，提出了一系列解决方案。杨海燕等（2013）通过对北京市历年的医药类中、高等职业教育培养规模的数据分析，得出中国未来职教的层次结构重心将会继续上移的观点。

2014 年，《国务院关于加快发展现代职业教育的决定》明确提出现代职业教育改革实践的重点工作是将中职、高职、本科生高等教育课程相衔接，与产教融合发展。贾宁和吴雨倩（2013）通过研究得出，当前中国职业教育在各层次发展的比例不协调，职业教育的人才培养应当按照各层次人才的需求进行。曾小敏（2016）指出，要从社会经济生产力发展水平的角度思考现代职业教育的层次结构，依据产业结构调整，对职业教育采取从低到高的层次的合理调整，使不同层次间实现衔接连贯。赵淼（2018）研究表明北京市的职业教育层次呈现出上移的趋势，与其经济发达程度有正相关关系。闫志利等（2020）表明，职业教育层次结构会伴随生产力水平的上升而上移，呈现相关关系。

目前我国职业教育在层次结构上呈现出专科层次的职业教育无法满足需求，本科、硕士阶段的职业教育还不能很好地衔接（赵淼，2018）。因此，需要根据当地区域生产力的发展水平确定调整职业教育的层次结构，提高其适应性。2019 年 12 月，《上海职业教育高质量发展行动计划（2019～2022年)》明确提出将中高本贯通培养作为上海职业教育人才培养的主要模式与方向，这是当前我国职业教育不断探求的一种全新的培养模式。

第三，类型结构方面的研究。

在教育体系中，按照目标而分类的各种教育类型的构成、配比、相关关系就是教育的类型结构，其合理化程度与教育体系对社会需求的适应水平有关，也与教育体系个体化运作中的适应能力和竞争能力有关（杨金土，2001）。普通高等教育和高等职业教育是我国高等教育的两种类型，科研、管理决策专业研究型人才培养是前者的主要培养目标，职业应用型人才培养是后者的主要培养目标（易元祥，2005）。我国对类型结构的优化调整经历了长期的发展过程（邓庆宁，2014）。现阶段通过对教育结构的理性把握，从经济社会发展、产业结构等实际得出的理性判断是坚持职普大体相当的教育结构（张健，2017）。陈解放（2007）指出当前我国的高等职业教育还处在一个类型结构逐步形成的均衡与冲突并存的创新过程之中，其内在逻辑还需要加以优化。明航（2007）指出人才类型结构的培养由教育类型结构决定，以分别满足社会发展与个人发展对人才类型的需求与教育类型的选择。构建高等职业教育类型体系的制度应以科学发展观为指导，构建符合国情的、开放的、多层次与多类型的教育类型体系（易石宏，2009）。

第四，布局结构方面的研究。

布局结构，即区域布局结构，指一定范畴内高校的空间或地理分布及其组合关系。潘懋元（2007）提出高校布局结构即在各地的高校数量分布状况、高校的不同等级、不同形式分布及不同科类专业的分布。陈慧青（2009）提出布局结构涵盖范围较广，包括了组成要素及其关系的多层次、多维度的概念。高职院校布局结构的要素主要是生源结构、科类专业结构、类型结构、层次结构、数量结构等。

高职学校的布局结构是评价高职教育教学质量与整体发展水平的最主要内容（李小娃，2016），我国学者们针对高校区域布局不均衡的问题进行了较深入的研究，高职学校因所属区域不同，故其基本布局结构有不同的发展，地方政府应结合当地的特色、支柱产业发展与产业结构的实际，通过社会市场调查分析做出专业结构合理的布局规划（赵成喜，2019）。

美国、日本、英国等国家的大城市通过新建与重组等方式建立起了多层次、多类型、多规格的高等教育格局，以应对经济全球化的发展（刘娟，

2008）。目前我国偏远地区高校发展速度相对缓慢，这与教学资源过度集中在大城市，对中小城市的辐射作用弱有关，正如学者潘懋元（2007）所表示的，如果盲目地向中小城市扩大规模或建设新学校，会增加城市建设的压力。因此，国外高校为达到其教学资源对城市化建设的有效覆盖，往往在全国各个区域设立部分学校（雷培梁，2015），另外，发达国家和地区主动积极地从本国实际出发，促进国际联合办学，使布局结构向全球化发展（周红莉，2015）。

1.2.1.2 与职业教育有关的产业结构升级方面的研究

产业升级指的是产业由低技术水平向高新技术水平、由低附加价值状态向高附加价值状态的演变趋势（刘志彪，2000）。技术结构随着产业结构调整发生相应变化，人力资源的需求也发生改变。杰弗里·塔布隆（1997）认为应鼓励职业教育层次结构的升级，与此同时还应加强职业教育与产业界的合作，提高产业升级与职业教育的适应性。范斯坦（Feinstein，1999）认为科学技术的进步和经济的发展，使得从业人员素质得到提升，劳动力生产效率不断提高，劳动力结构呈现从第一产业向第二、第三产业集中的情形。金和康（Jin & Kang，2006）发现产业结构调整与知识型产业的技能壁垒和教育回报的递增趋势有关。德鲁克（Drucker，2013）发现产业结构有利于经济的发展和就业结构的改善。产业结构能影响职业教育的地区分布和专业设置，还能决定职业教育的层次结构，而产业结构的优化升级又受职业教育发展的影响（孙晓辉，2017），因此，产业结构升级是高等职业教育改革的外部推动力。所以，职业教育必须要把握产业结构变革，如果教育层次与规模跟上产业发展的需求，就会促进产业健康发展，否则就会阻碍产业健康发展（沈陆娟，2010）。大力发展高等职业教育，可以培养大批高素质技能型人才，匹配产业结构升级调整，为了更好地与人才需求相匹配，贝拉·科妮莉亚·特吉普塔迪等（Bella Cornelia Tjiptady et al.，2019）提出职业学校应积极应对工业发展，通过开展包括职业学校学习的所有组成部分的振兴来实现职业教育。欧洲职业发展中心（Cedefop）开发了强大的技能预测方法和技能情报工具——"欧洲技能与就业调查（European skills and jobs survey）"和"欧洲技能预测（European skills forecast）"，以此了解人才需求趋势并针对趋势采取行动，大数据分析、技能预见、技能调查与预测等是其中主要的方法（欧洲职业发展中心，2021）。

产业结构提升的重要程度可从经济社会发展各个阶段体现（董显辉，2014）。廖常文（2020）研究发现中国产业结构开始进行二次转型，即将资本密集型产业与劳动密集型产业主导的产业结构，转型升级为技术密集型与知识密集型主导的产业结构。新疆高等职业教育资源在空间分布上不均衡，农学高职教育对第一产业有正向促进作用（邓鹏等，2016）。王爱红（2018）提出产业升级是举国家或地区之力在产业结构、政策部署上进行安排形成的高收益的产业结构。目前我国已进入产业升级的关键期，其成败关键在于是否配备了一支高素质的人才队伍，作为培养技术型人才的职业院校应主动适应产业升级转型的新态势。

1.2.1.3 职业教育供给侧结构与产业结构升级方面的研究

第一，产业结构与职业教育结构互动关系方面的研究。

我国产业结构已从粗放型向集约型发展，为此，职业教育要坚持就业为导向，更新教育和培训内容，提高职业人才培养规格和质量。因此，高等职业教育要依据自身与外部发展需求，积极调整办学模式，主动适应产业转型升级的要求（朱云辉，2019），如《会计改革与发展"十三五"规划纲要》提出要在"十三五"时期全面实施会计人才战略，加强会计人才建设，不断提高会计人员素质。刘（Liu，2013）指出，在当今科技迅速发展、产品更新迭代速度加快的时代背景下，产业传统的竞争因素如成本、质量等已经不能够持续地为产业发展提供较强的竞争优势，教育结构对产业结构的转型升级具有较大的贡献作用（Tommaso Antonucci and Mario Pianta，2012）。

张玲（2020）认为在产业结构调整的视域下，办学偏离定位、培养的人才质量低下、服务意识不强、社会服务不足等问题是我国当前职业教育存在的主要问题。韩永强（2019）通过可视化软件的可视化分析提出职业教育与产业结构应注重产教融合路径深化，促进高职院校产教融合的根本保障是实现产业结构与高职院校专业设置的协调性对接（古光甫，2019），随着产业结构的转型升级，应根据非熟练、半熟练及熟练的人群制定更加灵活的职业教育模式（科塔姆拉朱，2014）。杜鹏（Peng Du，2020）以马克思供求理论为视角，对职业教育供需失衡问题进行了分析和研究，为我国职业教育供给侧结构性改革提供了理论和现实的参考依据。郝天聪（2020）通过对比美国、德国、日本的职业教育办学模式，发现在当前我国产业结构转型的过程中，技能短缺问题依然突出。随着社会就业竞争的不断加剧，高等职业教育的形势也愈发严峻，产业结构的调整为高等职业教育的内涵建设提供了良好的机遇（Delin Chen，2018）。目前，教育工作者亟待探索的问题是如何转变就业观念，改革高职人才培养模式，提高高职学生的就业能力（董秀娟，2020）。

第二，产业结构与职业教育结构关联方面的研究。

有研究发现发展中国家经济增长与初等或中等教育关系较大（杰梅尔，1996），高等教育对经济增长的贡献率低于同期中等职业教育（李洪平，2013），而产业结构调整升级不均衡性的重要因素是中等职业教育发展的不均衡（朱新生，2011）。职业教育具有教育性和职业性双重属性，使它与产业关系紧密，实际上，职业教育的起源与演进开始就带有职业及产业的基因。克里斯塔·施翁（2021）指出欧洲经济社会理事会特别支持最初和持续的职业培训、双重学习和学徒制，避免技能在快速变化的工作中过时，同时建议在更新课程和资格证书时，雇主尤其需要参与进来，以确保学习与实践相适应。

陆怡蕙（Yir – Hueih Luh，2015）研究表明，创新型人力资本能够提高产业竞争力，促进产业结构升级。城市规模和产业结构之间存在正相关性，小型或中型城市的高职教育对产业结构升级的促进作用相对于大型或特大型城市而言更为显著，东部地区的高等职业教育对产业结构升级的影响作用相对于中西部地区城市而言正向影响更大（周启良，2020）。为适应区域经济和产业发展需求，高职院校需基于区域产业结构变化调整专业设置，以提升高职院校服务社会的能力（侯小雨、曾姗，2019）。

有学者研究认为职业教育是国家安全的基础，现代职业教育还具有安全功能。赵燕、蔡文伯等（2010）首先提出发展边疆地区的职业教育是巩固民族团结、保证边疆稳定的重要基础。王玺（2016）则认为只有把职业教育的发展纳入新疆学习型社会的总体规划发展之中，才能弥补人才短缺问题，并且为青少年提供与生存发展相关的适当教育。根据居丁·普菲斯特等（Curdin Pfister et al.，2021）的研究，建立区域科技大学后，区域专利活动增加了 6.8%，专利质量的提高高达 9.7%，对科技发展有较好的推动作用。新疆处于丝绸之路经济带核心区，正处于转型升级的变革中，职业教育需要在规模、专业与产业结构、职业教育效益与社会效益三个方面与区域经济进行协调发展（王燕等，2017）。

第三，产业结构与职业教育结构协调发展方面的研究。

职业教育与产业结构相互影响又相互促进，通过不断变化和调适关系共同推动经济发展。因此，必须加强产业结构与高等职业教育的适应性，以实现二者间的合理匹配（孙小进，2019）。林美惠（Mei–Hui Lin，2016）认为职业教育能为产业结构提供合适的劳动力，职业教育的可持续发展能够对产业结构升级起到较为明显的促进作用。由此可知，西方经济学家对于职业教育与产业结构的关系的看法并不统一。而国内学者认为产业发展决定了职业教育的内容和结构（郑霞，2010）。职业教育是连接产业的最直接教育类型，相对于普通教育来说，其对产业结构调整的反应更敏感（赵惠娟，2009）。

21 世纪，随着经济社会的快速发展，社会对高技能人才的需求更为紧迫，高职教育以其独特的人才培养模式适应经济社会发展的需要（王焕云等，2013）。我国的职业教育与产业发展之间的理论性与实践性均不强，因此，为实现两者的协同发展，可以通过加强职业教育与产业结构各要素之间的系统性研究（李薪茹，2019）。苏荟（2019）通过构建 VAR 模型对新疆的高职院校进行分析后发现，长期内产业结构升级能促进高职教育发展，但高职教育发展对产业结构升级的促进作用在逐渐减弱，孔繁正（2019）的 VAR 模型的分析结果也支持了这个结论。周启良（2020）基于 GMM 回归分析发现，高等职业教育显著促进产业结构升级，提出中西部地区应与东部地区的职业院校开展资源、教学等方面的共享，实现合作多赢。为了更好地服务当地经济发展，职业学校需要创新校企合作的平台，以更好地促进产业结构升级（董志杰，2020）。有学者提出在国家战略和产业结构调整的大背景下，通过创新研究方法实现国际化，提高了医学高职教育的国际化与国际竞争力（刘佳，郑松晓，王文英，冯小冉，2019）。

从国外的经验来看，陈保荣（2020）发现为解决职业教育的人才层次结构、学科专业结构与产业结构不协调问题，我国可以借鉴美国、德国职业教育与产业结构协调的经验。张学英（2012）通过研究美国、德国等发达国家经济，发现在经济快速发展过程中，职业教育始终贯穿于产业结构升级的过程中，这些实践为我国的职业教育发展提供了有益的启示。

1.2.2　文献述评

上述诸多学者不同角度、不同范畴的研究为本书的研究提供了借鉴、启示与指导，但已有的研究成果还存在以下不足：一是对产业结构升级与教育结构的关联性研究偏弱，尤其是结合产业结构升级视角，探究职业教育供给侧结构性优化路径的研究是严重缺失的；二是研究方法以定性研究为主，定量研究缺乏；三是鲜有学者对少数民族聚集地区从职业教育供给侧结构方面进行深度研究；四是研究成果过于学术性，缺乏以产业结构升级为导向的职业教育供给侧结构性优化路径的可操作性的程式指导。

基于此，本书以经济欠发达地区——新疆为研究范畴，通过宏观分析、实地调研及其微观分析、个案分析方法进行研究，旨在产业结构升级的导向下，优化新疆职业教育供给侧结构，推动青少年充分就业，促进地区经济快速发展。

1.3　研究思路与研究内容

本书以职业教育供给侧结构优化为手段，以促进新疆产业结构升级为目标，以职业教育供给结构与产业结构升级适应性分析为关键，实地调研了新疆南北疆地区职业院校的学生、教师、教育管理者及其用人单位，并且对欧美澳与亚洲发达国家及我国东中西部地区的职业教育发展的成功经验进行个案解读，提出适应新疆产业结构升级的职业教育供给侧结构性优化路径。

本书分为 12 章内容，其结构安排如下。

第 1 章 绪论。主要介绍本书的选题背景和意义、国内外研究动态、研究的思路、内容和研究方法。

第 2 章 相关概念、理论基础及机理分析。主要对职业教育供给侧结构与产业结构升级及与之相关的概念进行阐明与辨析，然后对产业结构与职业教育结构关系的机理进行理论分析。

第 3 章 新疆产业结构与职业教育供给侧结构现状及可行性分析。主要对新疆职业教育供给侧结构现状与新疆产业结构现状进行分析，然后在此分析的基础上，提出产业结构升级下的新疆职业教育供给侧结构性优化的必要性与可行性。

第 4 章 新疆职业教育供给侧结构与产业结构升级关系分析。该部分首先构建了新疆职业教育供给侧结构与产业结构升级的指标体系，然后运用熵值法测算了层次结构、学科结构、布局结构与职业教育供给侧结构及产业结构升级综合指数，并且通过 VAR 模型向量自回归模型对新疆职业教育供给侧结构与产业结构升级关系进行分析。

第 5 章 新疆职业教育供给侧结构与产业结构升级的适应性分析。该部分主要运用耦合协调度模型对新疆职业教育供给侧结构与产业结构升级、新疆层次结构与产业结构升级、新疆学科专业结构与产业结构升级、新疆布局结构与产业结构升级进行适应性分析。

第 6 章 新疆职业教育供给侧结构与产业结构升级适应性的影响因素分析。该部分首先对影响两者的适应性的因素进行甄选，然后通过构建计量经济模型进行分析。

第 7 章 基于新疆产业结构现状的学生调研结果分析。主要包括中职学生与高职学生调研的基本情况、专业与课程设置、师资水平、实习实训及教学设施、校企合作、实习与就业方面的分析。

第 8 章 基于新疆产业结构现状的教师调研结果分析。主要包括中职教师与高职教师调研的基本情况、教学情况、实践与科研情况方面的分析。

第 9 章 基于新疆产业结构现状的教育管理者调研结果分析。主要包括中职院校与高职院校调研的基本情况、管理制度、学校办学条件方面的分析。

第 10 章　基于新疆产业结构现状的用人单位调研结果分析。主要包括新疆职业院校用人单位的基本概况、学校与用人单位合作、用人单位参与职业院校学生的评价、教师到用人单位实践、用人单位对未来岗位的动态调整方面的分析。

第 11 章　发达国家与地区的职业教育发展个案研究与启示。主要包括对职业教育发达国家的职业教育发展个案及我国东中西部地区职业教育院校典型案例进行解读，为新疆职业教育的发展提供借鉴与启示。

第 12 章　优化路径。主要包括问题总结、目标定位、优化路径的实施措施。

1.4　研　究　方　法

1.4.1　文献研究法

本书将采用文献研究法对国内外相关研究文献和与此相关的理论成果进行系统整理并予以梳理、归纳及总结，最终形成研究的分析框架和理论体系。

1.4.2　归纳法和演绎法相结合

本书采用归纳法，总结职业教育结构和产业结构演变规律的相关理论，并结合新疆实际，运用演绎法分析新疆职业教育结构和产业结构的现状。

1.4.3　理论分析和实证分析相结合

本书运用相关理论，在对职业教育结构与产业结构的逻辑关系进行深入分析的基础上，首先对新疆职业教育供给结构与产业结构升级的关系进行分析，然后进一步对两者的适应性进行分析，再次对两者的适应性的影响因素进行分析。

1.4.4 实地调研与个案研究

通过实地调查，分别对新疆南北疆地区职业院校的学生、教师、教育管理者及其用人单位进行问卷调查，同时通过对发达国家职业教育的成功经验及我国东中西部地区的职业院校的典型案例进行分析研究。

1.5 特色与创新

本书的特色和创新之处主要体现在以下三个方面。

第一，新颖性。通过对大量文献的梳理，发现目前结合产业结构升级视角探究职业教育供给侧结构性优化路径的研究是严重缺失的，并且鲜有学者对少数民族聚集地区从职业教育供给侧结构方面进行深度研究，因此，本书将职业教育供给侧结构理论引进并用于新疆经济社会发展问题的研究具有一定新颖性。

第二，现实性。新疆发展所面临的困境与其说是经济社会发展的落后问题，不如说更是经济与社会发展的不平衡问题，新疆特别是南疆地区职业教育发展薄弱更加剧了这一问题，因此，本书以产业结构升级为导向，以供给侧结构性路径优化为手段进行研究，对于推动新疆地区职业教育发展，进而改善新疆发展的落后问题，促进青少年充分就业具有一定的现实性。

第三，战略性。将职业教育供给侧结构性优化作为助推新疆产业结构升级、促进经济发展的战略问题来考虑，对于推进新疆经济社会持续健康发展，维护新疆社会稳定与长治久安具有一定的战略性。

1.6 调查方案与调查实施

1.6.1 调查方案

1.6.1.1 调查目的

为了全面、客观地了解基于产业结构现状的新疆职业院校人才培养质量现状，探索人才培养质量问题，科学合理地提出新疆职业教育供给侧结构性优化路径的实施措施，对新疆南疆、北疆地区的中等职业院校与高等职业院校的学生、教师、教育管理者及不同行业性质的用人单位进行问卷调查，旨在通过对这些不同调查对象的调查并据此对调查结果的统计分析，发现影响新疆职业院校人才培养质量过程中供给的障碍因素，以深入细致地探究新疆职业院校人才培养质量存在的问题，为相关决策部门提供有益的量化参考依据。

1.6.1.2 调查对象与调查单位

为了把握基于产业结构现状的新疆职业院校人才培养质量的状况，有针对性地提出新疆供给侧结构性优化路径，本书需要对新疆南疆与北疆地区的职业院校进行调研。我们知道，市场是推动职业教育发展的主要力量，职业教育的主要需求者是市场，市场成熟程度、产业发展的高低水平是与职业教育的需求高度关联的，一般地，市场成熟度越高的地区，企业对职业教育的需求也就越大（陈景明，2020），鉴于此，项目调研了新疆北疆地区的乌鲁木齐市、昌吉回族自治州、伊犁哈萨克自治州、石河子市与新疆南疆地区的阿克苏地区、喀什地区、和田地区这七个地区的职业院校及其用人单位。乌鲁木齐市代表北疆地区中市场成熟度高、产业发展水平高的地区，昌吉回族自治州与石河子市代表北疆地区中市场成熟度较高、产业发展水平较高的地区，伊犁哈萨克自治州代表北疆地区中市场成熟度低、产业发展水平低的地区，阿克苏地区代表南疆地区中市场成熟度高、产业发展水平高的地区，喀什地区代表南疆地区中市场成熟程度较高、产业发展水平较高的地区，和田地区代表南疆地区中市场成熟度低、产业发展水平低的地区，同时还调研了与这些被调研地区的职业院校相对接的用人单位。

调查对象分为以下两类：一是作为供给方，即乌鲁木齐市、昌吉回族自治州、伊犁哈萨克自治州、石河子市、阿克苏地区、喀什地区、和田地区的职业院校中的学生、教师、教育管理者；二是作为需求方的与职业院校对接的用人单位。调查单位也分为两类：一是作为供给方的职业院校中的每一位学生、每一位教师、每一位教育管理者；二是作为需求方的与职业院校对接的每一个用人单位。与此有关的调查问卷详见本书的附录部分：《学生调查问卷》（见附录1）、《教师调查问卷》（见附录2）、《教育管理者问卷》（见附录3）、《用人单位调查问卷》（见附录4）。

1.6.1.3 样本量的确定

一般地，有限总体的样本量的抽样公式计算如下：

$$n \geqslant \frac{N}{\left(\frac{\alpha}{k}\right)^2 \frac{N-1}{P(1-P)} + 1} \tag{1-1}$$

其中，N 为总体的样本数，P 为统计量的显著性，α 表示显著性水平，一般将其设定为 0.05，k 为正态分布的分位数，n 为最少抽样的样本量。这里采取通常的做法，将显著性水平设为 0.05，当统计量的 P 值小于或等于时，则拒绝零假设，接受备择假设；反之，则接受零假设，拒绝备择假设。在本次调查中，抽取的学生样本数与教师样本数应为：

$$n \geqslant \frac{N}{\left(\frac{\alpha}{k}\right)^2 \frac{N-1}{P(1-P)} + 1} = \frac{455162}{\left(\frac{0.05}{1.96}\right)^2 \times \frac{455162-1}{0.50(1-0.50)} + 1} \approx 384$$

$$n \geqslant \frac{N}{\left(\frac{\alpha}{k}\right)^2 \frac{N-1}{P(1-P)} + 1} = \frac{24139}{\left(\frac{0.05}{1.96}\right)^2 \times \frac{24139-1}{0.50(1-0.50)} + 1} \approx 378$$

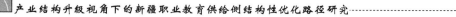

所以，抽取的学生样本量应至少在 384 个以上，抽取的教师样本量应至少在 378 个以上，考虑到新疆不同职业院校的布局、规模、教师数量及项目经费支持等因素，将学生样本量确定为 4000 人，教师样本量确定为 700 人，教育管理者样本量确定为 90 人，用人单位样本量确定为 50 个。

1.6.2 调查实施

在明确项目的调查目的与研究内容的基础上，项目组首先进行了预调研，根据发现的问题对问卷予以修改与完善后进行了正式调研。

该项目调查共发放 4000 份学生调查问卷，实际上共收回 3763 份，回收率达 94.08%，其中有效问卷 3649 份，有效率达 96.97%；共发放 700 份教师调查问卷，实际上共收回 657 份，回收率达 93.85%，其中有效问卷 623 份，有效率达 94.82%；共发放教育管理者问卷 90 份，实际上共收回问卷 78 份，回收率达 86.67%，其中有效问卷 70 份，有效率达 89.74%；对用人单位共发放问卷 50 份，实际上共收回问卷 43 份，回收率达 86%，其中有效问卷 40 份，有效率达 83.72%，其中，新疆各地区发放问卷、收回问卷及有效问卷的统计情况如表 1 - 1 所示。

表 1 - 1　　　　　　调查问卷的发放、回收及有效情况统计　　　　　单位：份

地区	发放问卷				收回问卷				有效问卷			
	学生	教师	教育管理者	用人单位	学生	教师	教育管理者	用人单位	学生	教师	教育管理者	用人单位
乌鲁木齐市	750	190	15	12	702	179	13	10	686	169	12	10
昌吉回族自治州	700	115	15	8	659	111	12	6	636	105	12	6
伊犁哈萨克自治州	650	80	11	5	642	73	10	4	624	71	9	4
石河子市	300	45	11	2	274	37	10	2	258	35	8	2

续表

地区	发放问卷				收回问卷				有效问卷			
	学生	教师	教育管理者	用人单位	学生	教师	教育管理者	用人单位	学生	教师	教育管理者	用人单位
阿克苏地区	600	125	15	10	566	119	13	9	555	110	11	8
喀什地区	550	85	12	7	488	83	10	6	473	80	10	5
和田地区	450	60	11	6	432	55	10	6	417	53	8	5
合计	4000	700	90	50	3763	657	78	43	3649	623	70	40

第 2 章

相关概念界定、理论基础
及互动机理分析

2.1 相关概念界定

2.1.1 职业教育供给侧结构

2.1.1.1 职业教育

职业教育是指为了培养受教育者掌握某种知识和技能而开展的教育。职业教育由职业学校教育和职业培训两部分组成。职业学校教育包含各种职业技术学校、职业高中、技工学校等。职业学校教育与普通教育有着同等地位，职业学校教育按照教育层次一般分为初等、中等和高等职业学校教育。职业培训包含职工的就业前培训、企业下岗职工再就业培训及其他培训。职业教育的目的是为社会培养各类职业岗位需求的人才。

本书所研究的职业教育界定为各类职业院校、中专、技校等职业学校的全日制式教育。

2.1.1.2 职业教育供给侧结构

供给侧也就是供给方，和需求侧是相对应的，是为了满足市场需求，生产者愿意提供的商品或劳务。

职业教育供给侧结构，即职业教育供给结构，也就是职业教育结构。职业教育结构是一个复杂、动态和多元的综合系统，反映了其内容各组成要素之间的联系方式、比例关系、相互作用及变化规律，职业教育结构包括学科专业结构、层次结构和区域布局结构。职业教育作为人才的供给方，需要满足产业结构转型升级对人才规模、结构和质量等方面提出的要求。职业教育结构的构建关系到职业教育的质量，也直接影响职业教育的可持续发展。

（1）职业教育层次结构。职业教育层次结构指不同层级的职业教育之间的组合及其比例关系。目前，根据社会需求、培养目标和不同层次的办学条件来划分，我国职业院校分为专科阶段、本科阶段和研究生阶段三个层次的教育，三个层次的教育必须相互联系和依托。现代职业教育制度从整体构建中等职业教育、高等职业教育、应用本科教育和硕士专业教育结构之间的有机联系，低层次与高层次之间相互关联、相互依托、动态发展。职业教育在不同阶段培养不同层次的技能型应用人才，形成均衡发展的现代职业教育体系。

（2）职业教育学科专业结构。职业教育学科专业结构是指职业教育设置的学科专业的种类、个数与其比例关系，主要指职业院校和其学科专业构成的比例关系及其组合方式。学科专业结构可分为学科专业大类—学科专业类—学科专业三个层次，学科专业大类指大的学科专业类，例如农业、林业、畜牧业及渔业类别，金融、贸易类别以及其他19个主要类别的学科；学科专业类也称为专业学科，主要是从学科专业大类分化而得；学科专业也被称为学科小分类，由学科专业类细化而成。

（3）职业教育区域布局结构。职业教育区域布局结构是指因区域发展水平不同而形成的区域布局结构。区域布局结构根据单位的区域范围分为省、大中城市、县区三种不同的分布状况。职业教育区域布局结构根据区域发展特点，立足于服务区域，形成与区域产业结构布局高度吻合的基本格局，以就业为导向，保证当地所需人才的供给。

以上三类结构是一个较为封闭的系统，各组成部分只有处于相互协调的和谐状态，才能保障各结构功能最大程度地发挥各自的作用。

2.1.2 产业结构升级

2.1.2.1 产业结构

产业结构指在一定条件下各产业的构成及各产业之间的联系和比例关系，反映了一个国家或地区各产业间的比例关系和变化态势。产业结构分类方法不同，其构成也不同，一般地，产业结构根据劳动对象特征与行业产生的时间将其划分为第一、第二、第三产业。所谓第一产业是指直接获取自然资源的行业，第二产业是指对自然资源加工、再加工的行业，第三产业是指为生产和消费提供服务的行业。

2.1.2.2 产业结构调整、产业结构优化及产业结构升级的含义及辨析

（1）产业结构调整。产业结构调整指产业之间相互关系的变动和调整，调整产业结构的目的是实现生产要素的合理分配，调整产业结构有市场主导机制与政府主导机制两种，我国更多采用的是政府主导机制。

产业结构的调整是以合理化和高级化为目标，产业结构合理化是指各产业间能够相互协调适应，避免资源的浪费，使经济效益能够进一步提高。产业结构高级化，也称为产业结构升级，是从低级形态向高级形态的转化过程。

（2）产业结构优化。产业结构优化是指通过产业调整使供给结构和需求结构相适应，通过优化资源配置，合理利用资源，提高资源的利用率与配置的效率。产业结构优化主要依据地区的经济发展水平、资源环境、资本状况和劳动力素质等，以追求经济效益最大化为目标，通过调整产业结构，使上述条件与产业结构相互适应。

（3）产业结构升级。产业结构升级是指产业结构伴随着经济的发展不断由低级向高级演变的过程。整个产业结构分工发生变化，有诸多推动产业结构升级的因素，总的归纳起来有社会需求、消费结构、技术、制度、生产技术水平、资本与劳动力相对价格等因素。在科技进步的推动下，部分行业的专业化生产水平迅速提高，生产和规模步入新阶段，因此，产业间各种经济要素的数量比例关系发生变化，产业的投入产出由过去的低效粗放型转变为现代的高效集约型状态，通过重新配置不同的生产要素，协调产业的数量比例和质量的不平衡关系表现，促进产业由高消耗向高效率转变，提高产业间协调发展能力。

（4）产业结构调整、优化及升级的概念辨析。产业结构调整是伴随着经济发展，产业结构重心由第一产业转向第二、第三产业的过程。产业结构优化通过资源优化配置，实现产业结构协调发展，通过资源供给结构、技术结构、需求结构的调整加强产业关联性，推进产业结构向合理化和高级化发展。产业结构升级是产业结构由低级向高级演进的过程，体现为简单向复杂逐渐演化的过程，在产品创新和技术进步的双重推动下，最终实现产业合理化和高度化的统一。

综上所述，产业结构调整是经济发展的必然结果，产业结构升级是产业结构调整的方向，是经济发展合理化的要求，产业结构优化是产业结构升级过程中协调各产业联动发展和协调发展的手段。基于此，本书研究的产业结构升级的内涵是实现产业结构的合理化和高度化。

2.1.3　适应性的含义

适应性原指生物体与环境表现相适合的现象，内涵包括机制或过程的适应和状态或结果的适应。本书所提的适应性实质上是指协调性，主要涵盖三个方面：一是职业教育层次结构和产业结构升级的适应性；二是学科专业结构和产业结构升级的适应性；三是区域布局结构和产业结构升级的适应性。

2.2 理 论 基 础

2.2.1 配第－克拉克定理

配第－克拉克定理揭示了产业结构演变的规律，各产业的增加值比重会随着人均国民收入水平的提高而改变，在产业结构升级过程中，第三产业的增加值比重在增加，第一、第二产业的增加值比重会下降，与此同时，产业结构中高端产业比例上升，劳动密集型产业比例逐渐下降，劳动力会因为产业结构的变化以及产业间收入的差异，逐渐形成由第一、第二产业转向第三产业的格局。

2.2.2 库兹涅茨法则

库兹涅茨法则是以人均国内生产总值份额为基准，分析研究了在不同经济发展时期产业结构如何变化。当产业结构发生变动时，国民收入和劳动力在产业空间分布结构发生变化，认为引起产业结构发生变化的主要原因是在经济收益的驱动下，各产业间国民相对收入存在差异，为了获得更多的经济收入，劳动者一般会趋向于选择平均收入较高的产业或部门就业。

2.3 产业结构与职业教育结构关系的机理分析

2.3.1 产业结构与职业教育人才培养

2.3.1.1 产业结构决定职业教育人才结构培养

第一，产业结构的演进决定职业教育人才结构的演进。

产业结构调整加快了劳动力就业结构的转换。社会经济发展的历史表明，在经济发展早期，国民经济中第一产业占主导地位，随着经济社会的发展和机械化程度的提高，各行业对劳动者素质有了更高的要求，低层次的劳动力被逐渐淘汰，剩余的劳动力逐渐向第二、第三产业转移。随着产业结构高级化发展，第三产业飞速发展，劳动力也随之向第三产业转移，劳动力的需求结构又一次发生重大变化，对知识型劳动力的需求增加。因此，产业结构的调整变动会导致劳动力结构发生变化，各行各业由最初对熟练工人和初级、中级人才的需求向中、高级人才的需求转变，当产业结构处于以第一产业为主导的时候，职业教育以初级人才培养为主，随着产业结构的不断优化与调整，职业教育的培养层次也在不断地提高，当第二产业成为主导产业的时候，职业教育以中等层次人才培养为主。随着第三产业的不断壮大，职业教育以高级人才培养为主。而随着国民经济的进一步发展，我国的产业结构不断调整优化，会对人才培养方面提出多元化、技能型、实用性等要求。

第二，产业结构的升级促使职业人才结构的优化。

产业结构在不同时期表现出不同的发展态势，产业结构优化是社会发展、经济提升的必然要求，良好的劳动资源是产业结构升级的保障。当大量的资本和劳动力向第三产业逐渐流入，新兴产业对传统产业带来巨大冲击，落后的产业会被淘汰，高尖端产业发展迅猛，对支撑产业发展的人才技能和素养有了更高的要求。迅猛发展的高新技术催生了电子信息、人工智能等新兴产业，这些行业的科技含量越来越多，劳动复杂程度越来越高，低层次的劳动力素质已难以满足新兴行业工作岗位的要求。当前，第三产业在国民经济中所占比重越来越高，像电商、国际金融、理财保险、信息咨询、移动通信和社会服务等现代服务业发展十分迅速，但各地各行业普遍都出现了人才短缺现象。人才需求结构的变化会倒逼职业教育改革人才培养机制，淘汰过时的专业，设置有前瞻性的精品专业，注重实用性，形成特色教学，实现职业教育专业结构的整体优化，形成长效机制。因此，大力发展职业教育调整职业教育结构，培养不同规格的劳动者刻不容缓。在这种形势下，职业教育要立足当前，适度超前，不断地调整和优化专业结构，实现人才的战略性储备，才能适应产业结构的升级所带来的人才需求结构的变化。

2.3.1.2 职业教育人才培养的结构影响产业结构升级

第一，职业教育学科专业结构合理性是产业结构升级的前提。

职业教育学科专业结构反映了人才培养的规格和类别，学科专业结构对应的产业之间的配置比例，从客观上反映了学科专业设置与产业结构的匹配性，只有合理的学科专业结构才能满足产业升级的需求。产业结构升级需要人力资本的有效配置，而专业设置的合理性能够有效配置人才资源。任何一类职业教育在定位、专业招生、规模和资源配置上都有动态调整机制，不同发展时期职业教育学科专业结构不断调整保证其合理性是主动适应经济发展的关键环节，职业教育的学科专业设置和专业人才培养方案在产业结构演进过程中动态调整，充分适应产业经济发展特点，为推进产业结构的升级优化助力。

第二，职业教育完善的培养目标体系可促进产业结构升级。

职业教育通过人力资本这个要素与产业经济发展有着最直接的关系，没有高素质的技能型人才的支撑无法满足企业用工需求，影响经济的快速发展，产业结构升级在一定程度上会受到阻碍。实现生产力转化需要靠科学技术，而职业教育就是培养拥有科学技术人才的"基地"，职业教育根据不同层次的培养目标，对应市场需求，培养新兴产业急需的应用型技术人才、管理人才等，为产业结构升级提供丰富的人力资本。职业教育人才培养体系对接职业岗位的要求，对受教育者进行职业道德、知识技能、人文素养、创新能力的全方位培养，合理完善的人才目标培养能够提高劳动者的素质，在产业结构升级过程中供给与产业转型升级相适应的中、高级人才，满足由产业结构升级而出现的一些新型岗位的用人要求，保障产业结构转型升级顺利进行。

2.3.2 职业教育层次、学科专业及区域布局结构与产业结构升级互动机理

2.3.2.1 职业教育层次结构与产业结构升级的互动机理

产业结构的演变与职业教育层次结构是相对应的，当产业结构水平处于

比较落后的状况时，职业教育通常以初级人才培养为主，当产业结构向高度化方向不断发展时，职业教育由初级人才培养为主转向中等层次人才培养为主，再转向高等人才培养为主的过程。

首先，产业结构是职业教育结构调整的出发点和落脚点。教育结构的调整要以产业结构变迁为导向，当国民经济以第一产业为主时，低层次初级人才的需求量较大，随着技术的升级，产业结构不断演化升级，对高知识性的劳动者需求量较大。其次，产业结构高度化发展，势必要求职业教育输送高级专业人才，从而拉动职业教育向高层次发展。产业结构的升级使得职业岗位的工作复杂化，从而要求员工具有更高的素质和技术。作为人才输出的主要基地，职业教育必然要培养各行业所需要的更高层次人才。总之，职业教育的层次结构要匹配产业结构的高度化发展，为产业结构转型升级发挥人力资本的效应。产业的升级发展依靠职业教育提供不同层次的人才作为支持和保证。反之，产业结构的不断升级又进一步要求职业教育调整优化人才培养的层次结构，如此循环往复相互促进发展。

2.3.2.2 职业教育学科专业结构与产业结构升级的互动机理

职业教育为产业结构升级提供人才和技术支持。产业结构处于低级水平时，大多是粗放型产业，只需要低层次劳动力，当产业结构由低级水平向高级水平演变时，资本密集型产业对技术型人才的需求增加，职业教育通过开办新专业和特色专业培养新型技术人才，为产业结构升级提供和储备高素质的技术人才。职业教育通过校企合作不断反复实践学习，能为企业带来技术创新，技术的升级和传播能改变企业的生产方式，进而转化为先进生产力推动产业结构升级。

产业结构升级引导职业教育的专业变化。产业结构升级要求劳动者的就业岗位数、结构与其能力相适应，在产业结构升级的过程中每一阶段的支柱产业并不相同，对应的所需求的劳动力素质也不相同，不同岗位对人才需求的类型和规格呈多样化趋势，当第三产业在国民经济中的比重越来越高时，社会分工专业化程度提高，对技术技能型人才的需求增加，作为人才供给端的职业教育，要在专业细化、专业对接、专业属性、专业标准构建上作出转

变，调整人才培养模式和就业结构。产业结构升级会导致职业教育的就业结构发生变化，其又反映出职业教育学科专业结构中设置的学科专业数量、规模、课程是否与产业结构相适应，就业结构作为桥梁促使职业教育在专业设置上要与产业结构升级保持一致。

2.3.2.3 职业教育区域布局结构与产业结构升级的互动机理

职业教育区域布局结构影响区域产业结构的布局与规划。经济欠发达地区和发达地区的市场化程度不一样，职业教育区域布局结构也会有所区别，通常要以本地对职业技能人才的需求为依据，对人才培养模式、专业设置等进行全新设计，缩减或者放弃与当地产业结构发展不相适应的学科专业，保证职业教育能充分发挥人才供给作用，以服务于当地经济，促进产业结构升级。

产业结构的经济性影响职业教育区域布局结构。由于地理位置和经济发展水平的差异，不同地区政府制定的经济发展目标及对产业发展的规划不尽相同，经济发达地区支柱产业多为信息技术、高新技术、金融和现代物流，欠发达地区多以农业、制造业等产业为支柱产业，因此地区经济发展对人才需求方面有着较大差异。若某地区经济比较发达，产业结构的经济性良好，意味着该地区的就业结构与区域内产业结构配置比例恰当，职业教育水平相对较高，对职业教育重视程度较高，在教育投入上的力度更大。

第 3 章

新疆职业教育供给侧结构与
产业结构现状及其优化的
必要性与可行性分析

3.1　职业教育供给侧结构现状

为了探究新疆职业教育供给侧结构，本书将分别从层次结构、区域布局结构和学科专业结构三个方面予以描述。

3.1.1　层次结构

职业教育分为中等职业教育和高等职业教育，为了了解新疆职业教育的层次结构情况，本书将从招生数、在校生数和毕业生数三个角度进行分析。

从表 3-1 中可知，无论是招生人数，还是在校生人数，高职院校的学生数远不及中职院校的学生数，2009 年的招生人数中职和高职比例为 3.71∶1，在校生人数比例为 3.22∶1，毕业生人数比例为 3.17∶1；2019 年招生人数中职和高职比例为 1.09∶1，在校生人数比例为 1.28∶1，毕业生人数比例为 1.54∶1。从中等职业教育方面来看，2009 年至 2019 年招生人数时而增时而降，毕业生人数增长 0.85 万人，在校生人数增长 3.79 万人，2019 年的中等职业院校的招生人数、在校生人数和毕业生人数比例为 8∶25∶6。从高等职业

教育方面来看，招生人数从 2009 年的 2.4 万人增长到 2019 年的 8.0 万人，人数增长接近 4 倍，毕业生人数增长 2.53 万人，在校生人数增长 13.2 万人，2019 年的高等职业院校的招生人数、在校生人数和毕业人数比例为 8：20：5。总体来看，无论是在招生人数方面还是在毕业生人数方面，中职学生数都高于高职学生数，以 2019 年为例，中职招生人数比高职招生人数多近 1 万人，中职招生人数为 8.71 万人，而高职招生人数为 7.99 万人。

表 3 - 1 2009～2019 年新疆职业教育层次结构

年份	中职（万人）			高职（万人）		
	招生	在校	毕业	招生	在校	毕业
2009	8.8484	21.7555	5.9414	2.3841	6.7611	1.8719
2010	9.8894	23.3319	6.6383	2.7151	7.2326	2.2054
2011	9.0177	24.3039	6.4508	2.7177	7.7378	2.1139
2012	8.6751	23.5277	7.1288	2.9455	8.5622	2.2407
2013	8.3893	22.9294	7.486	3.5878	10.0997	2.9807
2014	8.5937	21.9483	7.0764	3.9374	11.0498	2.7061
2015	8.9493	22.1705	6.5161	4.9336	14.2804	3.858
2016	8.8939	23.5108	5.4934	4.8534	13.2256	3.3126
2017	8.5511	23.8694	6.4318	5.5387	15.1183	3.5996
2018	10.0792	25.3657	6.8483	6.1339	16.7411	4.1127
2019	8.7100	25.5437	6.7961	7.9920	19.9725	4.4031

注：数据来源于历年《新疆统计年鉴》，由于数据的可得性，故数据从 2009 年开始。

在 2009～2019 年，高职招生人数方面平均增长率为 13.3%，在校生人数方面平均增长率为 11.82%，毕业生人数方面平均增长率为 10.19%；而中职招生方面平均增长速度为 0.22%，在校生人数方面平均增长率为 1.70%，中职毕业方面平均增长率为 1.81%。因此，不管是招生数、在校生数，还是毕业生数，高职学生数的增长率都要高于中职学生数的增长率，说明高等职业教育的发展相较于中等职业教育的发展更为快速，与现阶段伴随着经济的快速发展，科学技术的不断进步，越来越多的劳动密集型产业转化为技术密集型和知识信息密集型产业的过程中对更多高素质技能型劳动者的需求有关。

3.1.2　区域布局结构

考察期间从新疆职业院校数量分布来看，北疆地区职业院校数量多于南疆地区职业院校数量，其中北疆地区职业院校数量平均占比为 69.42%，南疆地区职业院校数量平均占比为 30.58%，北疆地区与南疆地区的职业院校数量比为 2.27∶1，北疆职业院校数量是南疆职业院校的两倍多，说明新疆职业院校数量在南北疆地区差异较大，具体如表 3-2 所示。

表 3-2　　　　　　　　新疆职业院校数量的地区分布结构

地区	2009 年	2010 年	2011 年	2012 年	2013 年	2014 年	2015 年	2016 年	2017 年	2018 年	2019 年
北疆	—	72.40	69.55	69.41	69.41	69.68	68.98	69.95	69.23	68.78	66.83
南疆	—	27.60	30.45	30.59	30.59	30.32	31.02	30.05	30.77	31.22	33.17

注：数据来自 EPS 数据库和新疆教育公报。

《新疆统计年鉴》数据显示，截至 2019 年，新疆共有中等职业院校 158 所，高等职业院校 36 所。南疆地区与北疆地区中等职业院校的比例约为 2∶3，60.13% 的中等职业院校主要集中在乌鲁木齐市、伊犁哈萨克自治州和塔城地区等北疆地区，占比分别为 30.53%、22.11%、12.63%，南疆中等职业院校主要集中在和田地区、喀什地区及阿克苏地区，占比分别为 42.86%、20.63%、14.29%。高等职业院校主要集中在北疆地区，占比为 77.78%，其中主要集中在乌鲁木齐市，占比为 57.14%，南疆高等职业院校主要集中在和田地区，占比为 37.5%。无论是中等职业院校还是高等职业院校，在院校数量上均是北疆地区多于南疆地区。

由以上数据可以看出，新疆职业教育区域布局结构仍存在不均衡等问题，职业教育的区域布局结构与经济发展水平的差异性相关，在南北疆不同地区中，经济发展水平呈梯度分布状态，职业教育也呈现出非均衡发展的状态。

由于产业结构在南北疆各地区之间存在一定的差异，因此，不同地域应当从当地的实际出发设置不同层次、不同学科的职业教育院校，培养满足当地社会需求和产业发展所需的技术技能型人才。

3.1.3 学科专业结构

按照《2020 年普通高等学校高等职业教育（专科）专业目录》可知，新疆中等职业院校学科专业设置上分为 19 类，分别为农林牧渔类、资源环境类、能源与新能源类等。19 个学科门类中，毕业生数占比最高的分别为农林牧渔类和医药卫生类，其占毕业生总数的 1/3，可以说，近些年来农林牧渔类和医药卫生类占据了学科门类的主导地位；毕业生数占比小于 5% 的学科专业有资源环境类、休闲保健类、能源与新能源类、司法服务类、公共管理与服务类、体育与健身类，具体如图 3 - 3 所示。

表 3 - 3　　　　　　新疆中等职业院校学科专业结构　　　　　　单位：%

学科专业	2009年	2010年	2011年	2012年	2013年	2014年	2015年	2016年	2017年	2018年	2019年
农林牧渔类	13.99	13.08	13.43	16.98	18.91	18.29	17.65	6.89	10.90	12.49	11.91
资源环境类	0.54	0.34	1.11	0.85	0.97	0.99	1.38	0.72	0.46	0.36	0.09
能源与新能源类	3.37	2.63	3.26	2.91	2.79	2.94	1.83	2.13	1.22	1.00	1.06
土木水利类	3.87	4.26	5.11	5.78	6.07	6.40	8.32	9.07	7.44	5.35	5.41
加工制造类	8.25	12.03	13.05	8.78	7.90	9.71	8.33	8.17	7.57	7.36	5.88
石油化工类	8.48	7.66	6.90	4.25	3.75	3.37	2.86	3.15	1.48	1.30	0.38
轻纺食品类	3.67	3.31	2.56	4.24	3.55	2.53	3.46	5.11	6.90	5.78	5.09
交通运输类	4.57	4.98	4.95	5.96	6.97	8.58	9.38	12.63	11.35	10.59	11.85
信息技术类	5.64	7.68	7.48	5.28	5.11	4.87	5.03	6.23	7.14	7.82	8.42
医药卫生类	19.06	14.99	15.72	15.03	15.94	14.08	13.50	13.41	10.78	10.35	10.08
休闲保健类	0.90	0.74	0.37	1.03	0.83	0.92	0.98	1.19	1.87	2.11	2.27
财经商贸类	6.80	6.39	6.18	5.57	4.20	4.50	4.75	4.89	4.31	6.04	6.02

续表

学科专业	2009年	2010年	2011年	2012年	2013年	2014年	2015年	2016年	2017年	2018年	2019年
旅游服务类	3.34	3.62	3.46	3.76	3.59	3.50	4.37	5.20	6.86	8.16	8.69
文化艺术类	5.76	8.25	5.15	8.08	7.50	6.22	5.67	7.75	11.73	9.43	9.00
体育与健身类	2.79	1.51	1.59	1.41	1.38	1.31	1.24	1.34	0.95	1.22	1.25
教育类	5.82	5.17	7.33	6.89	8.59	10.06	9.23	9.83	7.32	9.31	12.25
司法服务类	1.56	1.99	1.11	1.38	0.86	0.88	1.05	1.55	1.36	1.03	0.14
公共管理与服务类	0.73	0.64	0.57	0.66	0.49	0.46	0.29	0.42	0.11	0.21	0.00
其他	0.86	0.73	0.70	1.16	0.64	0.39	0.66	0.31	0.25	0.09	0.21

注：数据来源于2010~2020年《新疆统计年鉴》。

从历年各院校学科专业毕业生数来看，交通运输类、轻纺食品类、旅游服务类、教育类及休闲保健类毕业生数整体呈上升态势，中间略有波动，而石油化工类、信息技术类、加工制造类、财经商贸类、旅游服务类、体育与健身类、能源与新能源类、医药卫生类毕业生数整体上呈下降态势，文化艺术类毕业生数波动较为明显，土木水利类毕业生数在2016年之前处于上升态势，之后处于下降态势，信息技术类毕业生数2014年之前处于下降态势，之后处于上升态势，资源环境类毕业生数在2015年之前处于波动中上升，2015年之后处于下降态势。

由于高等职业教育的学科分布数据未能找到，因此这里只分析了中等职业教育的学科专业结构。总体来看，新疆中等职业教育学科专业结构虽然在不断优化，但仍存在一定问题，表现为新疆产业结构处于"三、二、一"的状态，可以看出随着第三产业的不断发展，与产业结构升级匹配的人才需求也在随之增加，但中等职业教育学校在学科专业设置上仍然是传统专业占大多数，比如农林牧渔类招生数比其他专业多，这使得基础专业人员过多，不能与社会产业结构升级相适应，专业设置对市场的供给反应能力弱，培养的人员比较单一，资源浪费比较严重，无法合理配置。另外，新疆企业市场发挥作用较弱，以营利为目的的企业"搭便车"的思想较严重，不能真正地参与到职业教育的培育工作中去。随着新疆经济快速发展，产业结构优化升级，

职业教育结构需要进一步优化。

由表 3 - 4 可知，新疆现有的高职高专教育学科专业覆盖了农林牧渔、资源环境与安全等 20 个专业大类，覆盖率为 100%。从学科专业分布情况来看，装备制造大类学科专业布点数最多，为 124 个，占 12.81%；其次是教育与体育大类专业，布点数为 119 个，占 12.29%；再者为电子信息大类，布点数为 115 个，占 11.88%；水利大类学科专业布点数最少，只有 5 个，占 0.52%。

表 3 - 4 　　　　　　　　　　　高等职业院校专业布点

学科专业	学科专业布点数（个）	占比（%）
农林牧渔大类	44	4.55
资源环境与安全大类	36	3.72
能源动力与材料大类	24	2.48
土木建筑大类	63	6.51
水利大类	5	0.52
装备制造大类	124	12.81
生物与化工大类	30	3.10
轻工纺织大类	24	2.48
食品药品与粮食大类	13	1.34
交通运输大类	63	6.51
电子信息大类	115	11.88
医药卫生大类	57	5.89
财经商贸大类	117	12.09
旅游大类	54	5.58
文化艺术大类	36	3.72
新闻传播大类	9	0.93
教育与体育大类	119	12.29
公安与司法大类	9	0.93
公共管理与服务大类	26	2.69
其他	—	—

注：数据来自高等职业院校专业设置平台。

总体来看，新疆职业教育专业结构在不断优化升级，中等职业教育和高等职业教育学科专业设置大体上趋于一致，但仍存在学科专业结构上的问题，如职业教育学科专业设置与产业结构优化升级脱节。新疆产业结构处于"三、二、一"的状态，从中可以看出第三产业正在逐步发展，所需人才也在随之增加，但职业教育学校在专业设置上，传统的专业还是占大多数，而国家新兴学科专业和热门专业设置较少。随着新疆经济快速发展，相应的产业结构也会发生调整，进行优化升级，所以职业学校以前的传统专业的设置就会与产业结构优化不相符，教育结构也不适应未来的发展态势。

3.2 产业结构现状分析

职业教育与经济社会发展密切相关，它是经济社会发展中人才的输出口，在供给侧改革中，职业教育供给侧结构的改革不可或缺。随着"一带一路"倡议的提出、西部大开发战略的推进，新疆经济进一步快速发展，产业结构进一步调整和优化。为此，必须了解和把握新疆三次产业结构的状况和特点，以此明确三次产业对技术技能型人才培养的需求。

3.2.1 产业结构整体分析

近年来，新疆总体经济实力显著增长，其中新疆第二、第三产业发展比较快速，工业化速度逐渐加快，服务业中仓储和邮政业、交通运输业对经济的拉动作用明显增加。从产业结构变动的情况来看，新疆三次产业结构由2009 年的 17.8∶45.1∶37.1 调整为 2019 年的 13.1∶35.3∶51.6，表明新疆产业结构发展格局由"二、三、一"的产业结构逐渐转化成为"三、二、一"的产业结构。

由图 3-1 可以看出，在 2009～2019 年，新疆的产业结构变化遵循着以下规律：第一产业占比呈现平缓下降的趋势，第二产业占比呈现逐步下降的趋势，第三产业占比呈现快速增长的趋势。在第一产业中，2009～2010年占比有所上升，2011～2016年占比趋于平缓，2016～2019年占比逐渐下降，在考察年间平均下降2.72%；在第二产业中，2009～2011年、2016～2018年占比均增加，2011～2016年占比呈现下降，2018～2019年占比下降，但总体呈现下降趋势，平均下降2.25%；在第三产业中，占比在考察期当中增长迅速，虽然在2009～2010年占比有所减小，但在2010～2018年占比处于上升趋势，2018～2019年占比增长，总体占比增加了14.5%，平均增长占比为3.58%。总体而言，新疆的产业结构逐渐转变为"三、二、一"的变化态势，第三产业占比大于第一产业和第二产业占比之和，第二产业与第三产业之间的差距较大，由此可分析出，新疆产业结构将逐渐转化为以第三产业为主导的态势。

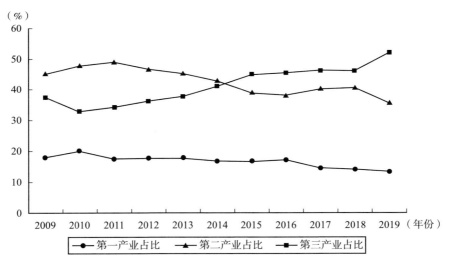

图 3-1 2009～2019 年新疆三次产业比率走势

资料来源：根据 2010～2020 年《新疆统计年鉴》相关数据整理。

3.2.2 三次产业内部结构分析

产业结构是区域经济发展的关键所在，产业结构越合理，经济发展越快速，相反，随着经济的快速发展，产业结构也会不断升级和优化。因此，我们对新疆三次产业内部产业状况进行了分析，从而深入了解新疆产业结构的具体变化情况。

3.2.2.1　第一产业内部结构分析

第一产业主要是指以利用自然力为主，生产不必经过深度加工就可消费的产品或工业原料的部门，主要包括农业、林业、渔业和畜牧业等部门。就新疆而言，第一产业 GDP 从 2009 年的 759.74 亿元发展到 2019 年的 1781.75 亿元，生产总值在 2009～2019 年增长 2.35 倍。2009 年的第一产业生产总值占 GDP 的 17.8%，2019 年的第一产业生产总值占 GDP 的 13.1%，第一产业产值对于 GDP 的贡献在慢慢变小。①

由表 3-5 及图 3-2 可知，在第一产业中，总产值一直呈现上升趋势，平均增长速度为 11.95%。其中，2009 年农业的产值为 898.6 亿元，占比为 69.25%，2019 年农业的总产值为 2616.3 亿元，占比为 67.95%，增长趋势呈现倒"U"型的态势，可见，农业产值在第一产业产值中占主导。自 2012 年以来，农业产值在第一产业产值中的占比逐渐降低，这说明第一产业中其他产业得到了相对快速的发展。第一产业产值占比中排名第二位的是牧业，总体占比呈现下降趋势，牧业 2009 年总产值为 318.4 亿元，占第一产业的 24.54%，2019 年的牧业生产总值 915.3 亿元，占第一产业产值的 23.77%。而林业 2009 年总产值为 26.6 亿元，占第一产业比重为 2.05%，2019 年林业生产总值为 65.6 亿元，占第一产业比重为 1.70%，占比增长较为缓慢。第一产业占比中最小的是渔业产值，2009 年总产值为 11.1 亿元，占第一产业比重为 0.86%，2019 年总产值为 27.50 亿元，占比为 0.71%。2009 年农林牧渔服务业产值为 42.9 亿元，占比为 3.31%，2019 年农林牧渔服务业产值为 225.9 亿元，占比为 5.87%，农林牧渔服务业产值占比总体呈现增长的趋势，说明第一产业内部结构在逐步优化升级。

---

① 根据 2010～2012 年《新疆统计年鉴》相关数据整理。

表3-5   2009~2019年新疆农林牧渔产值占比   单位：%

年份	农业产值占比	林业产值占比	牧业产值占比	渔业产值占比	农林牧渔服务业产值占比
2009	69.25	2.05	24.54	0.86	3.31
2010	74.58	1.91	20.36	0.69	2.46
2011	73.53	1.95	21.22	0.73	2.57
2012	73.60	1.89	21.33	0.67	2.50
2013	71.14	1.89	23.80	0.68	2.49
2014	71.25	1.80	23.73	0.71	2.50
2015	71.51	1.90	23.16	0.78	2.66
2016	72.84	1.69	22.00	0.75	2.72
2017	69.54	1.63	22.50	0.70	5.63
2018	69.86	1.72	21.89	0.77	5.76
2019	67.95	1.70	23.77	0.71	5.87

注：数据来源于2010~2020年的《中国统计年鉴》，自2003年起总产值包括农林牧渔服务业产值。

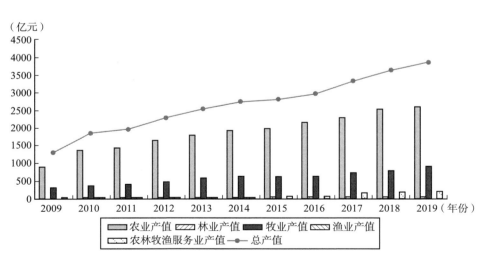

图3-2   2009~2019年新疆农林牧渔总产值

虽然新疆第一产业占比从 2009 年的 17.8% 到 2019 年的 13.1%，下降 4.7 个百分点，但与全国（2019 年第一产业占比为 7.1%）相比，新疆第一产业的比重偏大，其中农业比重过高，从 2009 年的 69.25% 到 2019 年的 67.95%，一直处于第一产业的主导地位。由于农业生产的技术较为落后，发展快速的工业并没有提高农业生产技术，使得农业生产率较为低下，在实际农业生产中，现代化技术程度低，农业生产没有形成高效、节能的体系，没有形成标准化的生产方式，而且林业、渔业、牧业发展相对滞后，以 2019 年为例，林业、牧业和渔业在总产值的占比分别为 1.70%、23.77%、0.71%，这充分体现了新疆第一产业内部结构发展有一定的不平衡性。

3.2.2.2 第二产业内部结构分析

第二产业包括工业和建筑业。由表 3-6 及图 3-3 可知，新疆第二产业 GDP 从 2009 年 1929.59 亿元增长到 2019 年的 4898.95 亿元，生产总值在十年内增长 2.54 倍，虽然在 2014~2016 年，生产总值明显减少，但总体来看，仍处于上升阶段。其中工业 2009 年的生产总值为 1555.84 亿元，占比为 80.63%；2019 年工业的生产总值为 3861.66 亿元，占比为 78.83%，占比有所下降，但下降速度缓慢。2009 年建筑业的生产总值为 373.75 亿元，占比为 19.37%；2019 年建筑业的生产总值为 1274.38 亿元，占比为 21.17%，在考察期间，建筑业占第二产业的比重明显加大，这说明建筑业在逐渐发展，综合以上分析，可见第二产业中工业处于主导地位。

表 3-6　　　　　　　　2009~2019 年新疆工业建筑业产值占比　　　　　　单位：%

指标	2009年	2010年	2011年	2012年	2013年	2014年	2015年	2016年	2017年	2018年	2019年
工业产值占比	80.63	83.38	83.7	81.86	80.31	78.56	74.08	71.83	73.73	74.6	78.83
建筑业产值占比	19.37	16.62	16.3	18.14	19.69	21.44	25.92	28.17	26.27	25.4	21.17

资料来源：根据 2010~2020 年《新疆统计年鉴》相关数据整理。

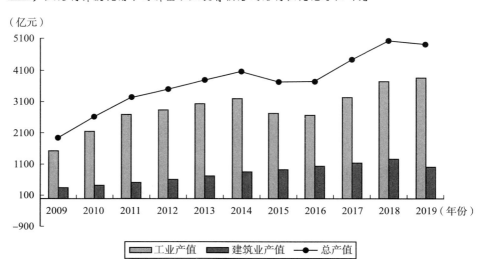

（亿元）

图 3 – 3   2009 ~ 2019 年新疆工业建筑业总产值

资料来源：根据 2010 ~ 2020 年《新疆统计年鉴》相关数据整理。

在新疆第二产业的发展中，建筑业的发展相对滞后，在第二产业增加值中，相对工业来说，建筑业产业增加值所占比重较低，2019 年建筑业增加值的比重占第二产业增加值的 21.17%，并且在 2009 ~ 2019 年，其所占的比重波动相对增大。

3.2.2.3   第三产业内部结构分析

第三产业是指除第一产业、第二产业以外的其他行业，包括流通和服务两大部门，四个层次依次为流通部门、生产和生活服务部门、教育文化体育等社会福利事业、社会公共需要服务部门。由表 3 – 7 及图 3 – 4 可知，新疆第三产业 GDP 从 2009 年 1587.72 亿元发展到 2019 年的 6809.77 亿元，生产总值在考察年间增长了 4.29 倍。在第三产业产值占比中，其他服务业产值平均每年占比为 47.65%，说明在第三产业中主要的行业是批发和零售业、交通运输、仓储和邮政业、金融业、住宿和餐饮业、房地产业。在第三产业内部，2009 年占据主导地位的产业为批发和零售业、交通运输仓储邮政业和金融业，占比分别为 15.97%、13.17% 和 12.53%；而到 2019 年，排在第三

表 3 - 7   **2009～2019 年新疆工业建筑业产值占比**   单位：%

年份	交通运输、仓储和邮政业产值占比	批发和零售业产值占比	住宿和餐饮业产值占比	金融业产值占比	房地产业产值占比	其他服务业产值占比
2009	13.17	15.97	3.92	12.53	7.26	47.15
2010	12.59	15.64	3.85	12.75	8.12	47.05
2011	11.43	16.56	3.47	12.86	7.85	47.82
2012	13.24	15.78	4.01	13.33	7.19	46.44
2013	13.51	15.39	3.87	13.44	7.44	46.35
2014	13.16	15.08	3.91	14.70	7.71	45.44
2015	13.31	13.00	3.86	14.00	7.09	48.73
2016	13.42	13.86	3.79	13.56	7.06	48.31
2017	13.84	14.54	3.73	12.92	6.69	48.28
2018	13.73	15.50	3.58	11.97	6.32	48.91
2019	14.01	11.25	2.67	14.91	7.49	49.68

资料来源：根据 2010～2020 年《新疆统计年鉴》相关数据整理得出。

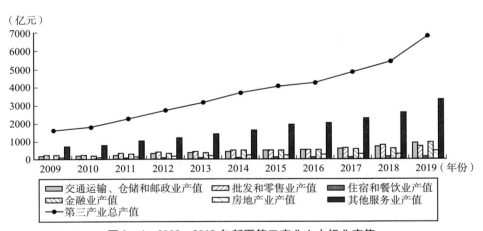

图 3 - 4   2009～2019 年新疆第三产业六大行业产值

资料来源：根据 2010～2020 年《新疆统计年鉴》相关数据整理得出。

产业生产总值前三位的仍是金融业、交通运输仓储邮政业和批发和零售业，占比分别为 14.91%、14.01%、11.25%。由表 3 - 7 可知，总体中批发和零售业占比处于第一，但占比有所下降；总体中交通运输、仓储和邮政业占比排在第二，占比有所增长，但增长幅度缓慢；住宿和餐饮业、金融业、房地产业的占比总体上处于下降趋势，表明新疆第三产业正在逐步从传统服务业向现代服务业的方向发展。

通过对第三产业结构内部的分析我们知道，在 2010～2019 年第三产业所占新疆总生产总值的比率不断增长，但相较于全国发展平均水平，新疆第三产业在经济结构中所占的比重还是偏低的，以 2019 年为例，全国第三产业占比为 53.9%，新疆第三产业占比为 51.6%。一般来说，发达地区的产业以科技、信息、金融等新兴产业为主，而新疆传统服务业比重较大，如交通运输等占 40% 以上，邮电通信、金融保险等基础性服务业以及科研开发、信息咨询、新闻出版、旅游、广播电视等新兴服务业虽然发展较快，但比重仍然不高。

根据表 3－2 可知，新疆第一产业比重不断降低，第二产业比重逐渐下降，第三产业比重不断上升，形成了以第三产业为主导，第二产业发展较为缓慢，第一产业占比不断缩小的"三、二、一"产业结构。2019 年新疆三次产业比例为 13.1∶35.3∶51.6，但是第一产业较全国第一产业高 6 个百分点，第二产业较全国第二产业低 3.7 个百分点，第三产业较全国第三产业低 2.3 个百分点，说明新疆产业结构中第一产业比重过大，第二、第三产业比重未达到全国平均发展水平（2019 年全国三次产业比例为 7.1∶39.0∶53.9）。[①] 通过产业内部结构的分析发现，第一产业中农业占主导地位，第二产业以工业为主，第三产业以传统服务业为主。

3.3 产业结构升级下的新疆职业教育供给侧结构性优化的必要性与可行性分析

3.3.1 职业教育供给侧结构性优化的必要性

新疆经济总体实力相对薄弱，产业内部结构设置欠合理，但随着"西部

---

① 根据 2010～2020 年《新疆统计年鉴》和《中国统计年鉴》相关数据整理得出。

大开发"战略、"一带一路"倡议的提出，既提供了机遇，也带来了挑战。目前新疆经济处于快速发展阶段，产业结构逐步向"三、二、一"结构转化，劳动力逐渐向第三产业流动，行业企业对人才的需求会随之发生变化。但据统计，2019 年中等职业学校的教职工数为 15250 人，相应的毕业生数达到 67961 人，[①] 教职工数量不足，无法满足学生的多样化发展与个性化发展需求，使得新疆职业教育无法满足社会的培养需求。

新疆目前以第三产业为主，服务业的发展在一定程度上需要依靠工业的发展，只有基础发展扎实，才能进行创新发展。因此，在新疆产业结构向服务业方向变化时，必然需要相关的技术技能型人才，而职业教育作为培育这些技能型人才的供给方，如何才能更好地培育这些技能型人才呢？这就向职业教育提出了很大的挑战。因此，职业教育供给侧结构优化是实现新疆经济快速发展的必要条件，同时对产业结构优化升级有很重要的促进作用。

此外，新疆要实现"长治久安"，需要结合职业教育供给侧的结构优化为社会输送高水平、高素质、更高技能的军事技能人才，从而为新疆维稳成边提供高素质人才，增强维稳成边力量。从未来发展来看，新疆将积极发展信息技术、新能源、新材料等战略性相关产业，通过职业教育供给侧的结构优化能为战略性新兴产业的发展培养和输送大量的技术技能型人才。据调研可知，新疆职业院校对战略性新兴产业的发展方向的学科专业设置极少，中职院校在学科专业设置上还是以传统学科专业占多数，学科专业设置未能适应产业结构的优化升级，需要通过职业教育供给侧结构的优化推动新疆职业教育的发展，促进新疆经济健康持续地发展和产业结构的优化升级。

3.3.2 职业教育供给侧结构性优化的可行性分析

目前，新疆经济步入高质量发展时期，迫切需要产业结构的优化升级，而产业结构的优化升级需要职业教育培养与之相适应的高层次、高素质的技术技能型人才，同时，教育供给侧结构性改革的提出也为新疆职业教育供给

---

① 根据 2019 年《新疆教育统计年鉴》相关数据整理得出。

侧结构性优化提供了一个良好的契机，这些都为新疆职业教育供给侧结构性优化提供了理论和现实依据。

3.3.2.1 新疆职业教育供给侧结构性优化的理论依据

供给侧改革最早是由西方供给学派的学者提出，2015 年我国根据经济发展和产业结构调整的发展情况提出了供给侧结构性改革。随着国民收入水平和家庭可支配收入水平随时间的推移不断提高，人民群众对教育有了更加多样化和更高的需求，因此，需要深化教育领域供给侧结构性改革，进一步全面深化教育领域综合改革和推进教育体制改革，激发教育事业多元化发展活力。随着产业结构的调整，职业教育的供给也相应发生变化，优化职业教育供给侧结构也就成为必然趋势。新疆经济正处在快速发展时期，而职业教育的发展有利于培养一批与产业结构升级相适应的高素质、高技能型的人才。在新疆经济快速发展的时期，对职业教育供给侧提出了结构性优化要求，为实现新疆经济快速发展以及产业结构的优化升级作出积极贡献。

3.3.2.2 新疆职业教育供给侧结构性优化的现实依据

现阶段，新疆正大力发展战略性新兴产业，壮大新能源、新材料、信息技术等新一代产业，战略性新兴产业的兴起将极大促进产业结构的优化升级，而产业结构的升级需要更多高素质技术技能型人才，人才培养又离不开教育，特别是离不开与产业结构升级联系紧密的职业教育。如今新疆职业教育已经初具规模，开展实施了很多职业教育工程项目，截至 2021 年，新疆已建立了克拉玛依职业技术学院、新疆农业职业技术学院、新疆石河子职业技术学院和新疆轻工职业技术学院等"高职 211"院校（其中国家示范院校重点专业主要有园艺技术、食品加工技术及种子生产与经营等），还有 5 所自治区级示范性高等职业学校。但新疆职业教育所培育的人才无法满足现阶段产业结构升级的需求，办学理念和管理能力跟不上现代职业教育快速发展的步伐，为实现教育资源优化配置，要以职业教育供给侧结构性改革为契机，优化职业教育供给侧结构，促进产业结构升级，进而助推新疆经济高质量发展。

第 4 章

新疆职业教育供给侧结构与产业结构升级关系分析

4.1 职业教育供给侧结构与产业结构升级的指标体系构建

4.1.1 职业教育供给侧结构指标体系的构建

本书根据指标体系构建的科学性、系统性、可操作性及可量化性原则，借鉴目前已有研究成果，基于新疆职业教育供给侧结构的实际情况，从其层次结构、学科专业结构、区域布局结构 3 个准则层 13 个指标层，构建了新疆职业教育供给侧结构的指标体系，具体如表 4 – 1 所示。

表 4 – 1　　　　　　　职业教育供给侧结构指标体系构建

目标层	准则层	指标层	变动方向	分级权重	总排序权重
职业教育供给侧结构	层次结构	中职招生数	–	0.160	0.079
		中职在校生数	–	0.119	0.058
		中职毕业生数	–	0.133	0.065

续表

目标层	准则层	指标层	变动方向	分级权重	总排序权重
职业教育供给侧结构	层次结构	高职招生数	+	0.196	0.097
		高职在校生数	+	0.131	0.065
		高职毕业生数	+	0.261	0.129
	学科专业结构	农林牧渔类毕业生数	−	0.183	0.048
		加工制造业类毕业生数	+	0.339	0.089
		服务类毕业生数	+	0.478	0.126
	区域布局结构	南疆地区在校生数	+	0.327	0.082
		南疆地区学校数	+	0.280	0.070
		北疆地区在校生数	+	0.159	0.040
		北疆地区学校数	+	0.234	0.058

资料来源：根据 2009～2019 年《新疆教育统计年鉴》相关数据得出。

4.1.1.1 层次结构

目前国内大多数学者选择毕业生数、在校生数和招生数来作为职业教育供给侧结构的评价指标。招生人数能较好反映职业教育层次结构（李尤媛，2015），毕业生人数能较好反映学生接受职业教育的结果，从现有的研究发现，迟景明等（2010）选择招生数指标，郝克明、谢维（1987）等选择毕业生数与在校生数反映职业教育层次结构的指标。而本书为更全面、客观地反映新疆职业教育层次结构，借鉴孙虹与魏海丽（2015）的研究，选取毕业生数、在校生数及招生数这三个指标反映。

4.1.1.2 学科专业结构

职业教育学科专业结构是依据学科专业划分的各学科领域及其间的比例关系（苏金秋，2019），把职业教育 19 个学科门类划分为农林牧渔类与加工制造类及服务类三大类，马力、张连城（2017）使用各门类毕业生人数反映职业教育学科结构指标，梁丹、徐涵（2016）使用各门类在校生数、招生数和毕业生数反映职业教育学科专业结构指标，由于数据可获得性问题，本书使用农林牧渔类毕业生数、加工制造业毕业生数及服务类毕业生数指标反映。

4.1.1.3 区域布局结构

职业教育区域布局结构将空间位置作为划分的依据，职业教育区域布局结构是衡量职业教育资源分布是否均衡的重要指标（梁莹，2020），一般地，可以使用职业院校数量分布、职业院校学生数量分布表示，新疆以天山为界，划分为南疆与北疆地区，为反映新疆职业教育区域布局结构，本书选择南疆地区、北疆地区的职业院校在校生数与学校数作为其衡量的指标。

4.1.2 产业结构升级指标体系的构建

目前，在国内学者的文献中，对产业结构升级的度量是用产业结构高级化来衡量的，即经济发展的重心从第一产业向第二产业和第三产业转移的过程。因此，本书从产业结构升级系数、产值结构及就业结构三方面构建新疆产业结构升级指标体系（方大春，2016；干春晖，2011），其中，将产业结构升级系数作为产业结构高度化的替代指标，这里用 R 表示，需要通过式（4-1）计算，以反映新疆产业结构升级水平，具体如表4-2所示。

$$R = \sum_{i=1}^{3} y_i \times j = y_1 \times 1 + y_2 \times 2 + y_3 \times 3 \qquad (4-1)$$

其中，y_i 表示第 i 产业产值占总产值的比重，j 为比例系数。$1 \leqslant R \leqslant 3$，$R$ 越接近于1，表示产业结构升级层次越低，反之越高，数据来源于《新疆统计年鉴（2010~2020）》。

表4-2   产业结构升级指标体系构建

目标层	准则层	指标层	类型	分级权重	总排序权重
产业结构升级	产值结构	第一产业产值比重	−	−	0.093
		第二产业产值比重	+	−	0.09
		第三产业产值比重	+	−	0.196

目标层	准则层	指标层	类型	分级权重	总排序权重
产业结构升级	就业结构	第一产业从业人员比重	–	–	0.093
		第二产业从业人员比重	+	–	0.091
		第三产业从业人员比重	+	–	0.168
	产业结构升级系数	——	+	–	0.270

注：产业结构升级系数根据式（4-1）计算得到。

4.2 熵值法原理和计算结果分析

4.2.1 熵值法原理

熵值法是一种客观赋权的分析方法，其不但能够增强分析指标的差异性与分辨性，而且能够反映出数据所隐含的信息，较之于那些主观赋值法，熵值法由于能避免人为因素所带来的偏差，精度较高并且客观性相对更强，因此能更好地解释得到的结果，因此，本书采用熵值法对职业教育供给侧结构与产业结构升级关系进行分析，具体分析步骤如下。

第一，标准化处理指标数据。这里，使用极差分析法对数据无量纲化处理：

正向指标处理：
$$x'_{ij} = \frac{x_{ij} - x_{\min}}{x_{\max} - x_{\min}} \qquad (4-2)$$

负向指标处理：
$$x'_{ij} = \frac{x_{\max} - x_{ij}}{x_{\max} - x_{\min}} \qquad (4-3)$$

其中，x'_{ij} 表示第 i 年第 j 项指标的无量纲化处理的指标值；x_{ij} 表示第 i 年第 j 项指标原始值；$x_{\max}$ 和 $x_{\min}$ 分别表示指标的最大值和最小值。

第二，贡献度矩阵计算。公式为：

$$y_{ij} = \frac{x'_{ij}}{\sum_{i=1}^{m} x'_{ij}} \qquad (4-4)$$

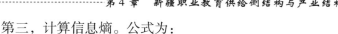

第三，计算信息熵。公式为：

$$e_j = -k \sum_{i=1}^{m} y_{ij} \times \ln y_{ij} \qquad (4-5)$$

其中，$k = \dfrac{1}{\ln m}$，m 表示年份个数。若某个指标的信息熵 e_j 越小，说明指标值的变异性越大，相对应的权重也越大；反之，若某个指标的信息熵 e_j 越大，说明指标值的变异性越小，相对应的权重也越小。

第四，计算变异系数。公式为：

$$d_j = 1 - e_j \qquad (4-6)$$

第五，计算各指标权重。公式为：

$$w_j = \frac{d_j}{\sum_{j=1}^{n} d_j} \qquad (4-7)$$

上层结构的权重值需要根据下层结构的指标信息效用值计算，可以利用熵的可加性按比例计算求得，具体计算过程如下：

首先，为得到上层结构各类指标效用值和，需要对下层结构每类指标的信息效用值求和，记 $D_k (k = 1, 2, \cdots, k)$，则效用值的总和 D 为：$D = \sum_k D_k = \sum_{j=1}^{n} d_j$；

其次，计算相应层级的权重，第 k 个准则层的权重 W_k 为：$W_k = D_k / D$；

最后，根据 $w_{kj} = (w_1, w_2, \cdots, w_l) = d_j / D_k$ 计算第 j 项指标相对应的第 k 个准则层的权重值 w_{kj}。

第六，综合指数计算。根据 w_{kj} 标准化后所得数据对 x'_{ij} 加权，并依次合成各准则层的综合指数 f_{ik} 与目标系统的综合指数 F_i。具体公式如下：

$$f_{ik} = \sum_{j=1}^{l} w_{kj} \times x'_{ij} \qquad (4-8)$$

$$F_i = \sum_{k=1}^{5} W_k \times f_{ik} \qquad (4-9)$$

其中，f_{ik} 为第 i 年的第 k 个准则层的综合指数；F_i 为第 i 年的目标层的综合指数。

4.2.2 熵值法计算结果分析

根据 2009～2019 年新疆职业教育供给侧结构与产业结构的相关数据，通过式（4-1）至式（4-9），计算得到新疆职业教育供给侧结构与产业结构升级各指标的权重、准则层的综合指数，目标层（职业教育供给侧结构与产业结构升级）的综合指数如表4-3所示。由表4-3可知，新疆职业教育供给侧结构综合指数由 2009 年的 0.205 增长到 2019 年的 0.552，增长 0.347 个单位，呈现出增长的态势，表明新疆职业教育供给侧结构在逐渐优化。其中，新疆职业教育层次结构综合发展水平由 2009 年的 0.275 增长到了 2019 年的 0.637，增长 0.362 个单位，层次结构综合指数相对来说较大，说明近些年来新疆高等职业教育的发展势头相对中等职业教育来说更快；新疆职业教育学科结构综合指数由 2009 年的 0.227 增长到 2019 年的 0.361，提升 0.134 个单位，说明学科专业结构有了一定程度的调整与优化；新疆职业教育区域布局结构综合指数由 2009 年的 0.199 增长到 2019 年的 0.249，增长幅度较小，表明职业教育区域布局结构在调整相对学科专业结构和区域布局结构来说较为缓慢。

表 4-3 　　　2009～2019 年新疆职业教育供给侧结构与产业结构升级综合指数

年份	层次结构	学科结构	布局结构	职业教育供给侧结构	产业结构升级
2009	0.275	0.227	0.199	0.205	0.121
2010	0.294	0.242	0.204	0.512	0.165
2011	0.369	0.362	0.207	0.501	0.198
2012	0.385	0.474	0.211	0.513	0.212
2013	0.496	0.382	0.216	0.526	0.248
2014	0.507	0.365	0.232	0.529	0.301
2015	0.518	0.341	0.237	0.586	0.323
2016	0.484	0.324	0.243	0.601	0.336

年份	层次结构	学科结构	布局结构	职业教育供给侧结构	产业结构升级
2017	0.591	0.356	0.251	0.530	0.345
2018	0.521	0.364	0.247	0.532	0.376
2019	0.637	0.361	0.249	0.552	0.389

新疆产业结构升级综合指数由 2009 年的 0.121 增长到 2019 年的 0.389，呈现稳定的增长趋势，表明近些年来新疆第一产业发展一直保持平稳变化，第二、第三产业发展较快，表现出产业结构趋向高级化发展的态势。

4.3 职业教育供给侧结构与产业结构升级互动关系的实证分析

4.3.1 模型设定

为了更进一步研究职业教育供给侧结构与产业结构升级的互动关系，这里运用两者的时间序列数据，采用 VAR 向量自回归模型进行分析，模型构建如下。

$$y_t = C_1 + A_1 y_{t-1} + A_2 y_{t-2} + \cdots + A_p y_{t-p} + \varepsilon_t \qquad (4-10)$$

其中，y_t 是 k 维的内生变量构成的向量，y_{t-i}（$i=1$，2，$\cdots$，p）为滞后内生变量构成的向量，ε_t 是 k 维随机误差项构成的向量。

4.3.2 职业教育供给侧结构和产业结构升级单位根检验

为对产业结构升级综合指数（CY）与职业教育供给侧结构综合指数（ZY）的数据进行平稳性检验，本书采用常用的 ADF 单位根检验分析方法，避免了"伪回归"的问题。由表4－4可以看出,两者的时间序列数据均存在单位根,为非平稳的时间序列,需要对其进行一阶差分,结果发现,至少在10%的显著性水平下,ADF绝对值都大于临界值的绝对值,P值都小于0.1,拒绝原假设,说明数据不存在单位根,均是平稳的。

表4－4 变量的平稳性检验

变量	ADF检验	1%临界值	5%临界值	10%临界值	结论
ZY	－1.967	－4.421	－3.260	－2.77	非平稳
$D(ZY)$	－5.503	－5.835	－4.247	－3.590	平稳
CY	－0.241	－4.421	－3.260	－2.771	非平稳
$D(CY)$	－3.497	－4.803	－3.403	－2.842	平稳

4.3.3 职业教育供给侧结构与产业结构升级最优滞后阶数

为了进一步分析职业教育供给侧结构与产业结构升级的互动关系,首先,需要分析滞后期的问题,为确定最优的滞后阶数,本书主要采用LR检验统计量、最终预测误差项FPE、AIC信息准则、SC信息准则及HQ信息准则五类分析方法,结果如表4－5所示。可以看出,通过五种分析方法得出最佳滞后期为1,因此,可建立VAR（1）模型。

表4－5 VAR模型最佳滞后期结果的确定

滞后阶 Lag	L的对数 LogL	LR检验 统计量	最终预测 误差项FPE	AIC信息 准则	SC信息 准则	HQ信息 准则
0	31.988	NA	4.38E－06	－6.664	－6.620	－6.759
1	47.974	21.315*	3.21E－07*	－9.328*	－9.196*	－9.611*
2	49.786	1.610	6.58E－07	－8.841	－8.622	－9.314

注:表中"NA"表示空值,"*"表示在10%水平下显著。

4.3.4　稳定性检验

为了检验构建的模型稳定与否，本书采用构建"单位圆"的做法。由图4-1可知，特征根的模的倒数都在圆内，说明了所构建的模型是稳定的。

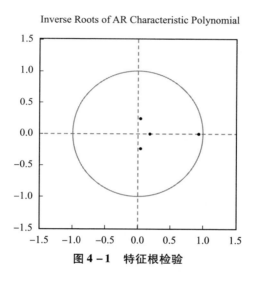

图4-1　特征根检验

4.3.5　方差分解

在上述分析的基础上，还需要进行方差分解，以进一步分析变量对 VAR 模型的影响程度及其滞后期问题，于是，本书对职业教育供给侧结构与产业结构升级的数据进行方差分解，预期值选择 10，结果如表 4-6 所示。

表 4-6　　　　职业教育供给侧结构与产业结构升级方差分解　　　单位：%

滞后期	职业教育供给侧结构方差分解		产业结构升级方差分解	
	职业教育	产业结构升级	职业教育	产业结构升级
1	100.000	0.000	61.590	38.410

续表

滞后期	职业教育供给侧结构方差分解		产业结构升级方差分解	
	职业教育	产业结构升级	职业教育	产业结构升级
2	94.660	5.340	41.920	58.080
3	95.420	4.580	30.170	69.830
4	84.770	15.230	29.560	70.440
5	80.920	19.080	29.360	70.640
6	70.400	29.600	28.670	71.330
7	69.030	30.970	28.340	71.660
8	66.330	33.670	28.240	71.760
9	64.330	35.670	28.100	71.900
10	63.580	36.420	28.010	71.990

从表4-6中数据可以看出，产业结构升级在前3期对职业教育供给侧结构冲击作用均相对较弱，但从第4期开始，冲击作用和方差的贡献率不断增强，第10期为36.420%，表明产业结构升级的变动率对职业教育供给侧结构有一定的促进作用，并且促进作用不断增强。而职业教育供给侧结构从第1期开始就对产业结构升级有相对较强的冲击作用，能够解释变动率的61.590%，不过，从第2期至第5期，冲击作用在较大幅度的减弱，从第5期至第10期，冲击作用在较小幅度减弱，直到第10期为28.010%，表明职业教育供给侧结构对产业结构升级的冲击作用逐步减弱。表4-6中还显示，在第2期至第6期，职业教育供给侧结构对产业结构升级的影响作用大于同期产业结构升级对职业教育供给侧结构的影响作用，但在第7期后，职业教育供给侧结构对产业结构升级的影响作用小于同期产业结构升级对职业教育供给侧结构的影响作用。

方差分解的结果在一定程度上说明了新疆职业教育供给侧结构与产业结构升级之间存在着长期相互影响的关系。

新疆职业教育供给侧结构与产业结构升级的适应性分析

5.1 耦合协调度模型

反映耦合现象的指标为耦合度，耦合度越大，则耦合因素间的关系就越稳定，反之，则越不稳定，耦合现象的模型如下：

$$C = \sqrt{(Z_1 Z_2) / (Z_1 + Z_2)^2} \qquad (5-1)$$

其中，Z_1、Z_2 分别为耦合因素，C 为两者间的耦合度水平，$0 \leqslant C \leqslant 1$，当 $C = 1$ 时，Z_1、Z_2 的耦合状态达到最优状态；当 $C = 0$ 时，表明 Z_1、Z_2 耦合失序。

协调度是度量各个系统间协调性优劣的指标，协调度模型如下：

$$D = \sqrt{C \times T} \qquad (5-2)$$
$$T = \alpha Z_1 + \beta Z_2 \qquad (5-3)$$

其中，C 为耦合度，T 为协调发展水平的综合评价指数，D 为耦合协调度，α、β 表示各系统的权重。

5.2 整体协调性结果分析

根据职业教育供给侧结构综合指数与产业结构升级综合指数，通过耦合协调度模型进行测算，由于产业结构升级与职业教育供给侧结构重要性相同，因此令 $\alpha = \beta = 0.5$。为反映产业结构升级与职业教育供给侧结构间的协调度所处的发展阶段，本书借鉴袁培（2020）与蒋辉（2017）关于协调度的评价标准，采用均匀分布函数法，按 D 值大小，确定 8 个协调等级，如表 5-1 所示。

表 5-1 职业教育供给侧结构与产业结构的协调度等级划分

分度	协调等级
$0 < D \leqslant 0.11$	严重失调阶段
$0.11 < D \leqslant 0.22$	中度失调阶段
$0.23 \leqslant D \leqslant 0.34$	轻度失调阶段
$0.35 \leqslant D \leqslant 0.45$	濒临失调阶段
$0.46 \leqslant D \leqslant 0.57$	初级协调阶段
$0.58 \leqslant D \leqslant 0.69$	中级协调阶段
$0.7 \leqslant D \leqslant 0.81$	良好协调阶段
$0.82 < D \leqslant 1$	优质协调阶段

在上述通过熵值法测算得到的表 4-3 测算结果的基础上，根据式（5-1）、式（5-2）、式（5-3）对协调度进行测算，结果如表 5-2 所示。

表 5-2 职业教育供给侧结构与产业结构升级整体协调度水平及等级

年份	整体协调度	协调等级
2009	0.281	轻度失调阶段
2010	0.381	濒临失调阶段
2011	0.397	濒临失调阶段
2012	0.406	濒临失调阶段
2013	0.425	濒临失调阶段
2014	0.447	濒临失调阶段
2015	0.466	初级协调阶段

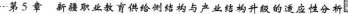

续表

年份	整体协调度	协调等级
2016	0.474	初级协调阶段
2017	0.462	初级协调阶段
2018	0.473	初级协调阶段
2019	0.481	初级协调阶段

由表 5-2 可知，新疆产业结构升级和职业教育供给侧结构的整体协调度由 2009 年的轻度失调阶段发展到 2015 年的初级协调阶段，中间经历了轻度失调阶段、濒临失调阶段和初级协调阶段，2015 年之后一直保持在初级协调阶段，说明近些年来，两者的协调关系已经在向好发展，不过协调性还有待提高，与良好的适应性关系尚存在一定的差距，可能存在的主要原因：一是职业教育供给侧结构对产业结构升级具有一定的滞后性，职业教育所培养的人才质量无法满足新疆产业结构升级的需求；二是政府在职业教育方面的投入不够，在一定程度上制约了职业教育供给侧结构的优化，继而无法较好促进产业结构的升级，反之，产业结构升级带动职业教育供给侧结构的优化，二者无法形成良好的适应性关系；三是产业结构升级的影响因素有很多，致使二者的适应性关系不够明显。

5.3　具体协调性结果分析

5.3.1　层次结构与产业结构升级的协调结果分析

层次、学科专业、区域布局结构与产业结构升级协调水平如表 5-3 所示。由表 5-3 可知，产业结构升级与职业教育的层次结构的协调度水平从 2009 年 0.302 的轻度失调阶段发展到 2017 年 0.475 的初级协调阶段，2017 年后均处于初级协调阶段，两者间适应性有所提高，均值为 0.417 的初级协调阶段，因此，离良好的适应性关系还存在一定的差距。2015 年之后新疆产业结构已实现了"三、二、一"的转化，作为对高素质技能型人才培养层次的高等职业教育，对产业结构升级起着积极的促进作用，因此，如何进一步加大对高等职业教育的主要阵地作用，以提高二者之间的良性适应性的关系，是值得深思的问题。

表 5-3　　层次、学科专业、区域布局结构与产业结构升级协调度水平

年份	层次结构		学科专业结构		区域布局结构	
2009	0.302	轻度失调阶段	0.288	轻度失调阶段	0.279	轻度失调阶段
2010	0.332	轻度失调阶段	0.316	轻度失调阶段	0.303	轻度失调阶段
2011	0.368	濒临失调阶段	0.366	濒临失调阶段	0.318	轻度失调阶段
2012	0.378	濒临失调阶段	0.398	濒临失调阶段	0.325	轻度失调阶段
2013	0.419	濒临失调阶段	0.392	濒临失调阶段	0.340	轻度失调阶段
2014	0.442	濒临失调阶段	0.407	濒临失调阶段	0.364	濒临失调阶段
2015	0.452	初级协调阶段	0.407	濒临失调阶段	0.372	濒临失调阶段
2016	0.449	濒临失调阶段	0.406	濒临失调阶段	0.378	濒临失调阶段
2017	0.475	初级协调阶段	0.419	濒临失调阶段	0.384	濒临失调阶段
2018	0.470	初级协调阶段	0.430	濒临失调阶段	0.390	濒临失调阶段
2019	0.499	初级协调阶段	0.433	濒临失调阶段	0.395	濒临失调阶段
均值	0.417	濒临失调阶段	0.388	濒临失调阶段	0.350	轻度失调阶段

5.3.2　学科专业结构与产业结构升级的协调结果分析

职业教育的学科专业结构与产业结构升级之间的协调度不高，从 2009 年 0.288 的轻度失调阶段发展到 2011 年 0.366 的濒临失调阶段，2011 年之后一直处于濒临失调阶段，均值为 0.388 的濒临失调阶段，表明新疆职业教育学科专业结构与产业结构升级间未形成良好的适应性关系。目前，新疆职业教育的加工制造类毕业生变化态势和第二产业的变化态势相吻合，不过，加工制造类毕业生数与服务类毕业生数差距明显大于第二产业产值结构与第三产

业产值结构间差距，这在一定程度上表明了与产业结构适应性较好的学科专业多数集中于加工制造类，因此，如何重点发展第三产业对应的学科门类，适当发展第二产业对应的学科门类，以优化职业教育学科专业结构，是摆在现实中的重要问题。

5.3.3　职业教育区域布局结构与产业结构升级的协调结果分析

职业教育区域布局结构与产业结构升级的协调度从 2009 年 0.279 的轻度失调阶段发展到 2014 年 0.364 的濒临失调阶段，2014 年之后一直处于濒临失调阶段，均值为 0.350 的轻度失调阶段，表明职业教育区域布局结构与产业结构升级间未能形成良好的适应性关系。长期以来，新疆职业院校多集中于北疆地区，不论是数量上还是质量上，南疆地区职业院校与北疆地区均存在较大的差距，使得职业教育区域布局发展不平衡，因此，如何提高南疆地区的职业教育规模的数量与质量，加大南疆地区教育资源的投入，优化职业教育区域布局结构与产业结构升级的良好适应性，是一个需要思考的现实问题。

新疆职业教育供给侧结构与产业结构升级适应性的影响因素分析

6.1 影响因素的甄选

职业教育供给侧结构与产业结构升级两者的适应性受学校、政府和市场等多种因素的影响。在借鉴已有文献的研究基础上，本书主要从职业教育投入水平、职业教育师资力量、经济发展水平、市场化水平及政府干预强度五个方面进行分析。

第一，职业院校投入水平。职业教育为了培养技能型人才，需要更多实验室、实训基地的配备等。如果职业教育投入水平不足，就会影响到其招生竞争力和人才培养的质量。提高职业教育投入水平更有益于在产业间分配社会资源，从而更利于促进产业结构升级，本书用职业院校公共预算教育经费占 GDP 的比重表示职业院校投入水平（曲建忠，2013）。

第二，职业院校师资力量。职业教育师资力量的强弱是职业教育质量的根本保证，是决定学生培养质量高低的重要决定性因素，对提高劳动力素质、加快地区经济发展、促进产业结构升级有着重要的作用，因此，对两者的适应性有影响，本书用职业院校师生比衡量职业教育的师资力量（梁莹，2020）。

第三，地区经济发展水平。较高经济发展水平的地区对人才、技术等要素的吸引力更大，教育资源也相对丰富，而人才、技术等的集聚又进一步提高该地区经济发展，推动产业结构升级，这实际上对两者间的适应性产生一定影响，本书用人均 GDP 衡量地区经济发展水平（景维民，2019）。

第四，市场化水平。随着经济的发展，劳动力素质水平渐趋提高，市场化过程实际上就是第三产业范围延伸的过程，如今，第三产业涵盖了通信业、交通业和物流业等多个领域，一般地，市场化水平越高，越有利于产业结构升级，因此，对两者的适应性会产生影响。本书用第三产业产值占 GDP 比重衡量市场化水平（宋美喆，2018）。

第五，政府干预强度。一般地，政府财政投资对教育发展起着重要的作用，政府出台一项经济政策会对产业结构的变化方向产生重要的影响，不过，当政府对经济的干预超过一定程度时，会产生资源配置扭曲的现象，不利于职业教育供给侧结构的优化，继而不利于促进产业结构的升级，会对两者间的适应性产生不利影响。本书用财政支出占 GDP 比重衡量政府干预强度（宋美喆、李孟苏，2019）。

6.2　模型设定与数据来源

6.2.1　模型设定

借鉴现有文献（曲建忠，2013；宋美喆、李梦苏，2019），本书构建如下计量经济模型，以检验各因素对两者适应性的影响。

$$XT_t = \beta_0 + \beta_1 TR_t + \beta_2 SZ_t + \beta_3 ZF_t + \beta_4 JJ_t + \beta_5 SC_t + \varepsilon_t \qquad (6-1)$$

其中，t 表示第 t 年数据，XT_t 表示新疆职业教育供给侧结构与产业结构的耦合协调度水平，即适应性系数，见表 5－2。β_0 为常数项，β_x（$x=1$，2，3，4，5）为自变量系数，TR 表示职业教育投入水平，SZ 表示职业教育师资力量，ZF 表示政府干预强度，JJ 表示经济发展水平，SC 表示市场化水平，ε_t 为随机扰动项。

6.2.2 数据来源

本章数据主要来源于《中国统计年鉴》《中国教育统计年鉴》《中国教育发展统计公报》及中国知网数据库等。同时为使数据具有可比性，各年国内生产总值数据以 2009 年为基期进行了折算。

6.3 适应性影响的实证分析

6.3.1 平稳性检验

采用 ADF 检验方法对数据进行平稳性检验，结果如表 6 - 1 所示。各变量经过一阶差分后，至少在 5% 的置信水平下，ADF 统计量绝对值大于临界值，P 值小于 0.1，因而，所有变量不存在单位根。

表 6 - 1   变量平稳性检验

变量	ADF 检验	1% 临界值	5% 临界值	10% 临界值	结论
TR	0.313	− 2.847	− 1.988	− 1.600	非平稳
$D(TR)$	− 3.553	− 2.937	− 2.006	− 1.598	平稳
SZ	2.463	− 2.847	− 1.988	− 1.60	非平稳
$D(SZ)$	− 5.343	− 2.937	− 2.006	− 1.598	平稳
ZF	0.5213	− 2.847	− 1.988	− 1.600	非平稳
$D(ZF)$	− 2.516	− 2.937	− 2.006	− 1.598	平稳
JJ	0.968	− 2.847	− 1.988	− 1.600	非平稳
$D(JJ)$	− 4.580	− 2.937	− 2.006	− 1.598	平稳
SC	− 0.161	− 2.847	− 1.988	− 1.600	非平稳
$D(SC)$	− 5.289	− 2.937	− 2.006	− 1.598	平稳

6.3.2 结果分析

本书采用改良的最小二乘估计法，即岭回归（Ridge Regression）分析法，以避免可能存在的多重共线性问题，采用岭回归进行分析，其主要思想是在病态（$X^T X$）矩阵中沿主对角线加入正数 k，使矩阵特征值变大（李政，2006），k 在 $0 \sim 1$ 之间，当岭轨迹变化趋于稳定时，尽可能选较小的 k 值，因此，本书利用 SPSSAU 软件对模型进行岭回归，得到岭迹图，如图 6 – 1 所示。由图 6 – 1 可以看出，当 k 达到 0.15 附近时，各自变量的岭迹趋于平稳，因此，确定最优岭参数 k 为 0.15，岭回归的具体分析结果如表 6 – 2 所示。

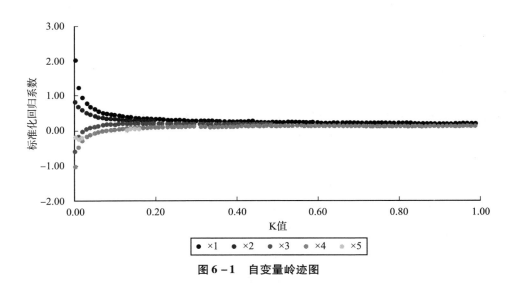

图 6 – 1　自变量岭迹图

表 6 – 2　　　　　　　　　　　　岭回归估计结果

变量	回归系数	标准差	标准化回归系数	T	Sig. T
职业院校投入水平（*TR*）	0.142	0.040	0.193	3.560	0.024 **
职业教育师资力量（*SZ*）	0.154	0.043	0.253	3.572	0.023 **

续表

变量	回归系数	标准差	标准化回归系数	T	Sig. T
政府干预强度（ZF）	0.169	0.053	0.218	3.185	0.033 **
经济发展水平（JJ）	0.311	0.111	0.155	2.790	0.049 **
市场化水平（SC）	0.828	0.372	0.150	2.227	0.090 *
常数（CON）	−0.683	0.299	—	−2.286	0.084 *

注：$R^2 = 0.933$，F 统计量 = 26.203，sig F = 0.004。

由表 6－2 可以看出，职业院校投入水平、职业院校师资力量、政府干预强度、经济发展水平四个变量的回归系数均为正数，表明对两者之间的适应性均产生正向促进作用，说明职业院校投入水平、职业院校师资力量、政府干预程度和经济发展水平对两者的适应性具有显著的正向影响，但是，市场化水平对两者的适应性影响不显著，具体分析如下。

职业院校投入水平的回归系数是 0.142，并且在 5% 的显著性水平上通过了检验，表明职业院校投入水平对两者间的适应性有显著的正向影响，说明了职业院校投入水平越高越有利于职业院校扩大其办学规模，提高其办学质量，在招生上更具有竞争力，越有利于促进产业结构升级，从而有利于提高二者间的适应性。

职业院校师资力量的回归系数是 0.154，并且在 5% 的显著性水平上通过了检验，表明职业教育师资力量对两者间的适应性有显著的正向影响，可以说，师资力量决定了职业教育教学水平和质量，从而决定了所培养的人才质量，而人才质量的提高会进一步促进就业结构的提升，就业结构提升又能带动产业结构的升级，从而有利于提高二者间的适应性。

经济发展水平的回归系数是 0.311，并且在 5% 的显著性水平上通过了检验，表明经济发展水平对二者之间的适应性有显著性的正向影响。近些年来，经济实现长足发展和质的飞跃，人均生产总值稳步提升，尤其是从"一带一路"倡议提出以来，为实现新疆经济从要素驱动、投资驱动向创新驱动的发展方向转变，现代企业对高素质技能型人才的需求更为迫切，需要进一步优化职业教育供给侧结构，继而促进产业结构升级，有利于提高二者间的适应性。

政府干预强度的回归系数是 0.169，在 5% 的显著性水平上通过了检验，表明政府干预对两者间的适应性有显著性的正向影响，说明在一定程度上职业教育的发展离不开政府干预的引导，政府干预的引导会对职业教育供给侧结构优化产生积极作用，以促进产业结构的升级，有利于提高二者间的适应性。

市场化水平的系数是 0.828，并且在 10% 的显著性水平上通过了检验，市场化水平高的地区，经济基础更强，职业教育发展更快，从而促进了产业结构升级，有利于提高二者之间的适应性。

第 7 章

基于新疆产业结构现状的
学生调研结果分析

7.1 样本基本情况

调研中所涉及的学生问卷方面主要涵盖了六个部分：第一部分为基本信息，主要调查统计学生的性别、年龄、政治面貌、家庭住址、院校名称、所在年级等；第二部分为专业与课程设置；第三部分为师资水平；第四部分为实习实训及教学设施；第五部分为校企合作；第六部分为实习与就业方面。

在明确项目的调查目的与研究内容的基础上，本书项目组首先进行了预调研，找出了问卷中存在的一系列问题，将这些问题逐一分析予以解决，再对问卷进一步地修改完善后展开正式的调研。本次调研中发放的学生调查问卷共计 4000 份，实际上共收回 3763 份，实现了 94.08% 的问卷回收率，3763 份问卷中共计 3649 份为有效问卷，问卷的有效率达到 96.97%。

样本基本情况如下：从院校类型上看，中职院校占 60.84%，高职院校占 39.16%；从院校分布上看，北疆院校占 60.40%，南疆院校占 39.60%；从户口所在地上看，城镇户口的学生占 24.17%，农村户口的学生占 75.83%；从性别比例上看，男性占 38.81%，女性占 61.19%；从年龄分布上看，15～17岁的学生占 39.22%，18～20 岁的学生占 48.89%，21～23 岁的学生占 11.56%，24 岁以上的学生占 0.33%；从样本年级分布上看，大学三年级、二年级学生居多，分别占 42.01%、33.71%，大学一年级学生占 24.28%。

7.2　中职院校调研情况分析

7.2.1　基本信息

根据调查结果显示，对于报考职业院校的原因来说，认为通过读职业学校可以尽早就业的学生占 54.59%，认为自己适合从事技术行业原因的学生占 67.57%，也有 66.22% 的学生是因为升学考试失利，选择职业教育并非自己本意而是被动选择的，而仅有 14.19% 的中职学生表示自己选择中职教育主要是考虑家长的意愿。

对于已经选择职业院校的学生来说，有 60.14% 的学生是因为自己选择的院校专业好，36.49% 的学生是因为管理好，32.03% 的学生是因为就业率高，30.14% 的学生是因为亲友推荐，29.32% 的学生是因为硬件设施完备、环境好，25.68% 的学生是因为学校收费低，18.24% 的学生是因为学校师资好，还有 11.89%、10.68% 的学生是因为名气大、规模大等其他原因才选择的就读该职业院校。

表 7-1		报考职业学校的原因和就读所在院校的原因		单位：%	
报考职业学校的原因	是	否	选择就读所在院校的原因	是	否
通过职业教育，可以尽早就业	54.59	45.41	名气大	11.89	88.11
认为自己适合从事技术行业	67.57	32.43	收费低	25.68	74.32
主要是家长意愿	14.19	85.81	管理好	36.49	63.51
升学考试失利，被动选择	66.22	33.78	规模大	10.68	89.32
其他	6.49	93.51	专业好	60.14	39.86
			师资好	18.24	81.76

续表

报考职业学校的原因	是	否	选择就读所在院校的原因	是	否
			就业率高	32.03	67.97
			设施完备，环境好	29.32	70.68
			亲友推荐	30.14	69.86
			其他	7.43	92.57

7.2.2　专业与课程设置情况

7.2.2.1　学生就读专业大类和选择的依据

学生就读专业大类情况如图 7-1 所示。由图 7-1 可知，在被调查的学生中，11.08% 的学生就读于农林牧渔类，1.62% 的学生就读于资源环境类，4.46% 的学生就读于能源与新能源类，6.49% 的学生就读于土木水利类，11.22% 的学生就读于加工制造类，3.11% 的学生就读于生物与石油化工类，5.81% 的学生就读于轻纺食品类，4.86% 的学生就读于交通运输类，14.19% 的学生就读于信息技术类，3.92% 的学生就读于医药卫生类，13.51% 的学生就读于财经商贸类，9.46% 的学生就读于旅游服务类，0.68% 的学生就读于文化艺术类，0.14% 的学生就读于体育与健身类，0.41% 的学生就读于教育类，0.14% 的学生就读于司法服务类，还有 1.22% 以及 7.70% 的中职学生分别就读于公共管理与服务类与其他大类，可以发现信息技术类、财经商贸类、加工制造类和农林牧渔类是学生就读专业大类中占比相对较高的。

对学生专业选择依据调查的结果如表 7-2 所示。通过结果可以发现，30.54% 的学生表示是因为兴趣所在，25.68% 的学生表示自己的专业就业形势好，23.65% 的学生表示是按照分数选择专业，15.68% 的学生选择的依据是所在学校的专业突出。

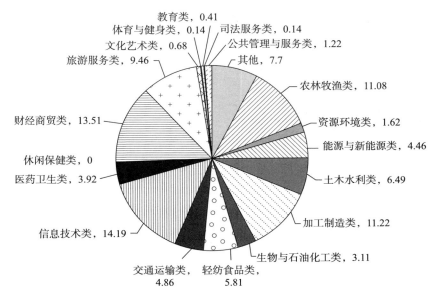

图 7 - 1　学生就读专业大类情况

表 7 - 2　　　　　　　　　　　　选择专业的依据

	就业形势好	兴趣所在	所在学校专业突出	按分数选择	其他
人数（人）	570	678	348	525	99
百分比（%）	25.68	30.54	15.68	23.65	4.45

7.2.2.2　课程设置及设置课程的期望情况

课程设置情况及设置课程的期望情况如表 7 - 3 所示。根据中职院校的课程设置方面的调查显示，认为专业课程与公共基础课程设置合理的中职学生占比为 43.92%，但同时也有 23.92% 的中职学生认为自己所在的专业课程设置较少，而公共基础课程设置的较多，还有 17.57% 的学生认为自己所在的专业课程设置的较多，但公共基础课程设置的却较少，仅有 6.35% 的学生认为自己的实践课程设置的较多，并且专业课程设置的也相对较多，还有 8.24% 的学生认为实践课程设置的相对较少，而公共基础课程则设置的较多。由此可以发现大部分学生认为课程设置较为合理，但部分学生也认为存在专业课较多、公共基础课程较多、实践课较少的问题。通过进一步调查可知，32.30%的学生认为设置课程时应注重学生全面发展，要合理设置专业课与公共基础课程的开课比例，27.30%的学生认为应当多设置专业课程方面，注重学生的专业能力和发展能力，突出专业特色，20.95%的学生认为应注重学生通用能力的提升，多设置一些公共基础课程，19.45%的学生认为多设置实践课程，注重学生实践能力。

表 7 - 3　　　　　　　　课程设置情况及设置课程的期望情况　　　　　　单位：%

课程设置情况	百分比	学校在设置课程时应做到	百分比
专业课与公共基础课设置合理	43.92	注重学生通用能力的提升，多设置一些公共基础课	20.95
专业课较多，有少量公共基础课	17.57	注重学生的专业能力和发展能力，多设置专业课	27.30
专业课较少，公共基础课较多	23.92	注重学生全面发展，合理设置专业课与公共基础课	32.30
实践课较多，专业课较多	6.35	注重学生实践能力，多设置实践课程	19.45
实践课程较少，公共基础课程较多	8.24		

7.2.2.3　通过公共基础课的学习，学生能力提升情况

公共基础课学习后学生能力提升的情况问题的调查结果如表 7 - 4 所示，认为通用能力有一般提升的学生占 37.30%，认为通用能力有较大提升的学生占 28.51%，认为通用能力有非常大提升的学生占 25.41%，仅有 1.35% 的学生认为通用能力没有提升；认为计算机能力有一般提升的学生占 36.08%，认为计算机能力有较大提升的学生占 31.62%，认为计算机能力有非常大提升的学生占 20.14%，仅有 1.62% 的学生认为计算机能力没有提升；认为英语能力有一般提升的学生占 28.38%，认为英语能力有较大提升与非常大提升的学生分别占 9.86% 与 9.73%，仍然有 37.44% 与 14.59% 的学生分别认为英语能力没有提升与较少提升；认为口语及书面表达能力有较大提升、一般提升与非常大提升的学生分别占 34.59%、33.78% 与 21.62%，仅有

2. 31%的学生认为口语及书面表达能力没有提升；认为创新能力有一般提升、较大提升与非常大提升的学生分别占 44.86%、22.70% 与 16.08%，仅有 3.12% 的学生认为创新表达能力没有提升；认为解决实际问题的能力有一般提升、较大提升与非常大提升的学生分别占 43.11%、28.38% 与 17.70%，仅有 1.76% 的学生认为解决实际问题的能力没有提升；认为独立思考能力有一般提升、较大提升与非常大提升的学生分别占 37.58%、32.57% 与 21.89%，仅有 1.89% 的学生认为独立思考能力没有提升；认为职业素养能力有较大提升、一般提升与非常大提升的学生分别占 35.54%、32.84% 与 24.19%，仅有 1.08% 的学生认为职业素养能力没有提升；认为逻辑推理能力有一般提升、较大提升与非常大提升的学生分别占 42.03%、28.25% 与 14.05%，仅有 3.24% 的学生认为逻辑推理能力没有提升；认为信息处理能力有一般提升、较大提升与非常大提升的学生分别占 38.92%、32.30% 与 18.24%，仅有 2.57% 的学生认为信息处理能力没有提升。由上述分析可知，公共基础课学习后学生的英语能力提升欠佳，计算机能力、创新能力、逻辑推理能力提升不够，这些能力还需要进一步提高。

表 7-4　　　　　　　　　公共基础课学习后能力提升情况　　　　　　　单位：%

	非常大提升	较大提升	一般提升	较少提升	没有提升
通用能力	25.41	28.51	37.30	7.43	1.35
计算机能力	20.14	31.62	36.08	10.54	1.62
英语能力	9.73	9.86	28.38	14.59	37.44
口语及书面表达能力	21.62	34.59	33.78	7.70	2.31
创新能力	16.08	22.70	44.86	13.24	3.12
解决实际问题的能力	17.70	28.38	43.11	9.05	1.76
独立思考能力	21.89	32.57	37.58	6.08	1.89
职业素养	24.19	35.54	32.84	6.35	1.08
逻辑推理能力	14.05	28.25	42.03	12.43	3.24
信息处理能力	18.24	32.30	38.92	8.97	2.57

7.2.2.4 专业课、创新创业课程开设的方式情况及实践性教学课收获

对专业课开展方式的调查结果如表7-5所示，46.62%的学生表示理论与实践结合，比例合适，28.29%的学生表示理论课为主，实践课少，14.56%的学生表示实践课为主，理论课少，也有10%的学生表示校企合作，在企业中实践学习。

表7-5 专业课程的开设方式

	理论课为主，实践课少	实践课为主，理论课少	理论与实践结合，比例合适	校企合作，在企业中实践学习
人数（人）	642	323	1035	220
百分比（%）	28.92	14.56	46.62	9.9

对学校创新创业课程开设的方式的调查结果如表7-6所示，学校对创新创业课程以必修课、讲座形式、选修课、竞赛形式开设的占比分别为36.89%、27.71%、24.32%、11.08%。

表7-6 创新创业课程开设的方式

	必修课	选修课	讲座形式	竞赛形式
人数（人）	819	540	615	246
百分比（%）	36.89	24.32	27.71	11.08

另外，本次调查中关于中职学生通过实践性教学课的学习所获得的收获情况的调查结果如表7-7所示，45.95%的学生认为收获较大，认为自身专业技术的操作能力实现了有效提升，45.27%的学生认为收获一般，认为这门课程只是让自己接触简单操作，8.78%的学生认为没有收获，认为这门课程并没有有效地对自身专业技能的操作能力实现提升。

表 7 - 7　　　　　　　　学生通过实践性课学习的收获情况

	人数（人）	百分比（%）
收获较大，专业技术操作能力有效提升	1020	45.95
收获一般，只是接触简单操作	1005	45.27
没有收获，对专业技能操作能力的提升没有帮助	195	8.78

7.2.2.5　课程设置的认知情况

对本专业课程设置的认知情况的调查结果如表 7 - 8 所示，对所学专业就业情况表示比较满意、非常满意、一般满意的学生分别占 37.57%、32.84%、24.86%，仅 1.35% 的学生表示非常不满意；对在校期间学习规划比较满意、一般满意、非常满意的学生分别占 37.83%、28.97%、27.57%，同时，对在校期间学习规划表示非常不满意的学生仅占比 1.22%；分别有 38.65%、35.95%、20.80% 的中职学生对所学课程中理论知识的运用程度表示比较满意、一般满意、非常满意，而表示非常不满意的中职学生仅占比 0.68%；分别有 36.08%、35.95%、21.98% 的中职学生对专业理论课设置的先进性与合理性表示一般满意、比较满意、非常满意，而表示非常不满意的中职学生仅有 1.35%；分别有 40.00%、27.30%、25.81% 的中职学生对专业课和实践课的时间安排表示比较满意、一般满意、非常满意，而表示非常不满意的中职学生也仅仅只占比 2.70%；分别有 37.16%、33.11%、23.78% 的中职学生对专业课教学总体感知情况表示一般满意、比较满意以及非常满意，而表示非常不满意的中职学生仅占比 1.49%；分别占 33.92%、33.78%、26.76% 的中职学生对文化课开展感知情况表示一般满意、比较满意、非常满意，非常不满意的中职学生也仅仅只占 1.76%；而问卷中关于教师对学生辅导情况的调查结果显示，分别有 38.65%、32.70%、22.43% 的中职学生表示非常满意、比较满意以及一般满意，同时表示非常不满意的中职学生也仅仅只是占比 1.63%；对开展的思想政治、职业道德方面总体情况表示比较满意、非常满意、一般满意的学生分别占 36.22%、35.68%、24.46%，仅 1.61% 的学生表示非常不满意。

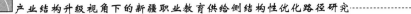

表7-8　　　　　　　　　　对本专业课程设置的认知情况　　　　　　　单位：%

	非常满意	比较满意	一般满意	不太满意	非常不满意
所学专业就业情况	32.84	37.57	24.86	3.38	1.35
在校期间学习规划	27.57	37.83	28.97	5.41	1.22
所学课程中理论知识的运用程度	20.80	38.65	35.95	3.92	0.68
专业理论课设置的先进性与合理性	21.89	35.95	36.08	4.73	1.35
专业课和实践课的时间安排	25.81	40.00	27.30	4.19	2.70
专业课教学总体感知情况	23.78	33.11	37.16	4.46	1.49
文化课开展感知情况	26.76	33.78	33.92	3.78	1.76
教师对您的辅导情况	38.65	32.70	22.43	4.59	1.63
开展的思想政治、职业道德方面总体情况	35.68	36.22	24.46	2.03	1.61

7.2.3　师资水平情况

7.2.3.1　对教师教学效果的评价

对本专业的教师教学效果的满意程度如表7-9所示。在调查对象中，持满意态度的中职学生占比36.22%，29.59%的学生比较满意，但与此同时也有4.32%的学生表示不太满意，表示对教师教学效果非常满意的中职学生占比27.43%，仅2.44%的学生表示非常不满意，由此可以发现，绝大部分中职学生对于教师的教学效果基本上都是持满意态度，但也有极少部分学生持不满意态度。

表7-9　　　　　　　　　对本专业的教师教学效果的满意程度

	非常满意	比较满意	满意	不太满意	非常不满意
人数（人）	609	657	804	96	54
百分比（%）	27.43	29.59	36.22	4.32	2.44

7.2.3.2　对教师教学水平、知识与技能经验的评价

关于教师教学水平评价的调查结果如表 7 - 10 所示，认为专业教师理论知识扎实，但是缺乏实践经验的中职学生占比 31.76%，而表示多数教师既具备扎实理论知识又有较多实践经验的中职学生占比为 23.51%，23.24% 的学生表示其所在专业的教师实践经验丰富但是理论知识薄弱，认为仅有少数教师既具备扎实理论知识又有较多的实践经验的中职学生占比为 21.49%。

表 7 - 10　　　　　　　　　　　教师教学水平的评价

	人数（人）	百分比（%）
理论知识扎实，但缺乏实践经验	705	31.76
实践经验丰富，但理论知识薄弱	516	23.24
少数教师既具备扎实的理论知识又有较多的实践经验	477	21.49
多数教师既具备扎实的理论知识又有较多的实践经验	522	23.51

对于教师知识与技能经验的评价的调查结果如表 7 - 11 所示，58.11% 的学生认为教师专业知识与技能经验都丰富，22.16% 的学生认为教师专业知识丰富、专业技能欠缺，16.89% 的学生认为教师专业知识不足、专业技能经验丰富，但也有 2.84% 的学生认为教师专业知识与技能经验都不足。

表 7 - 11　　　　　　　　　　教师知识与技能经验的评价

	人数（人）	百分比（%）
教师专业知识丰富，专业技能欠缺	492	22.16
教师专业知识不足，专业技能经验丰富	375	16.89
教师专业知识与技能经验都丰富	1290	58.11
教师专业知识与技能经验都不足	63	2.84

7.2.4　实习实训及教学设施情况

7.2.4.1　学校实习实训基地、专门生产性实习实训车间及实训课程上课地点

学校有无实习实训基地、专门的生产性实习实训车间情况如表 7 - 12 所示。在调查中发现，75.81% 的学生表示学校有实习实训基地，49.19% 的学生表示学校有专门的生产性实习实训车间，35.13% 的学生表示不清楚学校有无专门的生产性实习实训车间。

表 7 - 12　学校有无实习实训基地、专门的生产性实习实训车间情况

有无实习实训基地	人数（人）	百分比（%）	有无专门的生产性实习实训车间	人数（人）	百分比（%）
有	1683	75.81	有	1092	49.19
没有	537	24.19	没有	348	15.68
			不清楚	780	35.13

实训课程上课地点情况如图 7 - 2 所示，47.84% 的学生实训课程上课地点在校内实训车间，29.05% 的学生实训课程的上课地点在教室，23.11% 的学生实训课程上课地点在校外企业实习实训基地。

7.2.4.2　参加的实习实训课程中，实际技术操作的时间占比情况

实际技术操作的时间占比情况如图 7 - 3 所示，在实习实训课程中，实际技术操作的时间占 40% ~60% 的中职学生占比为 45%，20.81% 的学生表示实际技术操作的时间占 60% ~80%，19.32% 的学生表示实际技术操作的时间占 20% ~40%，8.38% 的学生表示实际技术操作的时间占 20% 以下，6.49% 的学生表示实际技术操作的时间占 80% 以上。

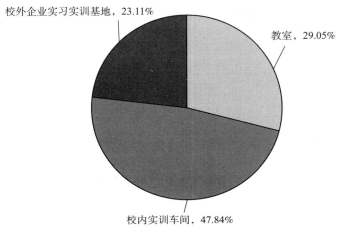

图 7－2　实训课程上课地点情况

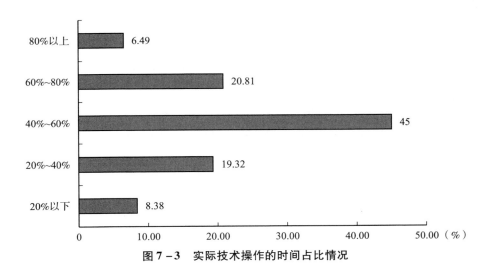

图 7－3　实际技术操作的时间占比情况

7.2.4.3　对实习实训课程方式的期望

对实习实训课程方式的期望情况如表 7－13 所示。在被调查者中，希望实习实训课程方式是教师指导下的实践课的中职学生占比为 53.38%，27.57% 的学生希望可以自主技能训练，此外，希望以理论课作为实习实训的课程方式的中职学生占比为 12.16%，6.89% 的学生希望可以上自主实践课。

表7-13   对实习实训课程方式的期望情况

	人数（人）	百分比（%）
理论课	270	12.16
教师指导下的实践课	1185	53.38
自主技能训练	612	27.57
自主实践课	153	6.89

7.2.4.4　实习实训课程安排及实习实训指导教师的教学能力

对实习实训课程安排的满意程度如表7-14所示。通过调查发现，对于实习实训课程安排满意、比较满意、非常满意的学生分别占49.45%、25.54%、15.95%，仅2.30%的学生持非常不满意态度。

表7-14   对实习实训课程安排的满意程度

	非常满意	比较满意	满意	不太满意	非常不满意
人数（人）	354	567	1098	150	51
百分比（%）	15.95	25.54	49.45	6.76	2.30

对实习实训指导教师的教学能力满意程度如表7-15所示。通过调查结果发现，中职学生对实习实训指导教师的教学能力持满意、比较满意、非常满意的学生分别占47.30%、25.00%、20.00%，仅1.35%的学生持非常不满意态度。

表7-15   对实习实训指导教师的教学能力满意程度

	非常满意	比较满意	满意	不太满意	非常不满意
人数（人）	444	555	1050	141	30
百分比（%）	20.00	25.00	47.30	6.35	1.35

7.2.4.5　实训设备、实训资料和场地满足教学要求程度及实习实训场地具备的功能

实训设备、实训资料和场地满足教学要求程度如表 7 – 16 所示。调查显示，39.73% 的学生表示参加实训课程时，学校的实训设备、实训资料和场地满足教学要求，29.73% 的学生表示比较满足教学要求，17.97% 的学生表示非常满足教学要求，11.49% 与 1.08% 的学生认为学校的实训设备、实训资料和场地不太满足与非常不满足教学要求。

表 7 – 16　　　　实训设备、实训资料和场地满足教学要求程度

	非常满足	比较满足	满足	不太满足	非常不满足
人数（人）	399	660	882	255	24
百分比（%）	17.97	29.73	39.73	11.49	1.08

希望实习实训场所主要具备的功能情况如表 7 – 17 所示。调查显示，分别有 79.86%、77.30%、48.92% 的学生分别希望学校的实习实训场所主要具备教师指导下的练习场地、具备高度模拟真实岗位环境功能、具备单纯的技能练习场地功能。

表 7 – 17　　　　希望实习实训场所主要具备的功能情况　　　　单位：%

	是	否
单纯的技能练习场地	48.92	51.08
教师指导练习场地	79.86	20.14
可以高度模拟真实岗位环境	77.30	22.70
无所谓	4.32	95.68

7.2.4.6　网上教学资源共享平台情况

对教学资源的情况调查结果如表 7 – 18 所示，表示自己所在的院校开通

了网上教学资源共享平台的中职学生占比70%，并有43.65%的学生认为学校网上教学资源平台满足自己的学习需求，26.49%的学生表示基本满足，18.92%的学生认为学校网上教学资源平台非常满足自己的学习需求，但也有8.24%的学生表示不太满足，仅2.7%的学生认为学校网上教学资源平台非常不满足自己的学习需求。

表 7 - 18   网上教学资源共享平台情况

	非常满足	基本满足	满足	不太满足	完全不满足
人数（人）	420	588	969	183	60
百分比（%）	18.92	26.49	43.65	8.24	2.70

7.2.5 校企合作情况

7.2.5.1 对学生的就业帮助

通过校企合作对学生就业帮助的调查结果如表 7 - 19 所示，42.16%的学生认为对自己的就业有帮助，30.27%的学生认为对自己的就业比较有帮助，18.38%的学生认为对自己的就业非常有帮助，但也有6.76%的学生表示对自己的就业不太有帮助，2.43%的学生认为没有帮助，由此可见，大部分学生还是认为校企合作有助于学生的就业。

表 7 - 19   校企合作对学生的就业帮助

	非常有帮助	比较有帮助	有帮助	不太有帮助	没有帮助
人数（人）	408	672	936	150	54
百分比（%）	18.38	30.27	42.16	6.76	2.43

7.2.5.2 学生欠缺的能力的表现

学生认为自己欠缺的能力情况如表 7 - 20 所示。通过调查发现，认为自己欠缺的素质及能力中排在前五名的有专业技能操作能力、专业理论知识、创新能力、人际交往能力、问题解决能力，分别占比为 48.92%、42.84%、37.84%、36.49%、31.89%，说明中职学生对于这五种能力的掌握力度还有所欠缺，需要进一步加强。还有 29.86% 的学生认为自己欠缺英语能力，24.59% 的学生认为自己欠缺独立工作能力，认为自身仍然还欠缺职业道德与素养的中职学生占比为 23.78%，22.70% 的学生还欠缺计算机信息技术能力，16.35% 的学生还欠缺团队协作能力。

表 7 – 20　　　　　　　　　　学生认为自己欠缺的能力情况　　　　　　　　单位：%

	是	否		是	否
专业理论知识	42.84	57.16	人际交往能力	36.49	63.51
专业技能操作能力	48.92	51.08	创新能力	37.84	62.16
问题解决能力	31.89	68.11	社会责任感与忠诚度	7.70	92.30
职业道德与素养	23.78	76.22	踏实勤奋的工作态度	8.51	91.49
团队协作能力	16.35	83.65	英语能力	29.86	70.14
独立工作能力	24.59	75.41	计算机信息技术能力	22.70	77.30

7.2.5.3　提升学生的培养质量需要强化的环节

对于提升学生的培养质量的调查结果如图 7 – 4 所示，48.92% 的学生表示学校应强化专业设置的调整，47.03% 的学生表示应强化改善课程体系，44.59% 的学生认为应强化校企合作，还有 33.78%、29.86%、13.24% 的学生表示学校应强化教师队伍的质量提升、教学管理工作的完善和教学资源的投入。

7.2.6　实习与就业情况

7.2.6.1　实习岗位与专业对口情况

对于实习岗位与专业对口的调查结果如表 7 – 21 所示，持比较对口、基本对口、非常对口的学生分别占 34.32%、33.79%、17.57%，仅 5.27% 的学生持毫不相关的态度。

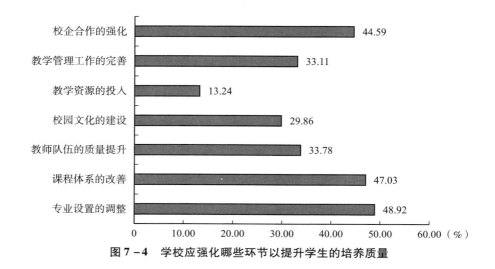

图 7 - 4　学校应强化哪些环节以提升学生的培养质量

表 7 - 21　　　　　　　　　　　实习岗位与专业对口情况

	非常对口	比较对口	基本对口	有一些关联	毫不相关
人数（人）	390	762	750	201	117
百分比（%）	17.57	34.32	33.79	9.05	5.27

7.2.6.2　实习单位最看重的学生能力

在实习过程中实习单位最看重的能力情况如表 7 - 22 所示。通过调查发现，认为实习单位最看重学习能力的学生占比为 76.45%，认为实习单位最看重动手操作能力的学生占比为 71.13%，认为实习单位最看重学历、理论基础的学生占比分别为 40.95% 和 40.14%。由此可以发现，学习能力和动手操作能力强的学生更容易受到实习单位的重视。

表 7 -22	在实习过程中实习单位最看重的能力情况	单位：%

	是	否
学历	40.95	59.05
理论基础	40.14	59.86
动手操作能力	71.13	28.87
学习能力	76.45	23.55
其他	4.64	95.36

7.2.6.3　职业规划

对于职业规划的情况如图 7 - 5 所示，31.62% 的学生表示有职业规划，而且非常清楚，但有 47.57% 的学生表示对职业规划还很模糊，甚至有 12.7% 的学生没有职业规划，4.86% 的学生表示无所谓，还有 3.25% 的学生表示对于职业规划说不清楚。

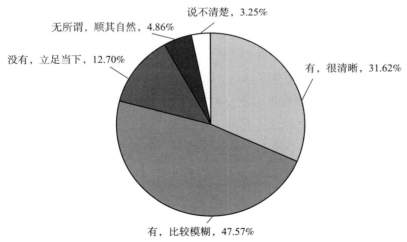

图 7 - 5　职业规划的情况

7.2.6.4　就业市场需求及学生就业倾向

就业市场需求如图 7 - 6 所示。从目前的就业情况看，37.30% 的学生认为高技能人才是目前就业市场最为需要的，26.08% 的学生认为技术工人是目前就业市场最为需要的，21.49% 的学生认为管理人才是目前就业市场最为需要的，11.22% 的学生认为有工作经验的学生是目前就业市场最为需要的，仅有 3.11% 的学生认为有技术证书的人才是目前就业市场最为需要的。

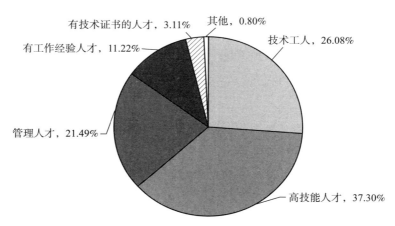

图 7 - 6　就业市场需求

对于就业倾向的选择的调查结果如图 7 - 7 所示，56.22% 的学生就业倾向为国企、事业单位、政府等稳定工作，45.33% 的学生选择企业内技术型工人，44.13% 的学生选择自主创业，40.96% 的学生倾向于企业内高技能人才，40.74% 的学生选择个体经营，还有 5.49% 的学生选择其他岗位。可以发现，大部分学生的就业倾向是国企、事业单位等，但随着自主创业的提倡，也有相当部分学生选择自主创业。

7.2.6.5　毕业择业情况

关于毕业择业的调查结果如表 7 - 23 所示，学生中考虑的最关键的影响因素是地区经济发展水平高，占比为 47.43%；第二是自己专业与产业结构适应，地区有发展潜力，占比为 35.82%；第三是生活环境安逸，竞争压力小，占比为 12.16%；最后是离家近，孩子教育，父母养老问题，占比为 3.78%。

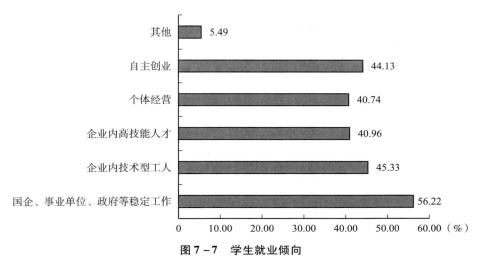

图 7 - 7　学生就业倾向

表 7 - 23　　　　　　　　　毕业择业时考虑的最重要因素

考虑因素	人数（人）	百分比（%）
地区经济发展水平高，有较大的发展机会	1053	47.43
自己专业与产业结构适应，地区有发展潜力	795	35.82
生活环境安逸，竞争压力小	270	12.16
离家近，孩子教育，父母养老问题	84	3.78
其他	18	0.81

7.2.6.6　就业指导及当前职业院校学生就业难最主要因素

对于学校提供的就业指导的调查结果如表 7 - 24 所示，45.05% 的学生表示学校应提供职业规划与就业指导课程，44.14% 的学生表示学校应提供与职业相关的实践活动机会，39.75% 的学生表示学校应提供对学生进行职业兴趣及能力测试，31.23% 的学生表示学校应提供配备专职的职业咨询教师，23.64% 的学生表示学校应提供更多的就业信息。进一步调查显示，导致当前职业院校学生就业难最主要因素，41.97% 的学生认为是对岗位专业知识缺乏

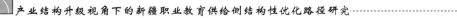

了解，41.56%的学生认为是职业生涯规划不够，41.12%的学生认为是社会适应能为较差，37.23%的学生认为是就业现状和就业预期不匹配，22.83%的学生认为是专业脱离市场需求。

表 7 - 24　　　　就业指导及当前职业院校学生就业难最主要因素　　　单位：%

学校提供过怎样的就业指导	是	否	职业院校学生就业难最主要因素	是	否
开设职业规划与就业指导课程	45.05	55.95	社会适应能为较差	41.12	58.88
提供与职业相关的实践活动机会	44.14	55.86	就业现状和就业预期不匹配	37.23	62.77
配备专职的职业咨询教师	31.23	68.77	对岗位专业知识缺乏了解	41.97	58.03
对学生进行职业兴趣及能力测试	39.75	60.25	职业生涯规划不够	41.56	58.44
提供更多的就业信息	23.64	76.36	专业脱离市场需求	22.83	77.17
其他	6.47	93.53	其他	12.65	87.35

7.3　高职院校调研情况分析

7.3.1　基本信息

对于愿意报考职业学校的原因的调查结果如表 7 - 25 所示，因为升学考试失利从而被动选择职业教育的学生占比为 65.22%，而认为自己适合从事技术行业的学生占比为 64.66%，此外，认为通过读职业学校从而可以尽早就业的学生占比为 47.03%，因为家长的意愿才选择高等职业教育的学生占比为 11.06%。

表 7 - 25　　　　　　　　报考和就读职业学校的原因　　　　　　单位：%

报考职业学校的原因	是	否	选择就读院校的原因	是	否
通过职业教育可以尽早就业	47.03	52.97	名气大	13.51	86.49
认为自己适合从事技术行业	64.66	35.34	收费低	27.29	72.71
主要是家长意愿	11.06	88.94	管理好	29.81	70.19
升学考试失利，被动选择职业教育	65.22	34.78	规模大	9.59	90.41
其他	18.40	81.60	专业好	52.90	47.1
			师资好	17.28	82.72
			就业率高	38.07	61.93
			设施完备，环境好	16.93	83.07
			亲友推荐	32.75	67.25
			其他	18.12	81.88

对于已经选择职业院校的学生选择就读院校的原因的调查结果显示，有 52.90% 的学生认为自己选择的院校专业好，38.07% 的学生是因为就业率高，32.75% 的学生是因为亲友推荐，29.81% 的学生觉得管理好，27.29% 的学生是因为学校收费低，17.28% 的学生认为学校师资好，16.93% 的学生认为设施完备、环境好，还有 13.51% 的学生认为学校名气大，仅有 9.59% 的学生是因为学校规模大才选择该院校。

7.3.2　专业与课程设置情况

7.3.2.1　学生就读专业大类与学生选择专业依据

学生就读专业大类情况如图 7 - 8 所示。在被调查的学生中就读于财经商贸类的学生占比 22.11%，就读于信息技术类的学生占比为 16.03%，14.56% 的学生就读于农林牧渔类，9.80% 的学生就读于教育类，6.37% 的学生就读于医药卫生类，5.74% 的学生就读于旅游服务类，3.22% 的学生就读

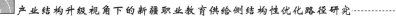

于资源环境类，2.87%的学生就读于生物与石油化工类，2.45%的学生就读于交通运输类，2.24%的学生就读于加工制造类，2.24%的学生就读于能源与新能源类，1.82%的学生就读于轻纺食品类，1.75%的学生就读于文化艺术类，0.70%的学生就读于土木水利类，0.21%的学生就读于体育与健身类，0.07%的学生就读于司法服务类，其中就读于公共管理与服务类的学生占比为1.26%。另外，6.58%的学生就读的专业是其他大类。根据以上数据可以发现就读专业排在前五的依次是财经商贸类、信息技术类、农林牧渔类、教育类、医药卫生类。

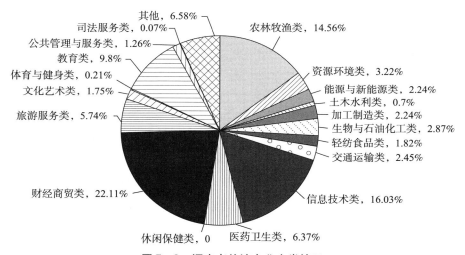

图7-8　调查者就读专业大类情况

对于学生专业选择依据的调查结果如表7-26所示，32.96%的学生表示是因为兴趣所在，31.56%的学生表示是因为自己的专业就业形势好，17.21%的学生则是按照分数选择，11.41%的学生选择是因为所在学校专业突出。

表7-26　　　　　　　　　　选择专业的依据

	就业形势好	兴趣所在	专业突出	按分数选择	其他
人数（人）	451	471	163	246	97
百分比（%）	31.56	32.96	11.41	17.21	6.86

7.3.2.2 课程设置及设置课程的期望情况

关于院校的课程设置方面的调查结果如表7-27所示，认为专业课程与公共基础课程设置合理的学生占比53.11%，但也有12.88%的学生表示专业课程较少但是公共基础课程较多，认为专业课程较多但是公共基础课程设置的相对较少的学生占比16.72%，另外，认为实践课程设置的较多同时专业课程设置的也较多的学生占比6.86%，而认为实践课程设置的较少但是公共基础课程设置的较多的学生占比10.43%。由此可以发现大部分学生认为课程设置较为合理，但也存在专业课较多，同时公共基础课程较多但是实践课较少的问题。通过进一步调查可知，36.46%的学生认为设置课程时应注重学生全面发展，合理设置专业课与公共基础课程，25.12%的学生认为应注重学生通用能力的提升，高职院校应当多设置一些公共基础课程，此外，认为高等职业类院校应注重学生的专业能力和发展能力，更多地设置专业课程的高职学生数量占比为23.30%，还有部分高职学生认为高职院校应注重学生实践能力，多设置实践课程，这部分学生数量占比达到13.52%。

表7-27　　　　　　　　课程设置情况及设置课程的期望情况　　　　　　　　单位：%

课程设置情况	百分比	学校在设置课程时应做到	百分比
专业课与公共基础课设置合理	53.11	注重学生通用能力的提升，多设置一些公共基础课	25.12
专业课较多，有少量公共基础课	16.72	注重学生的专业能力和发展能力，多设置专业课	23.30
专业课较少，公共基础课较多	12.88	注重学生全面发展，合理设置专业课与公共基础课	36.46
实践课较多，专业课较多	6.86	注重学生实践能力，多设置实践课程	13.52
实践课较少，公共基础课较多	10.43		

7.3.2.3 通过公共基础课的学习，学生能力提升情况

通过对公共基础课的学习，学生能力提升的情况问题的调查结果如

表 7-28 所示，认为通用能力有一般提升、较大提升、非常大提升的学生分别占 43.32%、35.62%、12.32，仅有 1.68% 的学生认为通用能力没有提升；认为计算机能力有一般提升、较大提升、非常大提升的学生分别占 39.54%、34.92%、11.27%，仅有 3.5% 的学生认为计算机能力没有提升；认为英语能力有一般提升、较大提升、非常大提升的学生分别占 34.50%、19.03%、8.33%，仍然有 20.99% 与 17.55% 的学生分别认为英语能力较少提升与没有提升；认为口语及书面表达能力有一般提升、较大提升、非常大提升的学生分别占 40.38%、34.01% 与 13.58%，仅有 3.49% 的学生认为口语及书面表达能力没有提升；认为创新能力有一般提升、较大提升与非常大提升的学生分别占 42.41%、28.55% 与 10.29%，仅有 5.80% 的学生认为创新表达能力没有提升；认为解决实际问题的能力有一般提升、较大提升与非常大提升的学生分别占 38.98%、35.41% 与 13.79%，仅有 1.76% 的学生认为解决实际问题的能力没有提升；认为独立思考能力有较大提升、一般提升、非常大提升的学生分别占 39.47%、34.57% 与 17.28%；仅有 2.55% 的学生认为独立思考能力没有提升；认为职业素养能力有较大提升、一般提升与非常大提升的学生分别占 38.77%、34.57% 与 19.24%；仅有 1.82% 的学生认为职业素养能力没有提升；认为逻辑推理能力有一般提升、较大提升与非常大提升的学生分别占 42.06%、30.37% 与 14.35%，仅有 3.14% 的学生认为逻辑推理能力没有提升；认为信息处理能力有一般提升、较大提升与非常大提升的学生分别占 40.1%、34.29% 与 14.49%，仅有 2.89% 的学生认为信息处理能力没有提升。由上述分析可知，学生通过公共基础课学习后，英语能力提升欠佳，创新能力、计算机能力、逻辑推理能力提升不够，这些能力还需要进一步提高。

表 7-28　　　　　　　　公共基础课学习后能力提升情况　　　　　　　单位：%

	非常大提升	较大提升	一般提升	较少提升	没有提升
通用能力	12.32	35.62	43.32	5.74	1.68
计算机能力	11.27	34.92	39.54	10.08	3.50

续表

	非常大提升	较大提升	一般提升	较少提升	没有提升
英语能力	8.33	19.03	34.50	20.99	17.15
口语及书面表达能力	13.58	34.01	40.38	8.54	3.49
创新能力	10.29	28.55	42.41	12.95	5.80
解决实际问题的能力	13.79	35.41	38.98	8.40	3.42
独立思考能力	17.28	39.47	34.57	6.23	2.55
职业素养	19.24	38.77	34.57	5.60	1.82
逻辑推理能力	14.35	30.37	42.06	10.08	3.14
信息处理能力	14.49	34.29	40.10	8.33	2.89

7.3.2.4　专业课、创新创业课程开设的方式及实践性教学课收获

对专业课开展方式的调查结果如表 7 - 29 所示，46.18% 的学生表示理论与实践结合，比例合适，37.58% 的学生表示是理论课为主，实践课少，11.06% 的学生表示是实践课为主，理论课少，也有 5.18% 的学生表示是校企合作，在企业中实践学习，由此说明实践课开设的比例不够，有待提高。

表 7 - 29　　　　　　　　　专业课程开设方式

	理论课为主，实践课少	实践课为主，理论课少	理论与实践结合，比例合适	校企合作，在企业中实践学习
人数（人）	537	158	660	74
百分比（%）	37.58	11.06	46.18	5.18

对学校创新创业课程开设的方式的调查结果如表 7 - 30 所示，学校对创新创业课程通过必修课、选修课、讲座、竞赛形式开设的占比分别为 47.58%、29.25%、14.63%、8.54%。

表 7 - 30   学校创新创业课程开设的方式

	必修课	选修课	讲座形式	竞赛形式
人数（人）	680	418	209	122
百分比（%）	47.58	29.25	14.63	8.54

关于学生通过实践性教学课的收获情况的调查结果如表 7 - 31 所示，47.31%的学生认为收获一般，只是接触简单的操作，45.84%的学生认为收获较大，觉得自身的专业技术操作能力获得了有效的提升，而还有 6.85%的学生认为没有收获，实践性教学课没有达到提升自身专业技能的操作能力。

表 7 - 31   学生对实践性教学课的收获

	人数（人）	百分比（%）
收获较大，专业技术操作能力有效提升	655	45.84
收获一般，只是接触简单操作	676	47.31
没有收获，对专业技能操作能力的提升没有帮助	98	6.85

7.3.2.5　对本专业课程设置的认知情况

对本专业课程设置的认知情况的调查结果如表 7 - 32 所示，对所学专业就业情况表示非常满意、比较满意以及一般满意的学生分别占 24.70%、40.73%、29.32%，对所学专业的就业情况表示非常不满意的学生数量较少，仅占了 1.82%；对在校期间学习规划比较满意、一般满意、非常满意的高职院校的学生分别占 39.26%、38.56%、16.66%，对学习规划表示非常不满意的高职学生仅占 2.25%；对所学课程中理论知识的运用程度比较满意、一般满意、非常满意的高职院校学生分别占 38.77%、37.37%、17.63%，表示非常不满意的学生仅仅占比为 1.19%；分别有占比 41.01%、35.20%、18.19%的学生表示自身对专业理论课设置的先进性与合理性比较满意、一般满意和非常满意，表示非常不满意的学生仅占比为 1.23%；此外，分别有占比为 38.63%、33.36%、18.75%的学生表示自己对专业课和实践课的时间

安排比较满意、一般满意和非常满意，表示非常不满意的学生占比仅仅为
1.23%；分别有占比为 39.75%、36.18%、18.82% 的学生表示自身对专业课
教学总体感知情况比较满意、一般满意和非常满意，仅 1.51% 的学生表示非
常不满意；对文化课开展感知情况表示比较满意、一般满意、非常满意的学
生分别占 38.70%、35.27%、19.80%，仅 1.89% 的学生表示非常不满意；
关于教师对学生辅导情况表示比较满意、一般满意、非常满意的学生分别占
41.85%、26.80%、27.36%，仅 1.05% 的学生表示非常不满意；对开展的思
想政治、职业道德方面总体情况表示比较满意、非常满意、一般满意的学生
分别占 40.03%、36.94%、29.04%，仅 1.61% 的学生表示非常不满意。

表 7-32　　　　　　　　对本专业课程设置的认知情况　　　　　　　单位：%

	非常满意	比较满意	一般满意	不太满意	非常不满意
所学专业就业情况	24.70	40.73	29.32	3.43	1.82
在校期间学习规划	16.66	39.26	38.56	4.27	2.25
所学课程中理论知识的运用程度	17.63	38.77	37.37	5.04	1.19
专业理论课设置的先进性与合理性	18.19	41.01	35.20	4.27	1.23
专业课和实践课的时间安排	18.75	38.63	33.66	7.00	1.86
专业课教学总体感知情况	18.82	39.75	36.18	3.64	1.51
文化课开展感知情况	19.80	38.70	35.27	4.34	1.89
教师对您的辅导情况	27.36	41.85	26.80	2.94	1.05
开展的思想政治、职业道德方面总体情况	36.94	40.03	29.04	2.38	1.61

7.3.3　师资水平情况

7.3.3.1　对教师教学效果的评价

学生对本专业的教师教学效果的评价的调查结果如表 7-33 所示。在调
查对象中，39.54% 的学生持满意态度，29.88% 的学生比较满意，24.07% 的

学生表示对专业的教师教学效果非常满意，但也有 4.9% 的学生表示不太满意，1.51% 的学生表示非常不满意。

表 7 - 33　　　　　　　　　学生对本专业的教师教学效果的评价

	非常满意	比较满意	满意	不太满意	非常不满意
人数（人）	344	427	565	70	22
百分比（%）	24.07	29.88	39.54	4.90	1.51

7.3.3.2　教师教学水平、知识与技能经验评价

关于学生对教师教学水平评价的调查结果如表 7 - 34 所示，认为多数教师既具备扎实的理论知识又有较多的实践经验的学生占比 35.31%，而部分学生则表示教师水平有待提高，要么理论知识扎实但是缺乏实践经验，要么实践经验丰富但是理论知识薄弱，二者占比分别为 26.73% 和 20.99%。此外，认为学校里存在少数教师同时既具备扎实的理论知识又有较多的实践经验的学生仅占 16.93%。

表 7 - 34　　　　　　　　　学生对教师教学水平的评价

	人数（人）	百分比（%）
理论知识扎实，缺乏实践经验	382	26.73
实践经验丰富，理论知识薄弱	300	20.99
少数教师既具备扎实的理论知识又有较多的实践经验	242	16.93
多数教师既具备扎实的理论知识又有较多的实践经验	505	35.31

关于学生对教师知识与技能经验评价的调查结果如表 7 - 35 所示，认为教师专业知识与技能经验都丰富的学生占比为 60.39%，而认为教师专业知识丰富但是专业技能欠缺、教师专业知识不足但是专业技能经验丰富的学生占比分别为 23.37%、10.71%，认为教师专业知识与技能经验都不足的学生

仅占比为 5.53% 。

表 7 - 35　　　　　　　　　　教师知识与技能经验的评价

	人数（人）	百分比（%）
教师专业知识丰富，专业技能欠缺	334	23.37
教师专业知识不足，专业技能经验丰富	153	10.71
教师专业知识与技能经验都丰富	863	60.39
教师专业知识与技能经验都不足	79	5.53

7.3.4　实习实训及教学设施情况

7.3.4.1　学校实训基地、专门的生产性实习实训车间及实训课程上课地点

学校有无实习实训基地、专门的生产性实习实训车间情况的调查结果如表 7 - 36 所示，72.01% 的学生表示学校有实习实训基地，而且 42.27% 的学生表示学校有专门的生产性实习实训车间，43.38% 的学生表示不清楚学校有无专门的生产性实习实训车间。

表 7 - 36　　　　学校有无实习实训基地、专门的生产性实习实训车间情况

有无实习实训基地			有无专门的生产性实习实训车间		
	人数（人）	百分比（%）		人数（人）	百分比（%）
有	1029	72.01	有	604	42.27
没有	400	27.99	没有	205	14.35
			不清楚	620	43.38

实训课程上课地点情况的调查结果如图 7 - 9 所示，实训课程上课地点在教室的学生占比最多，达到 40.94% ，而实训课程上课地点在校内实训车间的学生紧随其后，占比为 31.84% ，还有 27.22% 的学生实训课程上课地点在校外企业实习实训基地。

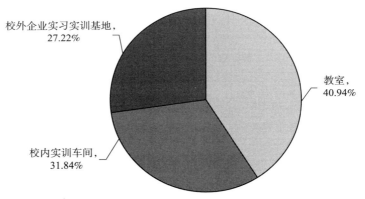

图 7 - 9　实训课程上课地点情况

7.3.4.2　参加的实习实训课程中，实际技术操作的时间占比情况

实际技术操作时间占比情况的调查结果如图 7 - 10 所示，多数学生表示在实习实训课程中，实际技术操作的时间占 40% ~ 60%，这部分学生占比为 42.48%，28.41% 的学生表示实际技术操作的时间占 20% ~ 40%，15.26% 的学生表示实际技术操作的时间占 60% ~ 80%，9.73% 的学生表示实际技术操作的时间占 20% 以下，4.22% 的学生表示实际技术操作的时间占 80% 以上。

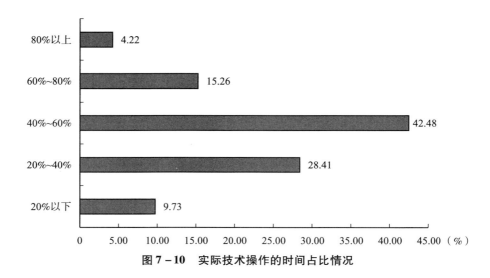

图 7 - 10　实际技术操作的时间占比情况

7.3.4.3　对实习实训课程方式的期望

对实习实训课程方式的期望情况如表 7 - 37 所示。在被调查者中，希望实习实训课程的开设方式是教师指导下的实践课的学生人数最多，占比 56.89%，25.82% 的学生希望可以自主技能训练，希望实习实训课程开设方式是理论课的学生占比 9.52%，7.77% 的学生希望可以上自主实践课。

表 7 - 37　　　　　　　　　对实习实训课程方式的期望情况

	人数（人）	百分比（%）
理论课	136	9.52
教师指导下的实践课	813	56.89
自主技能训练	369	25.82
自主实践课	111	7.77

7.3.4.4　实习实训课程安排及实习实训指导教师的教学能力

对实习实训课程安排的满意程度的调查情况如表 7 - 38 所示。通过调查发现，对于实习实训课程安排满意、比较满意、非常满意的学生分别占 44.79%、30.79%、13.72%，仅 1.6% 的学生持非常不满意态度。

表 7 - 38　　　　　　　　实习实训课程安排的满意程度

	非常满意	比较满意	满意	不太满意	非常不满意
人数（人）	196	440	640	130	23
百分比（%）	13.72	30.79	44.79	9.10	1.60

关于学生对实习实训指导教师的教学能力满意程度的调查结果如表 7 - 39 所示，满意、比较满意、非常满意的学生分别占 47.17%、29.18%、17.91%，仅 0.91% 的学生持非常不满意态度。

表7－39   对实习实训指导教师的教学能力满意程度

	非常满意	比较满意	满意	不太满意	非常不满意
人数（人）	256	417	674	69	13
百分比（%）	17.91	29.18	47.17	4.83	0.91

7.3.4.5 实训设备、实训资料和场地满足教学要求及实习实训场所具备的功能

学生对实训设备、实训资料和场地满足教学要求程度的调查情况如表7－40所示。通过调查发现，40.59%的学生表示参加实训课程时，学校的实训设备、实训资料和场地满足教学要求，30.72%的学生表示比较满足，15.40%的学生表示非常满足，10.71%的学生表示不太满足，而认为学校的实训设备、实训资料和场地非常不满足教学要求的学生数量最少，占比为2.68%。

表7－40   实训设备、实训资料和场地满足教学要求程度

	非常满足	比较满足	满足	不太满足	非常不满足
人数（人）	220	439	580	153	37
百分比（%）	15.40	30.72	40.59	10.71	2.68

学生希望实习实训场所主要具备的功能情况的调查结果如表7－41所示，希望学校的实习实训场所主要具备教师指导练习场地功能、可以高度模拟真实岗位环境功能以及单纯的技能练习场地的功能的学生占比各自为76.91%、75.44%以及50.24%。

表7－41   希望实习实训场所主要具备的功能情况   单位：%

	是	否
单纯的技能练习场地	50.24	49.76

续表

	是	否
教师指导练习场地	76.91	23.09
可以高度模拟真实岗位环境	75.44	24.56
无所谓	4.34	95.66

7.3.4.6　网上教学资源共享平台情况

对教学资源的情况调查结果如表 7 - 42 所示，78.17% 的学生表示所在的院校开通了网上教学资源共享平台，并有 37.93% 的学生认为学校网上教学资源平台满足自己的学习需求，32.61% 的学生表示基本满足，17.21% 的学生认为学校网上教学资源平台非常满足自己的学习需求，但也有 7.07% 的学生表示不太满足自己的学习需求，5.18% 的学生认为学校网上教学资源平台非常不满足自己的学习需求。

表 7 - 42　　　　　学校网上教学资源平台对学生学习需求满足程度

	非常满足	基本满足	满足	不太满足	非常不满足
人数（人）	246	466	542	101	74
百分比（%）	17.21	32.61	37.93	7.07	5.18

7.3.5　校企合作情况

7.3.5.1　对学生的就业帮助和对学生培养效果

校企合作对学生就业帮助的调查结果如表 7 - 43 所示，42.13% 的学生认为对自己的就业有帮助，31.49% 的学生认为对自己的就业比较有帮助，18.61% 的学生认为对自己的就业非常有帮助，但也有 6.51% 的学生认为对自己的就业不太有帮助，1.26% 的学生认为没有帮助。由此可见，大部分学生还是认为校企合作有助于学生的就业。

表 7 - 43   对就业帮助程度

	非常有帮助	比较有帮助	有帮助	不太有帮助	没有帮助
人数（人）	266	450	602	93	18
百分比（%）	18.61	31.49	42.13	6.51	1.26

7.3.5.2　学生欠缺能力的表现

学生自己认为欠缺的能力的调查结果如表 7 - 44 所示，学生认为自己欠缺的素质及能力中排在前五位的为专业技能操作能力、创新能力、学生人际交往能力、专业理论知识、英语能力，分别占比为 54.93%、44.02%、40.73%、37.37%、31.42%，还有 31.28% 的学生认为自己欠缺问题分析解决能力，29.74% 的学生认为自己欠缺独立工作能力，23.16% 的学生认为欠缺计算机信息技术能力，12.74% 的学生欠缺团队协作能力，12.11% 的学生认为欠缺职业道德与素养。

表 7 - 44   学生自己认为欠缺的能力情况   单位：%

	是	否		是	否
专业理论知识	37.37	62.49	学生人际交往能力	40.73	59.27
专业技能操作能力	54.93	45.07	创新能力	44.02	55.98
问题分析解决能力	31.28	68.72	社会责任感与忠诚度	8.89	91.11
职业道德与素养	12.11	87.89	踏实勤奋的工作态度	6.16	93.84
团队协作能力	12.74	87.26	英语能力	31.42	68.58
独立工作能力	29.74	70.26	计算机信息技术能力	23.16	76.84

7.3.5.3　提升学生的培养质量需要强化的环节

关于提升学生培养质量的调查结果如图 7 - 11 所示，50.8% 的学生表示学校应强化专业设置的调整，认为院校应当强化校企合作的学生占比为 49.27%，45.42% 的学生表示应改善课程体系，还有部分学生表示学校应强化教学管理工作的完善、校园文化建设、教师队伍质量提升、教学资源投入的占比分别为 39.12%、32.54%、30.44%、25.82%。

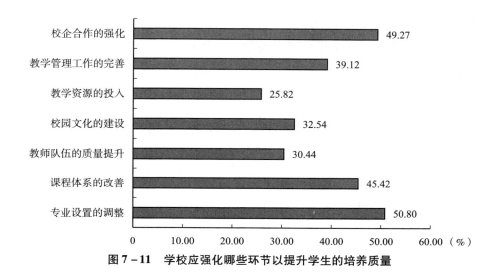

图 7 - 11 学校应强化哪些环节以提升学生的培养质量

7.3.6 实习与就业情况

7.3.6.1 实习岗位与专业对口情况

对于实习岗位与专业对口的调查结果如表 7 - 45 所示，持比较对口、基本对口、非常对口的学生分别占 33.87%、33.10%、17.08%，11.34% 的学生认为实习岗位与专业对口有一些关联，仅 5.27% 的学生持毫不相关的态度。

表 7 - 45 实习岗位与专业对口情况

	非常对口	比较对口	基本对口	有一些关联	毫不相关
人数（人）	244	484	473	162	66
百分比（%）	17.08	33.87	33.10	11.34	4.41

7.3.6.2 在实习过程中实习单位最看重的能力情况

在实习过程中实习单位最看重的能力的调查结果如表7-46所示，表示实习单位最看重的能力是学习能力的学生占比为77.33%，占比最高，认为实习单位最看重的是动手操作能力的学生紧随其后，占比74.46%，分别有40.17%、35.34%的学生认为实习单位最看重的能力方面是理论基础和学历。由此可知，有强的学习能力和动手操作能力的学生更加容易受到实习单位的重视。

表7-46 在实习过程中实习单位最看重的能力情况 单位：%

	是	否
学历	35.34	64.66
理论基础	40.17	59.83
动手操作能力	74.46	25.54
学习能力	77.33	22.67
其他	5.11	94.89

7.3.6.3 职业规划的情况

对于职业规划的情况的调查结果如图7-12所示，28.83%的学生表示有职业规划而且非常清楚，但有56.68%的学生表示对职业规划还很模糊，甚至有10.57%的学生没有职业规划，1.4%的学生表示无所谓，还有2.58%的学生对于职业规划说不清楚。

7.3.6.4 就业市场需求及学生就业倾向

就业市场需求情况的调查结果如图7-13所示，46.82%的学生认为高技能人才是目前就业市场最为需要的，其次是技术工，占比为17.63%，然后是管理人才，占比为16.45%，还有15.82%的学生认为是有工作经验的学生是就业市场最为需要的，仅有2.03%的学生认为有技术证书的人才是目前就业市场最为需要的。

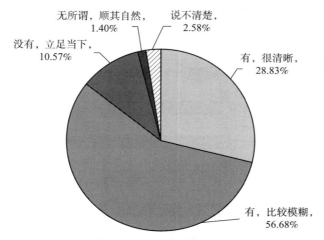

图 7 - 12　职业规划的情况

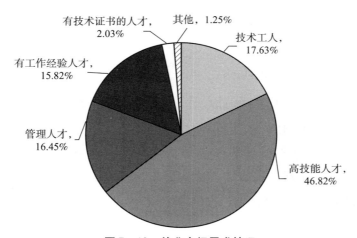

图 7 - 13　就业市场需求情况

　　对于就业倾向选择的调查结果如图 7 - 14 所示，60. 25% 的学生就业倾向为国企、事业单位、政府等稳定工作，44. 23% 的学生选择自主创业，38. 84% 的学生选择个体经营去就业，35. 27% 的学生选择企业内技术型工人，33. 52% 的学生倾向于企业内高技能人才，还有 8. 96% 的学生选择其他岗位。可以发现，大部分学生的就业倾向是国企、事业单位、政府机构等，但随着社会对自主创业的提倡，也有部分学生选择自主创业。

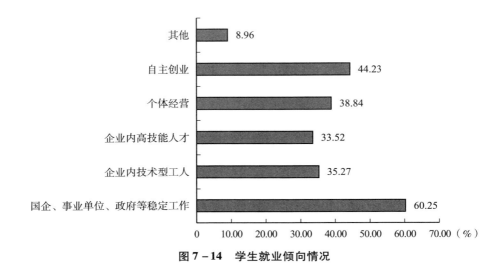

图 7 - 14　学生就业倾向情况

7.3.6.5　毕业择业情况

关于毕业择业的调查结果如表 7 - 47 所示，学生考虑的最重要的影响因素是地区经济发展水平高并且有较大的发展机会，这部分学生占比为43.46%；第二是自己专业与产业结构适应，地区有发展潜力，占比为38.21%；第三是生活环境安逸，竞争压力小，占比为 9.45%；最后是离家近，孩子教育，父母养老问题，占比为 5.74%。

表 7 - 47　　　　　　　　毕业择业时考虑的最重要因素

考虑因素	人数（人）	百分比（%）
地区经济发展水平高，有较大的发展机会	621	43.46
自己专业与产业结构适应，地区有发展潜力	546	38.21
生活环境安逸，竞争压力小	135	9.45
离家近，孩子教育，父母养老问题	82	5.74
其他	45	3.14

7.3.6.6 就业指导及当前职业院校学生就业难的最主要因素

对于学校提供的就业指导的调查结果如表 7 – 48 所示，49.34% 的学生表示学校应提供开设职业规划与就业指导课程，48.85% 的学生表示学校应提供与职业相关的实践活动机会，34.85% 的学生表示学校应提供对学生进行职业兴趣及能力测试。而问卷调查中涉及的关于导致当前职业院校学生就业难的最主要因素的调查结果显示，认为学生自身对岗位专业知识缺乏了解的学生数量最多，占比 48.99%，认为就业现状和就业预期不匹配的学生数量紧随其后，占比 39.89%，再者是学生自身的职业生涯规划不够，占比 38.63%，36.88% 的学生认为是社会适应能力较差，16.93% 的学生认为是专业脱离市场需求。

表 7 – 48　　　　就业指导及当前职业院校学生就业难最主要因素　　　单位：%

学校提供过怎样的就业指导	是	否	职业院校学生就业难最主要因素	是	否
开设职业规划与就业指导课程	49.34	50.66	社会适应能为较差	36.88	63.12
提供与职业相关的实践活动机会	48.85	51.15	就业现状和就业预期不匹配	39.89	60.11
配备专职的职业咨询教师	23.58	76.42	对岗位专业知识缺乏了解	48.99	51.01
对学生进行职业兴趣及能力测试	34.85	65.15	职业生涯规划不够	38.63	61.37
提供更多的就业信息	23.23	76.77	专业脱离市场需求	16.93	83.07
其他	8.68	91.32	其他	11.34	88.66

第 8 章

基于新疆产业结构现状的
教师调研结果分析

　　教师问卷包含三个部分：第一部分是基本信息，主要包括被调查者年龄、教龄、学历、职称、入职途径、教学任务等；第二部分是教学情况，主要涵盖了教师对产业结构与职业教育的了解情况、教师对专业课程的了解程度、教师对开展实训课程的了解情况等方面；第三部分是实践与科研情况，主要包括教师到企业实践工作的时长、方式、参加行业企业技术咨询、研发项目的机会等。

　　在明确项目的调查目的与研究内容的基础上，项目组首先进行了预调研，然后针对预调研过程中发现的问题对问卷进行进一步修改与完善后进行了正式调研。本次问卷调查总共发放了 700 份教师调查问卷，实际上共收回 657 份，问卷回收率达 93.85%，其中有效问卷 623 份，问卷有效率达 94.82%。

　　从院校类型来看，高职院校教师占比 39.33%，中职院校教师占比 60.67%；从问卷所涉及的教师年龄分布来看，年龄在 30 岁以下的职业类院校教师占比最多，达 54.74%，而年龄在 50 岁以上的职业类院校教师数量占比最少，仅有 4.65%，81.70% 的职业院校教师年龄不超过 40 岁，整体上看职业类院校教师呈现"年轻化"的现状；从教师的教龄分布上看，51.20% 的教师教龄不足 5 年，分别有 21.35% 和 10.91% 的职业类院校教师教龄在 5～10 年和 10～15 年；从学历上看，多数职业类院校的教师学历水平在本科以上，仅有 8.99 的教师学历水平为专科，拥有本、硕、博学历的教师数量占比分别为 66.93%、23.27%、0.80%；从教师的职称来看，53.86% 的职业类院校教师拥有初级职称，仅有 3.38% 的教师拥有高级职称；从专兼职或双师型教师来看，77.58% 的教师是专职教师，11.45% 的教师是"双师型"教师，还有 10.97% 的教师是兼职教师（内聘或外聘）；从职业院校教师的收入水平上看，绝大多数教师的收入水平低于 8000 元，而更具体的来看，每月工资收入在 5000 元以下、5000 ~ 8000 元的教师数量占比分别为 49.76%、45.10%，仅有 1.12% 的教师月工资水平超过 10000 元。

8.1　中职院校教师的调研情况分析

8.1.1　基本情况

8.1.1.1　教师入职情况

从教师入职时所需要的条件的调查结果如表 8 - 1 所示，绝大多数教师入职条件为具备高学历或者具有相关专业、行业工作经验，选择这两个条件的中职教师人数占比分别为 48.15%、41.27%，还有 37.83% 的教师表示其入职条件还需获得职教教师资格证书，而入职条件包含具有相关专业工作实践并具有专业技术资格、具有较好的现场实际操作能力的中职教师人数占比分别为 26.46%、20.11%。目前，中职院校的教师入职门槛要求越来越高，高学历、相关工作经验、资格证书或专业技术资格成为中职院校教师入职的重要条件。

表 8 - 1　　　　　　　　　　　　　　入职条件

入职条件	人数（人）	百分比（%）
具备高学历	182	48.15
具有相关专业、行业工作经验	156	41.27

续表

入职条件	人数（人）	百分比（%）
获得职教教师资格证书	143	37.83
具有相关专业工作实践并具有专业技术资格	100	26.46
具有较好的现场实际操作能力	76	20.11
其他	69	18.25

为了更好地了解中职教师入职前的情况，问卷进一步调查了中职教师入职前的理论培训及工作经历。调查结果如表8-2所示，55.03%的中职教师在入职前接受过职业教育理论的培训，而入职前也曾有过企业的工作经历的中职教师占比42.59%。

表8-2　　　　　　　　　　　　理论培训及工作经历

理论培训	人数（人）	百分比（%）	工作经历	人数（人）	百分比（%）
是	208	55.03	是	161	42.59
否	170	44.97	否	217	57.41
总计	378	100.00	总计	378	100.00

8.1.1.2　教师教学情况

对中职教师所承担的教学任务调查结果如表8-3所示，主要承担公共基础课作为教学任务的中职教师数量最多，占比为53.97%，主要承担专业理论课作为教学任务的中职教师数量次之，占比为45.50%，而仅有25.66%的中职教师主要承担的教学任务是专业实践课，占比最低。从整体上看，中职教师的主要教学任务还是以公共基础课居多，专业实践课的开课的比率依然较低。

表 8 - 3 　　　　　　　　　　　教学任务

教学任务	人数（人）	百分比（%）
公共基础课	204	53.97
专业理论课	172	45.50
专业实践课	97	25.66

8.1.1.3　所在的学校及专业情况

对中职教师所在的学校信息调查结果如表 8 - 4 所示，36.51% 的中职院校是地州市级重点学校，数量最多；随后是普通的中职院校，数量占比为 34.13%；仅有 9.26% 的中职院校是国家重点（示范）学校，说明相当部分中职院校并非是重点院校，整体水平相对薄弱一些。

表 8 - 4 　　　　　　　　　　　学校类型

学校类型	人数（人）	百分比（%）	累计百分比（%）
国家重点（示范）	35	9.26	9.26
省（自治区）级重点（示范）	60	15.87	25.13
地州市级重点	138	36.51	61.64
市（县）级重点	16	4.23	65.87
普通	129	34.13	100.00
总计	378	100.00	—

教师所在专业的情况的调查结果如图 8 - 1 所示，农林牧渔类专业的中职教师数量最多，占比 22%，加工制造类专业的中职教师占比 11%，学习休闲保健类专业的中职教师最少。从整体上看，各种类型专业的教师均有分布，但还是以第一产业为主，主要是农林牧渔专业，第二、第三产业类的专业教师相对较少。

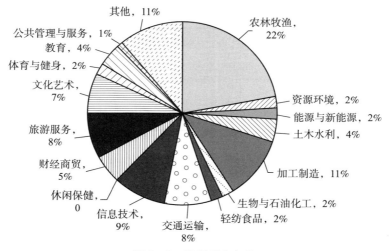

图 8-1　教师所在专业

8.1.2　教学情况

8.1.2.1　教师对产业结构与职业教育的了解情况

对新疆产业结构的了解程度的调查结果如表 8-5 所示，71.16% 的中职教师对新疆产业结构的了解程度处于了解以上，有 10.05% 的中职教师表示自己对新疆产业结构非常了解，27.78% 的中职教师表示对新疆产业结构不太了解，仅有 1.06% 的中职教师表示完全不了解新疆的产业结构。从整体上看，多数中职教师对新疆产业结构还是有一定程度的了解。

表 8-5　　　　　　　　　　　对新疆产业结构的了解程度

了解程度	人数（人）	百分比（%）	累计百分比（%）
非常了解	38	10.05	10.05
比较了解	120	31.75	41.80
了解	111	29.37	71.16

了解程度	人数（人）	百分比（%）	累计百分比（%）
不太了解	105	27.78	98.94
完全不了解	4	1.06	100.00
总计	378	100.00	—

关于中职教师是否认同产业结构的调整对职业教育的发展起着决定性推动作用的调查结果如表 8 - 6 所示，持认同及以上的认同程度评级的中职教师人数占比高达 97.09%，持非常认同态度的中职教师人数占比 16.14%，仅有 0.26% 的中职教师持非常不认同态度。而对中职教师是否认同职业教育的发展对产业结构的调整起着促进作用的调查结果显示，95.50% 的中职教师持认同及认同以上评级，其中，19.31% 的中职教师非常认同职业教育的发展对产业结构的调整起着促进作用，仅有 1.32% 的中职教师对此促进作用持非常不认同态度。综合来看，绝大多数中职教师认为产业结构的调整对职业教育的发展起着决定性的推动作用，同时，职业教育的发展对产业结构的调整也起着重要的促进作用。

表 8 - 6　　产业结构对职业教育的推动作用与职业教育对产业结构的促进作用

推动作用	人数（人）	百分比（%）	累计百分比（%）	促进作用	人数（人）	百分比（%）	累计百分比（%）
非常认同	61	16.14	16.14	非常认同	73	19.31	19.31
比较认同	145	38.36	54.50	比较认同	144	38.10	57.41
认同	161	42.59	97.09	认同	144	38.10	95.50
不太认同	10	2.65	99.74	不太认同	12	3.17	98.68
非常不认同	1	0.26	100.00	非常不认同	5	1.32	100.00
总计	378	100.00	—	总计	378	100.00	—

8.1.2.2　教师对学科专业情况的了解

中职教师所在专业培养的人才类型各有不同，具体如图 8 - 2 所示。中职教师所在专业培养技能型人才的数量最多，中职教师所在专业培养的人才类型各有不同，中职教师所在专业培养技能性人才的数量为200人，占比52.91%；专业培养技术型人才的数量为107人，占比28.31%；复合型人才和创新型人才分别为37人和34人，占比各自为8.99%、9.79%。就当前的发展状况来看，中职院校在培养复合型人才方面稍显弱势，更侧重于培养技能型人才。

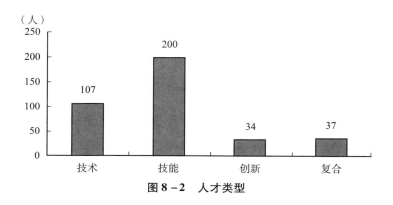

图8-2　人才类型

对新兴产业相关专业的课程开设关注程度的调查结果如表8-7所示。累计92.06%的中职教师关注新兴产业相关专业的课程开设，有9.26%的中职教师表示非常关注，仅有0.79%的中职教师表示非常不关注。绝大多数中职教师是有意向关注新兴产业的发展状况，对为了更好地满足新兴产业的用人需求，学校应当如何设置相关专业课程的问题有一定程度的关注。

表8-7　　　　　对新兴产业相关专业的课程开设关注程度

关注程度	人数（人）	百分比（%）	累计百分比（%）
非常关注	35	9.26	9.26
比较关注	136	35.98	45.24
关注	177	46.83	92.06
不太关注	27	7.14	99.21
非常不认关注	3	0.79	100.00
总计	378	100.00	——

在对新兴产业相关专业课程的开设情况关注程度的基础上，本书进一步调查了中职教师的专业知识和技能更新与产业结构调整的符合程度，调查结果如表 8 - 8 所示，累计 80. 16% 的中职教师认为自身的专业知识和技能更新能够符合产业结构的调整，7. 41% 的中职教师认为自己是非常符合的，仅有2. 12% 的中职教师表示自身专业知识和技能更新非常不符合产业结构的调整。由此可以看出，绝大多数中职教师认为自身的能力水平能够满足产业结构调整的需要。

表 8 - 8　　　　　专业知识和技能更新与产业结构调整的符合程度

符合程度	人数（人）	百分比（%）	累计百分比（%）
非常符合	28	7. 41	7. 41
比较符合	143	37. 83	45. 24
符合	132	34. 92	80. 16
不太符合	67	17. 72	97. 88
非常不符合	8	2. 12	100. 00
总计	378	100. 00	—

8. 1. 2. 3　教师需要接受的培训及学生培养情况

考虑到产业结构的调整对教师的未来能力有了更高的要求，于是本书设计了中职教师自认为应当接受哪些方面的培训的问题，调查结果如图 8 - 3 所示，43. 65%（165 人）的中职教师表示自身应当接受专业技能类的培训，随后是教育方法和教育技术方面的培训，分别占比 23. 54%（89 人）、11. 90%（45 人），仅有 3. 44%（13 人）的中职教师表示应当接受学科发展新形势方面的培训学习。调查结果反映了多数中职教师对未来发展的前瞻意识不够，但认为专业技能方面是自身的短板，应当接受足够的技能培训对其进行补足。

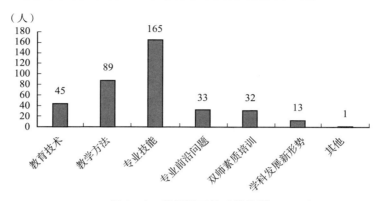

图 8-3　教师需要接受的培训

8.1.2.4　教师对开展实训课程的了解情况

中职教师所在专业实训课程占全部课程比例问题的调查结果如表 8-9 所示，58.47%的中职教师所在专业实训课程占全部课程的 20% ~ 50%，35.19%的中职教师所在专业实训课程占全部课程的 50% ~ 80%，仅有 1.59%的中职教师所在专业未开设实训课程。从整体上看，绝大多数中职院校均设立了实训课程，但是不同院校实训课程设置的比例各有不同，实训课程占比还有进一步提升的空间。

表 8-9　　　　　　　　　　实训课程占全部课程比例

课程比例	人数（人）	百分比（%）	累计百分比（%）
20%以下	18	4.76	4.76
20% ~ 50%	221	58.47	63.23
50% ~ 80%	133	35.19	98.41
未开设	6	1.59	100.00
总计	378	100.00	—

当问及学校实训课程内容设置不能满足学生的就业需求时，中职教师认为应当采取的举措调查的问题时，结果如图 8-4 所示，不断总结实训课程存

在的问题并及时改进、实时更新课程内容的中职教师占比分别为 34.92%（132 人）和 31.22%（118 人），仅有 5.82%（22 人）的中职教师认为应当采取打破课程界限，适当调整实训模块的方式改变学校实训课程内容设置。

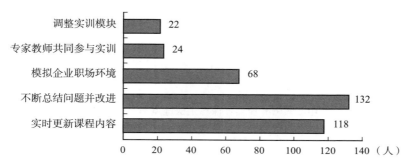

图 8 - 4　实训课程内容设置不能满足学生的就业需求而采取的措施

生产性实训课程的设置内容的调查结果如表 8 - 10 所示。49.21% 的中职教师表示对现行的生产性实训课程的设置内容是以技能训练为主，21.69% 的中职教师表示对现行的生产性实训课程的设置内容是以理论知识为主，16.93%、12.17% 的中职教师分别表示对现行的生产性实训课程的设置内容以传授经验为主、以职业综合能力为主。

表 8 - 10　　　　　　　　生产性实训课程的设置内容

设置内容	人数（人）	百分比（%）	累计百分比（%）
理论	82	21.69	21.69
经验	64	16.93	38.62
技能	186	49.21	87.83
职业综合能力	46	12.17	100.00
总计	378	100.00	—

对中职教师专业实训课程上课地点和上课方式问题的调查结果如表 8 - 11

所示，74.60%的中职教师所在专业实训课程上课地点最多的是安排在校内实训基地，实训课程上课地点安排在校外企业实训基地、在教室边做边讲两种安排分别占比25.66%、24.60%。关于中职教师对实训课程上课方式的调查结果如表8-11所示，73.28%的中职教师采取在教师指导下的上课方式，41.53%的中职教师采取课堂讲授的上课方式，采取让学生自主技能训练上课方式的中职教师占比为32.80%。综上所述，在校内实训基地上实训课依然是目前中职学生授课的主要方式，并且主要是在教师的指导下进行。

表8-11　　　　　　中职教师专业实训课程上课地点和上课方式

实训课程上课地点	频数（人）	百分比（%）	上课方式	频数（人）	百分比（%）
在教室边做边讲	93	24.60	课堂讲授	157	41.53
校内实训基地	282	74.60	教师指导下的实训	277	73.28
校外企业实训基地	97	25.66	学生自主技能训练	124	32.80
校内校外差不多	16	4.23	其他	13	3.44

8.1.2.5　教师对互动知识引导行为及学校对教师参与制定学校发展规划的重视

对教师授课重视互动知识引导行为的程度的调查结果如表8-12所示，累计96.03%的中职教师表示其重视互动知识引导行为，其中，19.58%的中职教师表示其对互动知识引导行为非常重视，仅有0.26%的中职教师表示完全不重视该行为。关于学校对教师参与制定学校发展规划的重视程度调查情况如表8-12所示，累计92.86%的中职教师表示其所在院校重视教师参与制定学校发展规划，16.67%的中职教师表示其所在院校非常重视教师参与学校的发展规划，仅有7.14%的中职教师表示其所在院校不太重视教师参与制定学校的发展规划。总体而言，绝大多数教师授课重视互动知识引导行为，绝大多数学校也重视教师参与制定学校发展规划。

表 8 – 12 　　　　　教师对互动知识引导行为及学校对教师参与

制定学校发展规划的重视程度

引导行为 重视程度	人数 （人）	百分比 （%）	累计百分比 （%）	发展规划 重视程度	人数 （人）	百分比 （%）	累计百分比 （%）
非常重视	74	19.58	19.58	非常重视	63	16.67	16.67
比较重视	161	42.59	62.17	比较重视	148	39.15	55.82
重视	128	33.86	96.03	重视	140	37.04	92.86
不太重视	14	3.70	99.74	不太重视	27	7.14	100.00
完全不重视	1	0.26	100.00	非常不重视	0	0.00	100.00
总计	378	100.00	—	总计	378	100.00	—

"为适应产业结构调整，教师主要采取了哪些措施"问题的调查结果如表 8 – 13 所示，为了适应产业结构调整，33.07%的中职教师采取专业类别调整的方式，采取学习新专业的前沿理论知识方式的中职教师占比为23.54%，中职教师选择采取参加企业实践锻炼、参加培训、积极谋求转型的方式来适应产业结构调整，分别占比17.72%、14.29%、11.11%。

表 8 – 13 　　　　　　为适应产业结构调整而采取的措施

采取措施	人数（人）	百分比（%）	累计百分比（%）
专业类别调整	125	33.07	33.07
积极谋求转型	42	11.11	44.18
学习新专业前沿理论	89	23.54	67.72
参加企业实践锻炼	67	17.72	85.45
参加培训	54	14.29	99.74
其他	1	0.26	100.00
总计	378	100.00	—

8.1.2.6 学校对"1+X"证书试点工作重视程度

借鉴国际职业教育培训普遍做法,中职院校也启动了"1+X"证书制度试点工作。中职院校对此工作的重视程度的调查结果如表8-14所示,累计94.97%的中职教师认为学校重视该项制度试点工作,27.78%的中职教师表示学校非常重视"1+X"证书制度试点工作,仅有5.03%的中职教师表示学校不太重视该制度试点工作。

表8-14   "1+X"制度试点工作重视程度

重视程度	人数(人)	百分比(%)	累计百分比(%)
非常重视	105	27.78	27.78
比较重视	137	36.24	64.02
重视	117	30.95	94.97
不太重视	19	5.03	100.00
总计	378	100.00	—

8.1.2.7 学生就业指导

对中职教师所在专业对学生就业指导与专业培养紧密联系程度的调查结果如表8-15所示,累计89.95%的中职教师表示对学生就业指导与专业培养是紧密联系的,其中,12.96%的中职教师表示其联系得非常紧密,仅有10.05%的中职院校教师表示对学生就业指导与专业培养之间联系的不太紧密。中职教师所在系对学生就业指导工作是否存在很强的系统性和连续性安排的调查结果如表8-15所示,累计90.21%的中职教师对该问题表示认同,即认同其所在系对学生就业指导工作存在很强的系统性和连续性的安排,其中,14.81%的中职教师表示非常认同此观点,仅有9.52%和0.26%的中职教师表示不太认同和非常不认同其所在系对学生就业指导工作存在很强的系统性和连续性的安排。

表 8 – 15　　就业指导与专业培养紧密程度及是否存在系统性和连续性安排

就业指导与专业培养联系程度	人数（人）	百分比（％）	累计百分比（％）	是否有很强的系统性和连续性安排	人数（人）	百分比（％）	累计百分比（％）
非常紧密	49	12.96	12.96	非常认同	56	14.81	14.81
比较紧密	178	47.09	60.05	比较认同	145	38.36	53.17
紧密	113	29.89	89.95	认同	140	37.04	90.21
不太紧密	38	10.05	100.00	不太认同	36	9.52	99.74
非常不紧密	0	0	100.00	非常不认同	1	0.26	100.00
总计	378	100.00	——	总计	378	100.00	——

8.1.2.8　学校对双师型教师队伍建设及对就业资源库的重视

对学校对双师型教师队伍建设重视的调查结果如表 8 – 16 所示，累计 96.30％的中职教师表示其所在学校重视建设专业化的双师型教师队伍，其中，22.22％的中职教师表示其所在学校对建设专业化双师型教师队伍非常重视，仅有 3.70％的中职教师表示其所在学校不太重视建设专业化双师型教师队伍。关于学校对建设就业资源库重视程度的调查结果如表 8 – 16 所示，累计 92.33％的中职教师表示其所在中职院校重视该方面的建设，其中，19.84％的中职教师表示院校非常重视建设就业资源库，仅有 7.67％的中职教师所在院校不太重视建设就业资源库。

表 8 – 16　　学校对双师型教师队伍建设及对就业资源库的重视

对建设双师型教师队伍重视程度	人数（人）	百分比（％）	对建设就业资源库重视程度	人数（人）	百分比（％）
非常重视	84	22.22	非常重视	75	19.84
比较重视	139	36.77	比较重视	136	35.98
重视	141	37.30	重视	138	36.51
不太重视	14	3.70	不太重视	29	7.67
总计	378	100.00	总计	378	100.00

8.1.2.9　教师所在专业与学生就业需求情况

中职教师所在专业的人才培养方案与学生就业所需技能的符合程度的调查结果如表 8 – 17 所示，40.48% 的中职教师表示所在专业的人才培养方案符合学生就业所需技能，36.24% 的中职教师表示所在专业的人才培养方案比较符合学生就业所需技能，14.55% 的中职教师表示自己专业的人才培养方案非常符合学生就业所需技能，仅有 8.73% 的中职教师表示不太符合。对中职教师所在专业设置结合产业结构调整的需求的紧密程度调查结果如表 8 – 17 所示，43.92% 的中职教师表示所在专业设置与产业结构调整的需求联系紧密，34.13% 的中职教师表示二者之间的联系比较紧密，14.29% 的中职教师表示二者之间的联系是非常紧密的，仅有 7.67% 的中职教师表示该联系是不太紧密的。总体上看，中职教师所在专业的人才培养方案符合学生就业所需技能，中职教师所在专业设置与产业结构调整的需求联系紧密。

表 8 – 17　　　　　　人才培养方案与学生就业符合程度及专业
设置与产业结构调整紧密程度

教师专业与学生需求符合程度	人数（人）	百分比（%）	累计百分比（%）	专业设置与产业结构调整需求的紧密程度	人数（人）	百分比（%）	累计百分比（%）
非常符合	55	14.55	14.55	非常紧密	54	14.29	14.29
比较符合	137	36.24	50.79	比较紧密	129	34.13	48.41
符合	153	40.48	91.27	紧密	166	43.92	92.33
不太符合	33	8.73	100.00	不太紧密	29	7.67	100.00
总计	378	100.00	—	总计	378	100.00	—

中职教师所在专业目前所存在问题的调查结果如图 8 – 5 所示，28.84%（109 人）的中职教师表示师资力量薄弱是中职教师所在专业目前存在的最大的问题，其次是缺少特色问题，28.04%（106 人）的中职教师所在专业受到缺乏特色的困扰；18.25%（69 人）、15.08%（57 人）的中职教师分别表示其专业存在专业设置与市场需求脱节、校企合作效果未达到预期目标的问题。

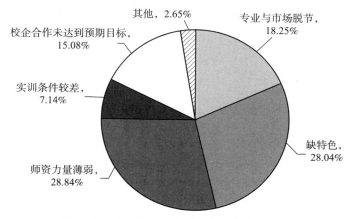

图8-5 中职教师所在专业目前存在的问题

针对职业类院校帮助中职教师专业设置和产业结构调整相匹配而采取的优化措施的调查结果如表8-18所示，表示采取利用"互联网＋"实现职业教育专业结构调整等措施的中职教师数量最多，占比39.95%；27.25%的中职教师认为采取新专业设置的方向与产业结构的升级要保持一致性的措施；而表示可以通过大力发展第二、第三产业的专业，形成特色专业满足市场需求措施的中职教师数量紧随其后，占比为23.81%；仅有5.03%、3.70%的中职教师表示采取构建企校一体化人才共育新模式、优化专业设置等措施。

表8-18 中职教师专业设置和产业结构调整相匹配而采取的优化措施

优化举措	人数（人）	百分比（%）	累计百分比（%）
利用"互联网＋"	151	39.95	39.95
发展第二、第三产业专业	90	23.81	63.76
新专业设置方向与产业结构升级适应	103	27.25	91.01
企校一体化	19	5.03	96.03
优化专业结构	14	3.70	99.74
其他	1	0.26	100.00
总计	378	100.00	—

对中职教师所在专业人才培养规格和质量的目标的调查结果如图 8-6 所示，选择培养高技能技术型人才、复合型人才以及培养与产业发展趋势相契合的新专业人才的目标的中职教师占比分别为 55.29%（209 人）、53.17%（201 人）、54.76%（207 人），仅有 25.40%（96 人）的中职教师表示其专业主要是大力发展交叉学科和专业，特别是加强培养与第三产业关联学科创新人才。

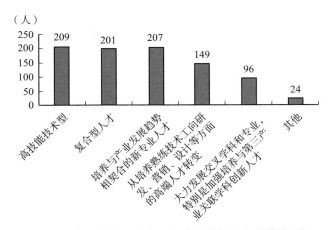

图 8-6　中职教师所在专业人才培养规格和质量的目标

中职教师所在专业培养的人才结构符合劳动力市场需求程度的调查结果如表 8-19 所示，44.97% 的中职教师表示所在专业培养的人才结构比较符合劳动力市场需求，31.22% 的中职教师表示所在专业培养的人才结构符合劳动力市场需求，15.08% 的中职教师表示所在专业培养的人才结构非常符合劳动力市场需求，仅有 8.73% 的中职教师表示二者之间不太符合。

表 8-19　　　　　　　　　人才结构与劳动力市场需求匹配程度

人才结构与劳动力市场需求匹配程度	人数（人）	百分比（%）	累计百分比（%）
非常符合	57	15.08	15.08
比较符合	170	44.97	60.05

人才结构与劳动力市场需求匹配程度	人数（人）	百分比（%）	累计百分比（%）
符合	118	31.22	91.27
不太符合	33	8.73	100.00
总计	378	100.00	—

8.1.2.10　教师进行课堂教学设计及指导实践教学的能力

在课堂教学设计中，中职教师的选择也是各有不同。中职教师在课堂教学设计中的做法的调查结果如图 8-7 所示。提炼学科知识并根据学生特点进行课堂教学设计的中职教师数量最多，占比 66.40%（251 人），其次是受到中职教师青睐的课堂教学设计做法是调整和更新教学知识，将新知识、新技术有选择地应用，占比 62.96%（238 人），采取组织学生参加社会实践活动、注重课程的综合开发、凭经验设计教学过程的中职教师占比分别为 42.86%（162 人）、32.54%（123 人）、30.42%（115 人）。

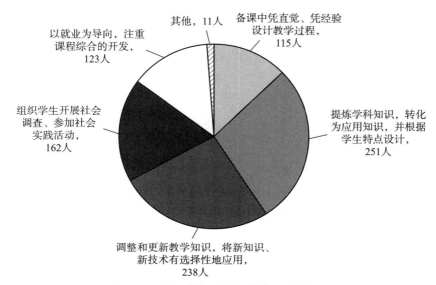

图 8-7　中职教师在课堂教学设计中做法

职业院校教师自我认知情况下具备的指导实践教学的能力情况的调查结果如图 8 - 8 所示，认为熟悉生产过程及相关内容、具有扎实的专业理论知识、有一定的产品设计与生产实践及应用能力、指导学生开展创新活动的中职教师分别占比为 58. 20% （220 人）、54. 50% （208 人）、48. 68% （184 人）和 47. 88% （181 人），仅有 25. 66% （97 人）的中职教师认为自己具有本专业生产服务一线工作的经历。从整体上看，多数中职教师具备较好的专业理论基础并且还有一定的实践经历或者实践能力，可以较好地帮助学生了解并学习当前就业市场对其提出要求，并帮助学生更好地提高实践能力，但是，具有本专业生产服务一线工作的经历的教师很少。

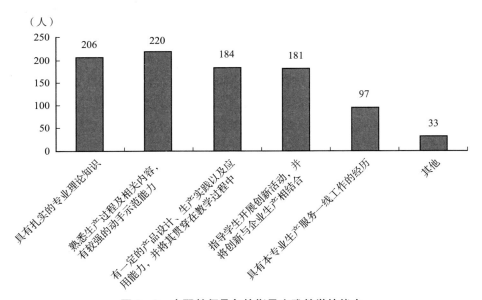

图 8 - 8　中职教师具备的指导实践教学的能力

8.1.3　实践与科研情况分析

8.1.3.1　教师到基层或企业开展实践工作的时间及方式情况

所调查的中职教师中，深入基层或者企业开展实践工作的时间普遍不长，

32.80%的中职教师甚至不曾深入基层或者企业开展过实践工作，累计高达77.25%的中职教师在基层或者企业实践工作时长不足 6 个月，仅有 2.91%的中职教师在基层或者企业的实践时长在 2 年以上。教师到合作企业实践方式的调查结果如表 8 – 20 所示，多数中职教师是通过考察、专业见习等方式进行实践工作，占比为 51.59%，分别有 25.66%、13.23%的中职教师通过企业顶岗培训项目、企业岗位兼职的方式开展实践工作，仅有 7.94%的中职教师是通过脱产到企业挂职的方式开展实践工作。

表 8 – 20　　　　　　　　　教师到合作企业的实践方式

实践方式	人数（人）	百分比（%）	累计百分比（%）
考察实习	195	51.59	51.59
企业顶岗培训	97	25.66	77.25
企业兼职	50	13.23	90.48
脱产到企业挂职	30	7.94	98.41
其他	6	1.59	100.00
总计	378	100.00	—

8.1.3.2　教师对工作绩效考核指标的认同及参加企业横向项目的机会

中职教师对企业实践锻炼作为工作绩效考核指标的认同程度的调查结果如表 8 – 21 所示，累计 92.33%的中职教师对此行为表示支持，19.05%的中职教师表示非常认同将企业实践锻炼作为工作绩效考核指标，仅有 1.06%的中职教师表示非常不认同，由此表明，多数中职教师不反对深入企业实践锻炼，也表示认同将其作为工资的绩效考核指标，企业实践工作有利于教师更好地掌握专业知识并能针对就业市场为学生提供更好的教学服务。中职教师中，近三年能够获得参加行业企业技术咨询、研发等横向项目机会的数量相对不足，累计 26.19%的中职教师表示近三年参加横向项目机会比较多，其中，仅有 5.03%的中职教师表示机会非常多，但有 30.69%的中职教师表示根本没有此类机会，17.72%的中职教师表示参与此类横向项目的机会不太多，争取起来有难度。从整体上看，中职教师认同企业实践锻炼，也愿意将该项锻炼作为工资绩效考核，但是受限于种种原因，近三年能够参与企业实践的横向项目机会不多。

表 8 - 21 教师对工作绩效考核指标的认同及参加企业横向项目的机会

认同程度	人数（人）	百分比（%）	累计百分比（%）	横向项目机会	人数（人）	百分比（%）	累计百分比（%）
非常认同	72	19.05	19.05	非常多	19	5.03	5.03
比较认同	135	35.71	54.76	比较多	80	21.16	26.19
认同	142	37.57	92.33	一般	96	25.40	51.59
不太认同	25	6.61	98.94	不太多	67	17.72	69.31
非常不认同	4	1.06	100.00	没有	116	30.69	100.00
总计	378	100.00	—	总计	378	100.00	—

8.2 高职院校教师的调研情况分析

8.2.1 基本情况

8.2.1.1 教师入职途径

高职教师的入职条件的调查结果如表 8 - 22 所示，有 51.43% 的教师入职需要具备高学历，57.14% 的教师入职需要具有相关专业、行业工作经验，高职教师入职条件要求教师资格证、相关专业工作实践和专业技术资格、现场实操能力占比相差不大，分别为 37.14%、33.47%、31.02%。

表 8 - 22 入职条件

入职条件	人数（人）	百分比（%）
高学历	126	51.43
相关专业、行业工作经验	140	57.14
教师资格证	91	37.14

入职条件	人数（人）	百分比（%）
相关工作实践和专业技术资格	82	33. 47
现场实操能力	76	31. 02
其他	46	18. 78

　　高职教师在入职前是否接受过理论培训及工作经历的调查结果如表 8 – 23 所示。高职教师在入职前接受过职业教育理论培训的人数占比为 59.59%，而在入职前没有接受过职业教育理论的培训的高职教师占比为 40.41%。高职教师入职前有企业工作经历的人数占比为 50.61%，而没有企业工作经历的人数占比为 48.98%。

表 8 – 23　　　　　　　　　　理论培训及工作经历

理论培训	人数（人）	百分比（%）	累计百分比（%）	工作经历	人数（人）	百分比（%）	累计百分比（%）
是	146	59. 59	59. 59	是	124	50. 61	51. 02
否	99	40. 41	100. 00	否	120	48. 98	100. 00
总计	245	100. 00	—	总计	245	100. 00	—

8.2.1.2　教师教学

　　高职教师主要承担的教学任务的调查结果如表 8 – 24 所示。高职教师主要承担的教学任务有公共基础课、专业理论课、专业实践课，占比分别为 40.41%、69.39%、45.71%，其中专业理论课在高职教师的教学任务中占比最大，公共基础课在高职教师的教学任务中占比最小，从整体上看，高职教师的主要教学任务还是以专业理论课居多，公共基础课的开课比率依然较低。

表 8 – 24   教学任务

教学任务	人数（人）	百分比（%）
公共基础课	99	40.41
专业理论课	170	69.39
专业实践课	112	45.71

8.2.1.3 所在的学校及专业情况

高职教师的所在学校的调查结果如表 8 – 25 所示，所在学校是国家重点学校、省重点学校和普通学校的高职教师数量相对较多，占比分别为31.02%、27.35%和28.16%，而所在学校是地州市级重点的高职教师占比为10.61%，仅有2.86%的高职教师所在学校是市级重点学校，占比最少。

表 8 – 25   高职院校学校类型

学校	国家重点	省重点	地州市级重点	市级重点	普通	总计
人数（人）	76	67	26	7	69	245
百分比（%）	31.02	27.35	10.61	2.86	28.16	100.00
累计百分比（%）	31.02	58.37	68.99	71.85	100.00	—

高职教师所在专业的调查结果如表 8 – 26 所示，农林牧渔业占比最高，达到17.96%，其次是信息技术，占比是17.14%，高职教师所在专业是资源环境和生物与石油化工的占比最少，仅占0.82%。

表 8 – 26   专业类型

增加专业	农林牧渔	资源环境	能源与新能源	土木水利	加工制造	生物与石油化工	轻纺食品	交通运输	信息技术
频数	44	2	3	9	8	2	9	4	42
百分比（%）	17.96	0.82	1.22	3.67	3.27	0.82	3.67	1.63	17.14

增加专业	医药卫生	财经商贸	旅游服务	文化艺术	体育与健身	教育	公共管理与服务	其他	
频数	8	37	9	12	7	20	5	24	
百分比（%）	3.27	15.1	3.67	4.9	2.86	8.16	2.04	9.8	

8.2.2 教学情况

8.2.2.1 教师对产业结构与职业教育的了解

高职教师对新疆产业结构的了解程度的调查结果如表 8 - 27 所示，对新疆产业结构比较了解的教师占比最多，达到 44.49%，而完全不了解新疆产业结构的教师占比最少，仅占 1.22%，对新疆产业结构非常了解、了解、不太了解的教师占比分别为 8.98%、30.61%、14.69%。从整体来看，高职教师对新疆产业结构的了解程度在了解及以上的累计占比为 84.08%。

表 8 - 27　　　　　　　高职教师对新疆产业结构的了解程度

产业结构	人数（人）	百分比（%）	累计百分比（%）
非常了解	22	8.98	8.98
比较了解	109	44.49	53.47
了解	75	30.61	84.08
不太了解	36	14.69	98.78
完全不了解	3	1.22	100.00
总计	245	100.00	—

本次问卷调查结果显示，产业结构的调整对职业教育的发展起着决定性的推动作用，同时，职业教育的发展也对产业结构的调整起着促进作用。高职教师对产业结构调整和职业教育发展的相互作用的态度情况的调查结果如表 8 - 28 所示，绝大多数教师的态度都是认同及以上，累计达到 97.96%，

其中，32.65%的高职教师持认同态度，持比较认同和非常认同的教师占比较高，分别为41.22%、24.08%，而态度为不太认同和非常不认同的教师占少数比例，分别为1.63%、0.41%。关于职业教育的发展对产业结构调整起着促进作用持认同及以上累计达到97.55%，其中，持有非常认同、比较认同和认同态度的教师占大多数，分别占比为23.27%、38.37%、35.92%，而态度是不太认同和非常不认同的高职教师仅占少数比例，分别为2.04%、0.41%。

表8-28　　　　　高职教师对产业结构调整和职业教育发展的相互作用的态度

推动作用	人数（人）	百分比（%）	累计百分比（%）	促进作用	人数（人）	百分比（%）	累计百分比（%）
非常认同	59	24.08	24.08	非常认同	57	23.27	23.27
比较认同	101	41.22	65.31	比较认同	94	38.37	61.63
认同	80	32.65	97.96	认同	88	35.92	97.55
不太认同	4	1.63	99.59	不太认同	5	2.04	99.59
非常不认同	1	0.41	100.00	非常不认同	1	0.41	100.00
总计	245	100.00	—	总计	245	100.00	—

8.2.2.2　教师对专业情况的了解情况

高职教师所在专业培养的人才类型的调查结果如表8-29所示，55.51%的高职教师表示所在专业培养的是技能型人才，而表示培养技术型人才、复合型人才的高职教师占比分别为21.63%、15.51%，仅有7.35%的高职教师表示所在专业培养的是创新型人才。由此可见，高职院校培养的主要是技能型人才。

表8-29　　　　　　　　　　　培养人才类型

培养人才	人数（人）	百分比（%）	累计百分比（%）
技术	53	21.63	21.63

培养人才	人数（人）	百分比（%）	累计百分比（%）
技能	136	55.51	77.14
创新	18	7.35	84.49
复合	38	15.51	100.00
总计	245	100.00	—

　　高职教师对新兴产业相关专业开设课程的关注程度的调查结果如表 8 - 30 所示，多数教师的关注程度都在关注程度及以上，累计达到 92.65%，其中，非常关注、比较关注和关注分别占比 15.10%、37.55%、40.00%，而不太关注和非常不关注的教师占比最少，分别为 6.12%、1.22%。由此可见，高职教师对新兴产业相关专业开设课程比较关注。

表 8 - 30　　　　　　　新兴产业相关专业开设课程的关注程度

课程关注	人数（人）	百分比（%）	累计百分比（%）
非常关注	37	15.10	15.10
比较关注	92	37.55	52.65
关注	98	40.00	92.65
不太关注	15	6.12	98.78
非常不关注	3	1.22	100.00
总计	245	100.00	—

　　高职教师专业知识和技能更新符合产业结构调整程度的调查结果如表 8 - 31 所示，多数教师的态度都是符合及以上，累计达到 89.80%，其中，非常符合、比较符合和符合分别占比为 11.02%、41.63%、37.14%，而认为不太符合的教师占比较少，仅占 10.20%。由此可见，高职教师认为自己的专业知识和技能更新比较符合产业结构调整程度。

表 8 –31 高职教师专业知识和技能更新符合产业结构调整程度

结构调整	人数（人）	百分比（%）	累计百分比（%）
非常符合	27	11.02	11.02
比较符合	102	41.63	52.65
符合	91	37.14	89.80
不太符合	25	10.20	100.00
总计	245	100.00	—

8.2.2.3 教师接受培训的需求

对高职教师认为自己最需要接受哪些方面培训的调查结果如表 8 –32 所示，认为自己需要进行专业技能培训的高职教师占比最高，达到 39.18%，认为自己需要进行教育技术、教学方法、专业前沿问题培训的高职教师比例相对较多，占比分别为 12.65%、24.90%、14.69%，而认为自己需要进行双师素质培训、学科发展新形势培训的高职教师占比均为 4.08%。由此可见，目前高职教师的培训需求主要为专业技能的培训。

表 8 –32 高职教师应当接受的培训类型

接受培训	人数（人）	百分比（%）	累计百分比（%）
教育技术	31	12.65	12.65
教学方法	61	24.90	37.55
专业技能	96	39.18	76.73
专业前沿问题	36	14.69	91.43
双师素质培训	10	4.08	95.51
学科发展新形势	10	4.08	99.59
其他	1	0.41	100.00
总计	245	100.00	—

8.2.2.4　教师对开展实训课程的了解情况

高职教师所在专业开设的实训课程占全部课程的比例的调查结果如表 8 – 33 所示，高职教师所在专业开设的实训课程占全部课程的比例在 50% ~ 80% 的占比最高，达到 47.35%，其次是 20% ~50% 的占比为 44.49%，课程比例在 20% 以下、未开设的占比分别为 6.94%、1.22%。实训课程与理论课程开设顺序的合理性的调查结果如表 8 – 33 所示，认为基本合理及以上的高职教师占大多数，很合理、偶尔脱节、基本合理占比分别为 20.82%、13.06%、62.86%，而认为常常脱节和不合理的占比分别为 2.45%、0.82%。由此可见，专业开设的实训课程占全部课程的比例在 50% 以上的还不到一半，尚需要进一步提高，不过，在实训课程与理论课程开设顺序合理的问题上，多数教师还是持赞同意见。

表 8 – 33　　　　　　**高职教师所在专业开设的实训课程占全部**
课程的比例及开设顺序是否合理

课程比例	人数（人）	百分比（%）	累计百分比（%）	开设顺序	人数（人）	百分比（%）	累计百分比（%）
20% 以下	17	6.94	6.94	很合理	51	20.82	20.82
20% ~50%	109	44.49	51.43	偶尔脱节	32	13.06	33.88
50% ~80%	116	47.35	98.78	基本合理	154	62.86	96.73
未开设	3	1.22	100.00	常常脱节	6	2.45	99.18
总计	245	100.00	—	不合理	2	0.82	100.00
				总计	245	100.00	—

高职教师认为学校实训课程内容设置的调查结果如表 8 – 34 所示。在调查样本中，有 82.04% 的高职教师认为学校实训课程内容设置可以满足学生的就业需求，而 17.96% 的高职教师持相反态度，认为学校实训课程内容设置不能满足学生的就业需求，其中，31.02% 的高职教师提出应该通过不断总结实训课程存在的问题并及时改进来满足学生就业需求，而提出应该通

过实时更新课程内容、模拟企业职场环境、企业专家和教师共同参与实训来满足学生就业需求的高职教师分别占比为17.96%、21.63%、11.84%，提出应该通过调整实训模块来满足学生就业需求的高职教师占比最少，仅占6.94%。

表8－34 　　　　　　　　　学校实训课程内容设置

如何设置	人数（人）	百分比（%）	累计百分比（%）
（该题被跳过）	26	10.61	10.61
实时更新课程内容	44	17.96	28.57
不断总结问题并改进	76	31.02	59.59
模拟企业职场环境	53	21.63	81.22
企业专家和教师共同参与实训	29	11.84	93.06
调整实训模块	17	6.94	100.00
总计	245	100.00	—

高职教师对现行的生产性实训课程的设置内容的调查结果如表8－35所示，一半的高职教师把技能训练作为主要设置内容，占比高达50.20%，而把理论知识、传授经验、职业综合能力作为主要设置内容的高职教师占比相差不大，分别为17.96%、16.33%、15.51%。由此可见，技能训练在四类设置内容中更会受到高职教师的青睐。

表8－35 　　　　　　高职教师对现行的生产性实训课程的设置内容

设置内容	人数（人）	百分比（%）	累计百分比（%）
理论知识	44	17.96	17.96
传授经验	40	16.33	34.29
技能训练	123	50.20	84.49
职业综合能力	38	15.51	100.00
总计	245	100.00	—

高职教师所在专业实训课程上课地点安排的调查结果如表 8 – 36 所示，表示上课地点安排最多在校内实训基地的高职教师占比最高，达到 67.76%，表示把上课地点安排为教室边做边讲、校外企业实训基地的高职教师占比分别为 33.88%、40.41%，而对上课地点安排的表示为校内校外差不多的高职教师占比为 0.61%。高职教师实训课程采取的上课方式的调查结果如表 8 – 36 所示，把教师指导下的培训作为实训课程上课方式的高职教师占绝大多数，占比为 73.06%，表示实训课程采取的上课方式为课堂讲授和学生自主技能训练的高职教师占比分别为 48.98%、41.22%。

表 8 – 36　　　　高职教师所在专业实训课程上课地点及上课方式

实训安排最多	人数（人）	百分比（%）	上课方式	人数（人）	百分比（%）
教室边做边讲	83	33.88	课堂讲授	120	48.98
校内实训基地	166	67.76	教师指导下的培训	179	73.06
校外企业实训基地	99	40.41	学生自主技能训练	101	41.22
校内校外差不多	26	10.61	其他	11	4.49
总计	245	100.00	总计	245	100.00

8.2.2.5　教师对互动知识引导行为及为适应产业结构调整采取的措施

高职教师授课重视互动知识引导行为的程度的调查结果如表 8 – 37 所示，对互动知识引导行为的程度在重视及以上的占绝大多数，累计达到 98.78%，其中，对互动知识引导行为的程度为比较重视的占比最高，达到了 39.59%，非常重视、重视的占比分别为 23.67%、35.51%，高职教师不太重视互动知识引导行为的占比是最少的，仅占 1.22%。从整体来看，高职教师授课比较重视互动知识引导行为。

表 8 - 37   教师对互动知识引导行为

互动知识	人数（人）	百分比（%）	累计百分比（%）
非常重视	58	23.67	23.67
比较重视	97	39.59	63.27
重视	87	35.51	98.78
不太重视	3	1.22	100.00
完全不重视	0	0.00	—
总计	245	100.00	—

对教师为适应产业结构调整所采取措施的调查结果如表 8 - 38 所示，高职教师中采取专业类别调整、学习新专业的前沿理论知识、参加企业实践锻炼作为适应产业结构调整措施的比例相差不大，分别为 25.71%、25.31%、25.71%，而把积极谋求转型、积极参加培训作为适应产业结构调整措施的占比相对较少，分别为 13.47%、8.57%。

表 8 - 38   高职教师为适应产业结构调整采取的措施

教师措施	人数（人）	百分比（%）	累计百分比（%）
专业类别调整	63	25.71	25.71
积极谋求转型	33	13.47	39.18
学习新专业前沿理论	62	25.31	64.49
参加企业实践锻炼	63	25.71	90.20
参加培训	21	8.57	98.78
其他	3	1.22	100.00
总计	245	100.00	—

8.2.2.6　学校对"1 + X"证书试点工作重视程度

借鉴国际职业教育培训普遍做法，学校开始启动"1 + X"证书制度试点工作。学校对"1＋X"证书试点工作的重视程度的调查结果如表 8－39 所示，比较重视的占比最大，达到 35.92％，其次是重视程度为非常重视和重视的，分别为 30.20％、27.35％，重视程度为不太重视的占比为 5.71％，完全不重视的占比最少，仅为 0.82％。从整体来看，学校比较重视借鉴国际职业教育培训普遍做法。

表 8－39　　　　　　　学校对"1＋X"证书试点工作重视程度

学校重视	人数（人）	百分比（％）	累计百分比（％）
非常重视	74	30.20	30.20
比较重视	88	35.92	66.12
重视	67	27.35	93.47
不太重视	14	5.71	99.18
完全不重视	2	0.82	100.00
总计	245	100.00	—

8.2.2.7　学生就业指导情况

高职教师所在专业学生就业指导与专业培养紧密联系程度的调查结果如表 8－40 所示，紧密程度为比较紧密的占比是最大的，为 42.25％，其次是紧密和非常紧密，占比分别为 35.92％、14.69％，而紧密程度为不太紧密的占比最少，为 6.94％。从整体来看，高职教师所在专业学生就业指导与专业培养联系比较紧密。高职教师所在系对学生就业指导工作是否有很强的系统性和连续性的安排的调查结果如表 8－40 所示，37.55％的高职教师持认同态度，持非常认同和比较认同态度的高职教师人数占比分别为 18.78％、37.14％，而持不太认同的高职教师仅占 6.53％。从整体来看，高职教师对所在系对学生就业指导工作有较强的系统性和连续性的安排主要持认同态度。

表8-40　　　　学生就业指导与专业培养紧密程度及是否
具备较强的系统性和连续性安排

就业与培养紧密程度	人数（人）	百分比（%）	累计百分比（%）	就业指导的连续性和系统性	人数（人）	百分比（%）	累计百分比（%）
非常紧密	36	14.69	14.69	非常认同	46	18.78	18.78
比较紧密	104	42.45	57.14	比较认同	91	37.14	55.92
紧密	88	35.92	93.06	认同	92	37.55	93.47
不太紧密	17	6.94	100.00	不太认同	16	6.53	100.00
总计	245	100.00	—	总计	245	100.00	—

8.2.2.8　学校对双师型教师队伍建设及对就业资源库的重视

学校对建设专业化的双师型教师队伍的重视程度的调查结果如表8-41所示，表示持重视态度的高职教师数量最多，占比为37.55%，表示持非常重视和比较重视的高职教师占比分别为21.22%、35.92%，而表示持不太重视和完全不重视的高职教师数量很少，占比仅为4.90%和0.41%。从整体来看，教师认为学校重视建设专业化的双师型教师队伍。学校对建设就业资源库重视程度的调查结果如表8-41所示，表示持重视态度的高职教师数量最多，占比为40.41%，表示非常重视和比较重视的教师数量占比相对较大，分别为21.22%和30.61%，而表示持不太重视和完全不重视态度的高职院校数量较少，占比仅为7.35%和0.41%。从整体来看，学校重视建设就业资源库。

表8-41　　　　学校对双师型教师队伍建设及对就业资源库的重视

教师队伍重视程度	人数（人）	百分比（%）	累计百分比（%）	就业资源重视程度	人数（人）	百分比（%）	累计百分比（%）
非常重视	52	21.22	21.22	非常重视	52	21.22	21.22
比较重视	88	35.92	57.14	比较重视	75	30.61	51.84
重视	92	37.55	94.69	重视	99	40.41	92.24
不太重视	12	4.90	99.59	不太重视	18	7.35	99.59
完全不重视	1	0.41	100.00	完全不重视	1	0.41	100.00
总计	245	100.00		总计	245	100.00	

8. 2. 2. 9　教师所在专业与学生就业需求情况

高职教师所在专业的人才培养方案与学生就业所需技能的符合程度的调查结果如表 8 - 42 所示，表示比较符合的教师占比最大，占比为 42.04%，其次是表示非常符合和符合的教师占比相对较大，分别为 15.20%、38.37%，而表示不太符合和完全不符合的教师占比相对较少，比例仅为 4.08% 和 0.41%。从整体来看，高职教师所在专业的人才培养方案与学生就业所需技能比较符合。高职教师所在专业设置结合产业结构调整的需求的紧密程度的调查结果如表 8 - 42 所示，表示紧密的教师占比最大，为 44.50%，其次是表示非常紧密和比较紧密的教师占比相对较大，分别为 15.50%、34.70%，而表示不太紧密的教师占比最少，仅为 5.30%。从整体来看，高职教师所在专业设置结合产业结构调整需求是紧密的。

表 8 - 42　　培养方案与学生就业技能的符合程度及专业设置
与产业结构调整需求的紧密程度

培养方案与就业符合程度	人数（人）	百分比（%）	累计百分比（%）	专业设置与产业结构的紧密度	人数（人）	百分比（%）	累计百分比（%）
非常符合	37	15.10	15.10	非常紧密	38.00	15.50	15.50
比较符合	103	42.04	57.14	比较紧密	85.00	34.70	50.20
符合	94	38.37	95.51	紧密	109.00	44.50	94.70
不太符合	10	4.08	99.59	不太紧密	13.00	5.30	100.00
非常不符合	1	0.41	100.00	总计	245.00	100.00	—
总计	245	100.00					

高职教师所在专业目前存在的问题的调查结果如图 8 - 9 所示，缺少特色和师资力量薄弱是主要存在的问题，占比均为 27%，而认为所在专业目前存在的问题是专业设置与市场需求脱节、实训条件较差和校企合作效果未达到预期目标的高职教师占比相对较少，分别为 14%、14%、17%。

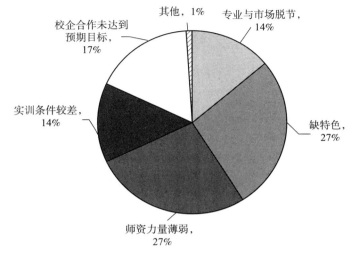

图 8 – 9　高职教师所在专业目前存在的问题

　　对高职教师所在专业设置要和产业结构调整相匹配所采取优化措施的调查结果如表 8 – 43 所示，表示采取利用"互联网＋"进行优化的教师占比最高，达到 38.78%，认为需要采取发展第二、第三产业专业、新专业设置与产业结构升级适应来进行优化的教师数量相对较少，占比分别为 24.08%、27.76%，认为采取需要通过企校一体化、优化专业结构进行优化的教师占比最少，分别为 6.12%、2.86%。

表 8 – 43　　　　高职教师所在专业设置和产业结构调整相匹配采取的措施

专业设置和产业结构匹配的措施	人数（人）	百分比（%）	累计百分比（%）
利用"互联网＋"	95	38.78	38.78
发展第二、第三产业专业	59	24.08	62.86
新专业设置与产业结构升级适应	68	27.76	90.61
企校一体化	15	6.12	96.73
优化专业结构	7	2.86	99.59
其他	1	0.41	100.00
总计	245	100.00	—

高职教师所在专业人才培养规格和质量的目标的调查结果如表 8 – 44 所示，表示专业人才培养规格和质量的目标是高技能技术型、复合型人才、培养与产业发展趋势相契合的新专业人才、从培养熟练技术工向研发等方面的高端人才转变的教师占比都在一半左右，分别为 55.51%、57.55%、55.10%、49.39%，而表示大力发展交叉学科和专业特别是加强培养与第三产业关联学科创新人才的教师占比为 30.61%。

表 8 – 44　　　　　高职教师所在专业人才培养规格和质量的目标

人才培养规格和质量的目标	人数（人）	百分比（%）
高技能技术型	136	55.51
复合型人才	141	57.55
培养与产业发展趋势相契合的新专业人才	135	55.10
从培养熟练技术工向研发、营销、设计等方面的高端人才转变	121	49.39
大力发展交叉学科和专业，特别是加强培养与第三产业关联学科创新人才	75	30.61
其他	10	4.08

高职教师所在专业培养的人才结构与劳动力就业市场需求的符合程度的调查结果如表 8 – 45 所示，表示比较符合的教师占比最高，为 48.57%，表示非常符合和符合的教师占比分别为 15.20%、30.61%，而表示人才结构与就业需求不太符合的教师占比最少，仅占 5.71%。从整体来看，高职教师认为所在专业培养的人才结构与劳动力就业市场需求比较符合。高职教师所在专业的教学内容改革与用人单位职业岗位要求的符合程度的调查结果如表 8 – 45 所示，表示比较符合的教师占比最高，为 44.49%，表示非常符合和符合的教师占比相对较少，分别为 15.51%、33.06%，而表示教学内容改革与用人单位职业岗位要求不太符合的教师占比最少，仅占 6.94%。从整体来看，高职教师认为所在专业的教学内容改革与用人单位职业岗位要求比较符合。

表8-45　　　　　人才结构与劳动力就业市场需求及教学内容

改革与用人单位需求符合程度

人才结构与就业需求符合程度	人数（人）	百分比（%）	累计百分比（%）	内容改革与用人单位符合程度	人数（人）	百分比（%）	累计百分比（%）
非常符合	37	15.10	15.10	非常符合	38	15.51	15.51
比较符合	119	48.57	63.67	比较符合	109	44.49	60.00
符合	75	30.61	94.29	符合	81	33.06	93.06
不太符合	14	5.71	100.00	不太符合	17	6.94	100.00
总计	245	100.00	—	总计	245	100.00	—

8.2.2.10　教师进行课堂教学设计及指导实践教学的能力情况

教师在教学中运用的教学方法的调查结果如表8-46所示，36.73%的高职教师把任务驱动作为教学方法，然后是传统教学、岗位轮换和项目导向，占比相对较少，分别为23.67%、17.96%、16.33%，而角色扮演在高职教师教学中运用仅占比3.67%。

表8-46　　　　　高职教师在教学中运用的教学方法

教学方法	人数（人）	百分比（%）	累计百分比（%）
传统教学	58	23.67	23.67
岗位轮换	44	17.96	41.63
任务驱动	90	36.73	78.36
项目导向	40	16.33	94.69
角色扮演	9	3.67	98.36
其他	4	1.63	99.99
总计	245	100.00	—

　　高职教师在课堂教学设计中的做法的调查结果如表 8 - 47 所示，表示提炼学科知识并根据学生特点设计做法的高职教师数量最多，占比为 75.10%，表示凭直觉经验、开展社会调查、以就业为导向的教师占比分别为 28.57%、51.02%、34.69%。

表 8 - 47　　　　　　　　高职教师在课堂教学设计中做法

课堂教学设计	人数（人）	百分比（%）
备课中凭直觉、凭经验设计教学过程	70	28.57
提炼学科知识，转化为应用知识，并根据学生特点设计	184	75.10
调整和更新教学知识，将新知识、新技术有选择地应用	184	75.10
组织学生开展社会调查、参加社会实践活动	125	51.02
以就业为导向，注重课程综合的开发	85	34.69
其他	4	1.63

　　高职教师具备的指导实践教学的能力的调查结果如表 8 - 48 所示，超过一半的高职教师认为具有扎实的专业理论知识、熟悉生产过程及相关内容、有一定的产品设计与生产实践及应用能力并将其贯穿在教学过程中，占比分别为 64.08%、61.22%、51.02%，指导学生开展创新活动、具有本专业生产服务一线工作的经历的高职教师占比相对较少，分别为 46.12%、35.10%。

表 8 - 48　　　　　　　　高职教师具备的指导实践教学的能力

教学能力	人数（人）	百分比（%）
具有扎实的专业理论知识	157	64.08
熟悉生产过程及相关内容，有较强的动手示范能力	150	61.22
有一定的产品设计、生产实践以及应用能力，并将其贯穿在教学过程中	125	51.02

教学能力	人数（人）	百分比（%）
指导学生开展创新活动，并将创新与企业生产相结合	113	46. 12
具有本专业生产服务一线工作的经历	86	35. 10
其他	13	5. 31

8.2.3　实践与科研情况分析

8.2.3.1　教师到基层或企业开展实践工作的时间及方式情况

高职教师到基层或企业进行实践工作的时间的调查结果如表 8 - 49 所示，到基层工作时间在 1 年之内的教师累计占比为 71.84%，其中，没有到基层或企业进行实践工作的高职教师占比最高，比例为 27.76%，到基层工作时间为 3 个月以下的高职教师占比最少，仅占 8.57%，分别有 21.63%、13.88% 的高职教师表示自己到基层工作时间为 3 ~ 6 个月和 6 ~ 12 个月，到基层工作时间为 1 ~ 2 年和 2 年以上的占比分别为 13.88%、14.29%。从整体来看，高职教师在基层工作时间绝大多数都比较短，主要在 1 年以下。

表 8 – 49　　　　高职教师到基层或企业进行实践工作的时间

基层工作时间	人数（人）	百分比（%）	累计百分比（%）
无	68	27. 76	27. 76
3 个月以下	21	8. 57	36. 33
3 ~ 6 个月	53	21. 63	57. 96
6 ~ 12 个月	34	13. 88	71. 84
1 ~ 2 年	34	13. 88	85. 71
2 年以上	35	14. 29	100. 00
总计	245	100. 00	—

关于高职教师到合作企业的实践方式的调查结果如表 8 – 50 所示，高职教师到合作企业考察实习的占比最高，达到了 54.69%，分别有 17.14%、15.10%、10.20% 的高职教师选择企业顶岗培训项目、企业岗位兼职以及脱产到企业挂职的方式进行实践，而其他方式占比最少，仅占 2.86%。

表 8 – 50　　　　　　　　高职教师到合作企业的实践方式

实践方式	人数（人）	百分比（%）	累计百分比（%）
考察、专业见习、实习指导	134	54.69	54.69
企业顶岗培训项目	42	17.14	71.84
企业岗位兼职	37	15.10	86.94
脱产到企业挂职	25	10.20	97.14
其他	7	2.86	100.00
总计	245	100.00	—

8.2.3.2　高职教师对工作绩效考核指标的认同及参加企业横向项目的机会

高职教师对企业实践锻炼作为教师工作绩效考核的一项重要指标的认同度的调查结果如表 8 – 51 所示，认同度为认同及以上的累计占比为 89.39%，其中，表示认同企业实践与绩效挂钩的教师占比最高，达到了 34.29%，而表示非常认同和比较认同企业实践与绩效挂钩的教师占比相对较少，分别为 23.27%、31.84%，表示不太认同企业实践与绩效挂钩的教师占比最少，仅占 10.61%。从整体来看，高职教师对企业实践锻炼作为教师工作绩效考核的一项重要指标持比较认同态度。高职教师近 3 年参加行业企业技术咨询、研发等横向项目的机会的调查结果如表 8 – 51 所示，近 3 年参加项目机会一般多的高职教师占比最高，达到了 30.20%，而参加项目机会非常多、比较多、不太多、没有的高职教师占比分别为 11.02%、20.82%、19.59%、18.37%。

表 8-51 　　　　教师对企业实践锻炼作为工作绩效考核认同
程度及参加企业横向项目的机会

企业实践与 绩效挂钩	人数 （人）	百分比 （%）	累计百分比 （%）	参加项目 机会	人数 （人）	百分比 （%）	累计百分比 （%）
非常认同	57	23.27	23.27	非常多	27	11.02	11.02
比较认同	78	31.84	55.10	比较多	51	20.82	31.84
认同	84	34.29	89.39	一般多	74	30.20	62.04
不太认同	26	10.61	100.00	不太多	48	19.59	81.63
总计	245	100.00	—	没有	45	18.37	100.00
				总计	245	100.00	—

第 9 章

基于新疆产业结构现状的教育
管理者调研结果分析

教育管理者问卷包括三个部分：第一部分为学校的基本情况，主要包括学校的办校时间、地址、学校类型、办学主体、办学模式、学校类别等；第二部分为管理制度；第三部分为学校办学条件（财政来源、办学设施）。

项目组对新疆南疆地区和北疆地区职业院校教育管理者共发放问卷 90 份，实际上共收回问卷 78 份，回收率达 86.67%，其中有效问卷 70 份，有效率达 89.74%。

调查院校的办学主体均为公办，调查院校的教育管理者中以高等职业院校居多，占比 51.43%，中职院校的教育管理者占比 48.57%。调查的院校中有 41.18% 是省级示范院校，省级重点和市级重点院校的占比分别为 11.76% 和 29.41%；调查的院校中有 36.11% 的高职院校是国家级示范学校，省级示范和市级重点院校的占比分别为 36.11% 和 5.56%。调查还发现，100% 的高职院校的办学模式是校企合作，仅 11.76% 与 5.88% 的中职院校是校校合作、校社合作；而 94.44% 的高职院校的办学模式是校企合作，63.89% 的高职院校是校校合作，47.22%、38.89% 的中职院校是校政合作、校社合作。

9.1　学校基本情况的描述性分析

9.1.1　院校设置的专业及学科设定依据

9.1.1.1　院校设置的专业

　　职业类院校所设置的专业的调查结果如图 9 - 1 所示，76.47% 的中职院校开设了农林牧渔大类，72.22% 的高职院校也开设了该专业；所调查的中职院校不曾开设资源环境类专业，但是有 55.56% 的高职院校开设了该专业；仅有 1 所中职院校开设了能源与新能源专业，高职院校中该专业开设的院校数量占比却高达 61.11%；中职类院校开设土木水利类专业的院校数量较多，占比 64.71%，开设该专业的高职院校数量占比也达到了 58.33%；开设加工制造类专业的中职院校占比为 82.35%，但开设该专业的高职院校数量占比不高，仅为 41.67%；中职类院校没有开设生物与石油化工类专业，开设该专业的高职院校数量占比也仅有 16.67%；开展轻纺食品的中职院校数量也不多，仅占 23.53%，但是开展该专业的高职院校数量占比却达到了 66.67%；中职和高职院校开设交通运输专业的比例分别为 58.82% 和 38.89%；中职院校开设的信息技术类专业相对较多，88.24% 的中职院校开设了该专业，开设该专业的高职院校的数量占比也达到了 75.00%；开设医药卫生类专业的中职类院校数量不多，仅有 11.76%，开设此专业的高职类院校数量占比也不高，仅为 33.33%；中职院校未开设休闲保健类专业，仅有 8.33% 的高职院校开设了该专业；中职院校开设财经商贸类专业的数量占比为 76.47%，开设此专业的高职院校占比为 77.78%；旅游服务类专业是中职院校开设较多的专业类型，据调查显示有 94.12% 的中职院校开设了此专业，高职院校开设该专业的比例为 50.00%；仅有 11.76% 的中职院校开设了文化艺术类专业，有 33.33% 的高职院校开设了此专业；中职院校均未开设体育与健身类专业，高职院校开设该专业的数量也不多，仅占16.67%；教育类专业也是中职类院校开设专业的薄弱之处，仅有17.65%的中职院校开设此专业，但61.11%的高职院校开设该专业；中职院校未开设司法服务类专业，也仅有5.56%的高职院校开设了该专业；5.88%的中职院校开设了公共管理与服务类专业，高职院校中开设该专业的院校占比为36.11%。

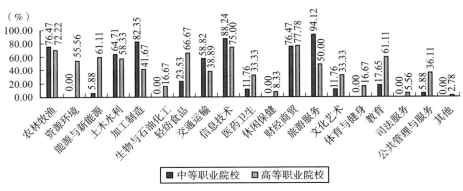

图 9 - 1　院校专业设置

9.1.1.2　学科设定的依据

职业类院校的学科设定依据的调研结果如图 9 - 2 所示，以教育部学科发展规划和当地政府发展规划作为学科设定依据的中职院校分别占比17.65%和23.53%，58.82%的中职院校认为自己的学科设定依据主要是与当地产业结构调整的发展相一致，但不认为自己院校的学科设定依据是针对劳动力就业市场的需求而制定的。而高职院校的调查结果表明，33.33%的高职院校认为自己的学科设定依据是以教育部学科发展规划设定的，33.33%的高职院校认为自己的学科设定依据主要是与当地产业结构调整的发展相一致，此外，分别有19.44%和13.89%的高职院校认为自己的学科设定依据是通过当地政府发展规划和针对劳动力就业市场的需求而制定的。

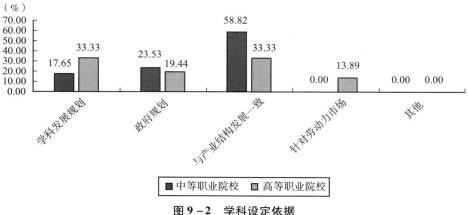

图 9 - 2　学科设定依据

9.1.2　职业院校招生规模

9.1.2.1　招生规模增加与减少

对中高职院校近三年招生规模的调查结果如图 9 - 3 和图 9 - 4 所示，58.82%的中等职业院校近三年招生规模增加了 100 ~ 150 人，11.76%的中职院校近三年招生规模保持不变，29.41%的中职院校近三年招生规模增加了200 人以上；5.56%的高职院校近三年招生规模始终保持不变，有2.78%的高职院校近三年招生规模增加了50 ~ 100 人，11.11%的高职院校近三年招生规模增加了150 ~ 200 人，80.56%的高职院校近三年招生规模增加了200 人以上。由此可知，高职院校招生规模增加的比例高于中职院校。

本次调查还统计了近三年招生规模减少的情况，有17.65%的中职院校近三年招生规模减少了200 人以上，82.35%的中职院校近三年招生规模没有改变；13.89%的高职院校近三年招生规模减少了50 人以下，只有2.78%的高职院校招生规模减少了100 ~ 150 人，83.33%的高职院校近三年招生规模保持不变。从整体上看，高职、中职院校近三年招生规模保持不变的占多数，但是存在小部分中职与高职院校招生规模减少的现象。

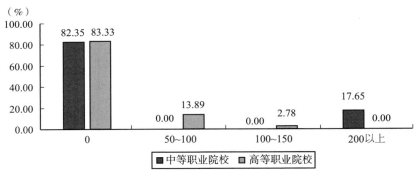

图 9 - 3　近三年招生规模增加

图 9 - 4　近三年招生规模减少

9.1.2.2　招生规模调整的依据

对学校招生规模调整依据的调查结果如图 9 - 5 所示，23.53% 的中职院校招生规模调整是由于区域人口变动导致的，同样的，区域人口变动也导致了 0.65% 的高职院校招生规模发生了调整；23.53% 的中职院校招生规模调整是以地区经济发展为依据，而高达 0.65% 的高职院校也表示自身的招生规模调整也是以地区经济发展为依据的；82.35% 的中职院校招生规模调整是以城镇化的发展状况和空间布局结构为依据，2.29% 的高职院校表示其招生规模调整也是以此为依据；还有 82.35% 的中职院校招生规模调整的依据是当地政府对地方职业教育资源经费、师资等方面供给的统一调配，2.29% 的高职院校表示其招生规模调整也是以此为依据。

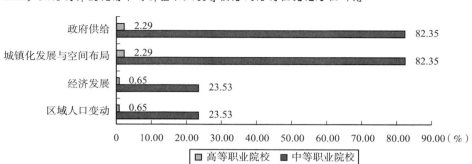

图 9 - 5　招生规模调整的依据

9.1.3　职业院校课程设置

学生的课程设置调查结果如图 9 - 6 和图 9 - 7 所示，从基础课开设的比重看，11.76% 的中职院校基础课开设比重为 15% ~ 30%，70.59% 的中职院校基础课开设比重为 30% ~ 45%，仅有 5.88% 和 11.76% 的中职院校基础课开设比重为 45% ~ 60% 和 60% 以上；5.56% 的高职院校基础课开设比重不足 15%，63.89% 的高职院校基础课开设比重为 15% ~ 30%，还有 13.89% 和 16.67% 的高职院校基础课开设比重为 30 ~ 45% 和 45% ~ 60%。

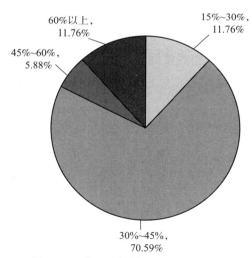

图 9 - 6　中职院校基础课开课的比例

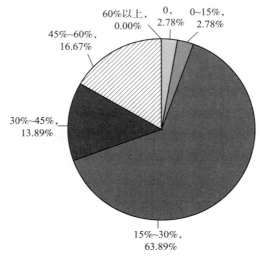

图 9 - 7　高职院校基础课开课的比例

专业课开设比重的调查结果如图 9 - 8 和图 9 - 9 所示，17.65% 和 11.76% 的中职院校专业课开设比重在 15% ~ 30% 和 30% ~ 45%，17.65% 和 52.94% 的中职院校专业课开设比重为 45% ~ 60% 和 60% 以上；仅有 5.56% 的高职院校专业课开设比重不足 30%，高职院校专业课开设比重为 30% ~ 45%、45% ~ 60%、60% 以上的院校数量占比分别为 19.44%、50.00%、25.00%。

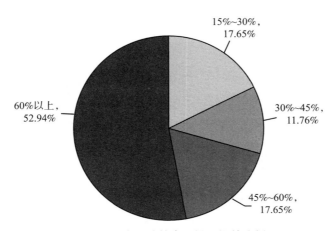

图 9 - 8　中职院校专业课开课的比例

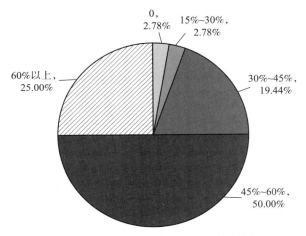

图9-9　高职院校专业课开课的比例

实践课开设的比重的调查结果如图9-10和图9-11所示,中职院校实践课开设比重为30%～45%、45%～60%以及60%以上的占比分别为17.65%、23.53%和52.94%;仅有5.56%的高职院校实践课开设比重不足15%,高职院校实践课开设比重在15%～30%的占比为8.33%;相当部分的高职院校实践课开设比重为30%～45%和45%～60%,占比分别为41.67%和44.44%。

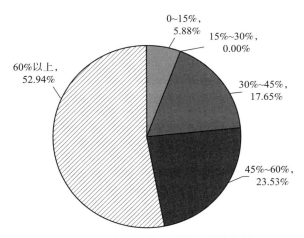

图9-10　中职院校实践课开课的比例

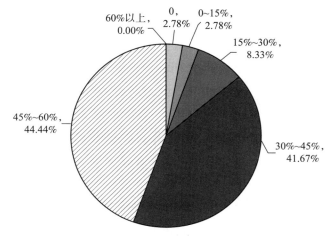

图9-11 高职院校实践课开课的比例

从整体来看，中职院校基础课开设的比重主要为 30% ~45%，高职院校基础课开设的比重主要为 15% ~30%，中职院校专业课开设的比重主要为 60% 以上，高职院校专业课开设的比重主要为 45% ~60%，中职院校实践课开设的比重主要为 60% 以上，高职院校实践课开设的比重主要为 45% ~60%。

9.1.4 改革与发展中的困难

关于学校在改革与发展中的最大困难的调查结果如图 9-12 所示，缺乏具有相应职业资格及经验的师资队伍、政府管理部门思想陈旧、缺乏长期稳定的校外培训实践基地、缺乏与企业间产教融合的共识是教育管理者认为中等职业院校改革与发展中存在的最大的问题，分别占 58.82%、23.53%、11.76%、5.88%；高等职业院校在改革与发展中存在的最大问题依次是缺乏具有相应职业资格及经验的师资队伍、缺乏办学经费、政府管理部门思想陈旧、缺乏长期稳定的校外培训实践基地、缺乏与企业间产教融合的共识，所占比重分别为 33.33%、27.78%、19.44%、16.67%、2.78%。根据图中数据可以得知，缺乏具有相应职业资格及经验的师资队伍是中职院校与高职院校目前面临的最大的困难。

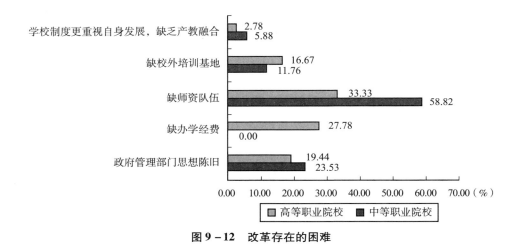

图 9 – 12　改革存在的困难

9.2　管理制度的描述性分析

9.2.1　培养目标与激励措施

关于学校对学生培养目标方面的调查结果如图 9 – 13 所示，29.41% 的中职院校的培养目标是建立职业教育和专业学位连通融合，而具有该培养目标的高职院校占比达到了 61.11%；培养目标是培养适合企业需要的拥有专业资格证书的技术技能人才的中职院校数量较多，占比高达 94.12%，而同样具有该培养目标的高职院校数量占比达到 94.44%；此外，调查还显示，培养目标是为了培养具有较强学习能力的专业技术人才的中职院校数量占比为 47.06%，而同样有该培养目标的高职院校数量占比达到 83.33%，远高于中职院校。由此可见，绝大多数高职院校更注重对学习能力的专业技术人才、拥有专业资格证书技术技能人才的培养，绝大多数中职院校更注重对专业资格证书技术技能人才的培养。

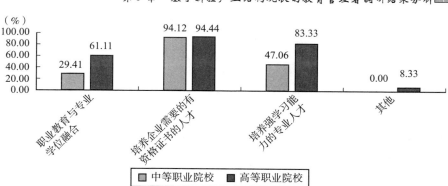

图 9 - 13　培养目标

9.2.2　学籍管理办法

对中职院校与高职院校关于学生学籍管理办法的调查结果如图 9 - 14 所示，35.29% 的中职院校采取弹性学制的方法进行学籍管理，而采取该措施的高职院校数量占比为 69.44%；采取学分制进行学籍管理的中职院校数量占比为 23.53%，采取该措施的高职院校数量占比为 72.22%；所调查的院校中，仅有 13.89% 的高职院校采取半工半读的方式进行学籍管理，中职院校均没有采取该项学籍管理方法；47.06% 的中职院校采取工学结合的方式进行学籍管理，52.78% 的高职院校采取该方式；5.88% 的中职院校与 2.78% 的高职院校采取开放式教育的方式进行学籍管理；采取远程教育进行学籍管理的高职院校仅占 11.11%，中职院校没有采取该方式进行学籍管理。

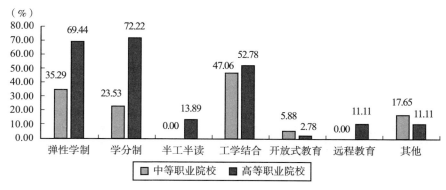

图 9 - 14　学籍管理办法

9.2.3　对学生评价

对学生评价指标的采取方面的调查结果如图 9 - 15 所示，94.12% 的中职院校与 88.89% 的高职院校采取考试成绩作为重要的评价指标；88.24% 的中职院校表示采取班级综合测评作为对学生的考核评价指标，75.00% 的高职院校亦是采取该指标；75.00% 的高职院校采取将引入企业评价作为对学生的评价指标，仅有 5.88% 的中职院校采取该指标；5.56% 的高职院校表示采取校外实习作为学生评价指标。

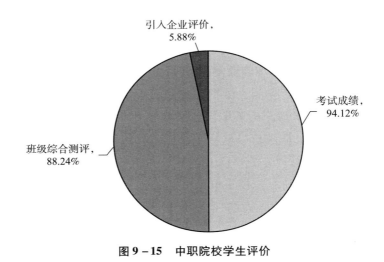

图 9 - 15　中职院校学生评价

9.2.4　校外实践

9.2.4.1　校外实践的途径

学生校外实践的途径的调查结果如图 9 - 17 所示，47.06% 的中职院校的学生是通过企业（用人单位）宣讲了解到的校外实践，通过该途径了解到校外实践的高职院校数量占比为 88.89%；88.24% 的中职院校和 97.22% 的高职院校表示以课程设置体现的方式让学生了解校外实践；让学生自行了解校外实践的中职院校占 35.29%，让学生自行了解校外实践的高职院校占 75.00%。

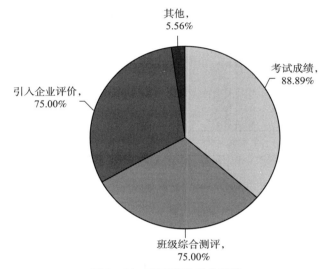

图 9 - 16 高职院校学生评价

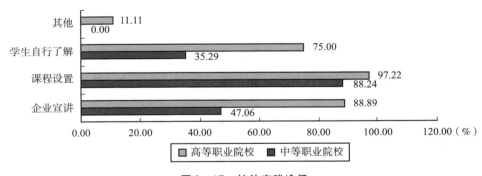

图 9 - 17 校外实践途径

9.2.4.2 校外实践的周期

学校对学生校外实践的课程安排周期的调查结果如图 9 - 18 所示，安排学生实践的时间周期在半年至一年的中职院校与高职院校分别占 88.24% 与 86.11%；安排学生实践的时间周期在半年以下及一年至一年半的中职院校均占 5.88%，而该两项实习周期的高职院校分别占 2.78%、11.11%，说明中职院校与高职校的实习周期主要为半年至一年。

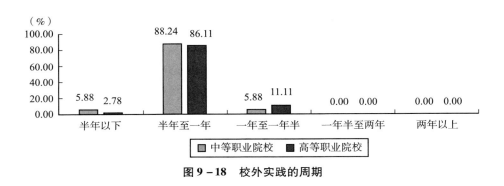

图 9 – 18　校外实践的周期

9.2.4.3　校外实践的安排

学校对学生校外实践的安排的调查结果如图 9 – 19 所示，94.12% 的中职院校与 91.67% 的高职院校选择与企业单位合作进行实习实践；41.18% 的中职院校与 58.33% 的高职院校让学生自行安排实习实践；而 17.65% 的中职院校和 41.67% 的高职院校选择将学生安排在与企业合作达成的盈利性生产基地中进行实习实践；11.76% 的中职院校和 13.89% 的高职院校是与企业（用人单位）长期合作达成的校内生产性（营利性）实训基地让学生进行实习实践。

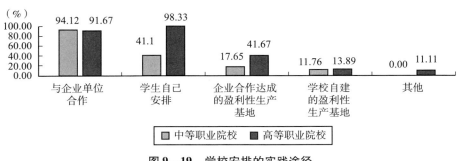

图 9 – 19　学校安排的实践途径

9.2.5　学校人才引进的措施

目前，我国正处于现代化产业加速发展的关键时期，产业发展的高级化程度和组织化程度越来越高，为适应产业结构调整，职业院校更需要精通本专业的技术型与管理能力人才，对此，问卷设计了"学校人才引进措施"的问题，调查结果如图9-20所示，仅有23.53%的中职院校采取完善人才管理机制的方法引进人才，而80.56%的高职院校采取该措施；88.24%的中职院校采取健全考核体系的方式引进人才，采取该措施的高职院校的占比为86.11%；仅11.76%的中职院校选择和企业用人单位共同引进人才的方式，而采取该人才引进措施的高职院校占比为69.44%；64.71%的中职院校通过设置企业特聘教授的方式开展人才引进，高职院校中采取该措施的占比为61.11%。由此可以看出，高职院校对人才的引进力度更大。

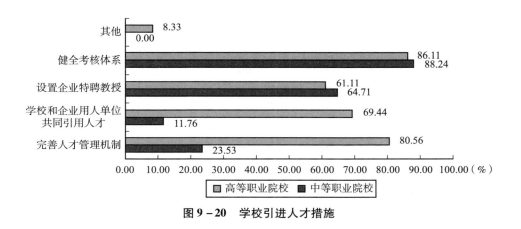

图9-20　学校引进人才措施

9.2.6　学校对教师的业绩考核与对教师职称的评价

9.2.6.1　学校对教师的业绩考核

对教师业绩考核评价的调查结果如图9-21所示，88.24%的中职院校及

94.44%的高职院校表示采取教学业绩作为评价标准；94.44%的高职院校表示采取专业实践能力与贡献作为评价指标，41.18%的中职院校表示以此为评价标准；80.56%的高职院校表示将参与产教融合、校企合作作为教师业绩的评价指标，仅有29.41%的中职院校会采取该指标；选择参加企业实践锻炼，承担企业委托课题及提供生产管理技术服务作为教师业绩的评价指标的中职院校和高职院校数量占比分别为82.35%和75.00%。

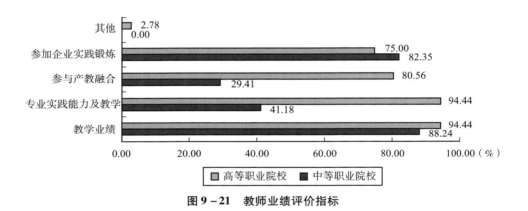

图9-21　教师业绩评价指标

9.2.6.2　学校对教师的业绩考核

对教师业绩评价标准的调查结果如图9-22所示，29.41%的中职院校以从事校外实习等的指导教师给予政策倾斜的评价标准，选择该标准进行评价的高职院校数量占比为52.78%；目前，教师职称的评价标准与论文及项目息息相关，有82.35%的中职院校与83.33%的高职院校以论文、项目作为主要评价标准；94.12%的中职院校与88.89%的高职院校以教学质量和教学成果及教学研究作为评价标准；82.35%的中职院校与83.33%的高职院校选择以指导学生技能竞赛、参与行业标准研发以及服务行业企业成果等作为教师职称的评价标准；另外，64.71%的中职院校与30.56%的高职院校将学历、资格证书作为职称评价标准。

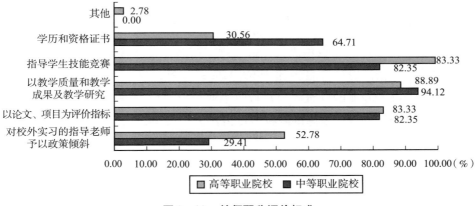

图 9-22 教师职称评价标准

9.3 学校办学条件（财政来源、办学设施）的描述性分析

9.3.1 学校教学经费来源渠道

学校教学经费的来源渠道的调查结果如图9-23所示，76.47%的中职院校与52.78%的高职院校的教育经费来源于中央拨款；23.53%的中职院校与97.22%的高职院校的教育经费来源于公共财政对职业教育的投入；仅有11.76%的中职院校与22.22%的高职院校的教育经费来源于企事业单位、社会团体和公民个人捐资助学。

9.3.2 本校（院）的基本办学条件的改善

关于对改善本校（院）的基本办学条件所采取措施的调查结果如图9-24所示，58.82%的中职院校通过向当地政府申报反映，获取政策资金或条件扶持，而采取该措施改善办学条件的高职院校数量占比高达88.89%；17.65%

的中职院校通过向相关行业协会获取相关技术及人才等支持改善办学条件，采取该措施的高职院校数量占比为 36.11%；11.76% 的中职院校采取向专业对口的企业（单位）获取相关人、财、物支持的方式改善办学条件，高职院校中采取该举措的院校数量占比为 69.44%；此外，仅有 5.88% 的中职院校采取向相关办学专业的科研院校及行政事业单位获取支持的方式改善办学条件，高职院校中采取该措施的院校数量占比为 55.56%。

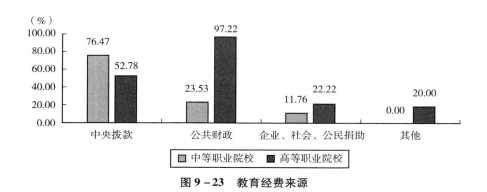

图 9 - 23　教育经费来源

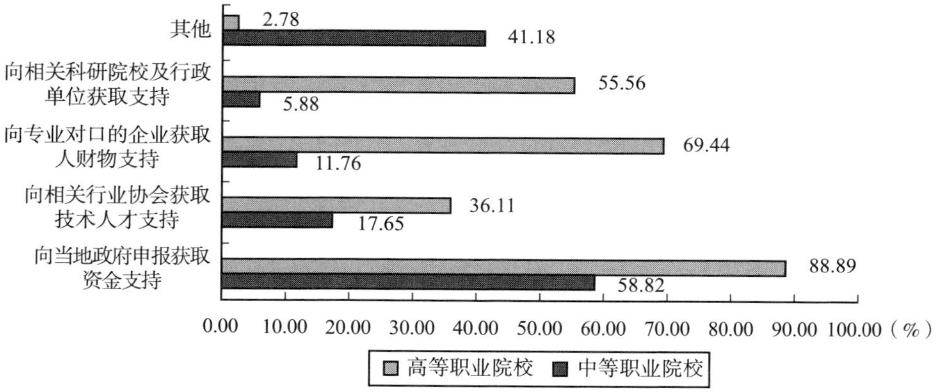

图 9 - 24　办学条件改善措施

9.3.3　数字化教学资源

9.3.3.1　数字化教学资源的开展及其种类

随着时代的发展、科学技术的不断进步，教育技术手段也在与时俱进地不断更新，数字化教学已越来越多地应用于教学当中。对职业院校数字化资源种类的调查结果如图 9 - 25 所示，58.82% 的中职院校开展了数字化教学资源建设，其中，中职院校中有 17.65% 具有数字图书馆，23.53% 的中职院校具备网络课程资源，29.41% 的中职院校具备电子期刊，35.29% 的中职院校具有学校教学资源库，41.18% 的中职院校具有学科课程教学资源。整体而言，虽然有将近一半的中职院校已经开展了数字化教学资源建设，数字化建设还是有很大的提升空间。从高职院校的数字化建设程度看，几乎所有高职院校都开展了数字化资源建设，其中，55.56% 的高职院校设立了数字图书馆，97.22% 的高职院校都具备网络课程资源，52.78% 的高职院校具备电子期刊，有 50.00% 的高职院校设立了学校教学资源库，72.22% 的高职院校具有学科课程教学资源。

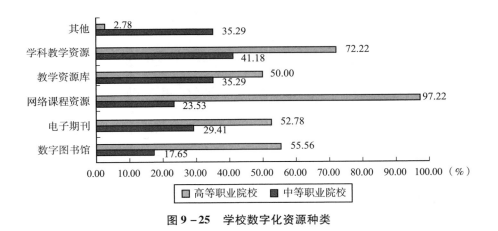

图 9 - 25　学校数字化资源种类

9.3.3.2　数字化的教学资源的措施

关于"推动本校学生使用数字信息化教学资源措施"的问题调查结果如

图 9-26 所示，82.35%的中职院校和 91.67%的高职院校通过改善校园网络措施推动本校学生使用数字信息化教学资源；中职院校中有 17.65%使用网络平台纳入学生专业学习推动学生使用数字信息化教学资源，但使用此措施的高职院校占比却达到 83.33%；仅有 23.53%的中职院校选择将学生使用相关数字化信息的情况纳入课程的成绩评定的措施推动学生使用数字化信息教学资源，55.56%的高职院校采取该措施；此外，23.53%的中职院校选择开展相关的教学竞赛的措施推动学生使用数字化教学资源，而 69.44%的高职院校采取该措施；17.65%的中职院校把纳入对教师教学的评价措施推动学生使用数字化教学资源，55.56%的高职院校选择此措施推动学生使用数字化教学资源；此外，中职院校与高职院校极少采取把纳入教师职称考核的措施推动学生使用数字化教学资源，11.76%的中职院校采取该措施，也仅有 25.00%的高职院校采取此措施。

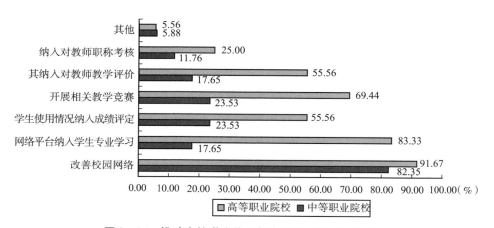

图 9-26　推动本校学生使用数字信息化教学资源措施

9.3.4　产教融合（校企合作）

9.3.4.1　"产教融合（校企合作）"的企业与其信息资源匹配

在对"学校是否有对接的'产教融合（校企合作）'的企业或用人单位"

的问题调查时发现，88.24%的中职院校、66.67%的高职院校有"产教融合（校企合作）"的方式。

9.3.4.2 信息与资源的对接措施

对职业院校的"实现产教融合，院校与企业间信息与资源对接措施"问题的调查结果如图 9－27 所示，17.65%的中职院校创建专业教师与技术专家资源库，23.53%的中职院校创建校毕业生及实习生数据库，23.53%的中职院校创建企业（用人单位）培训与服务需求信息库。41.67%的高职院校创建专业教师与技术专家资源库，72.22%的高职院校创建校毕业生及实习生数据库，33.33%的高职院校创建企业（用人单位）培训与服务需求信息库，38.89%的高职院校创建职业院校双师教师培训信息库，61.11%的高职院校开展线下校企合作项目对接洽谈会，仅有 13.89%的高职院校通过第三方平台提供给企业（用人单位）中高端培训资源，36.11%的高职院校通过整合行业企业（用人单位）资源开展线下校企合作产业对接会，甚至还有25.00%的高职院校开展科技成果转化与推介会。

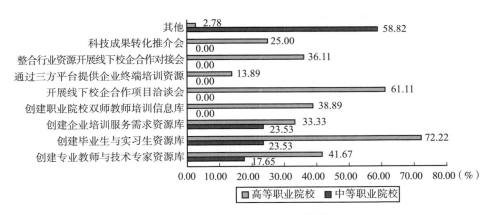

图 9－27　院校与企业信息对接措施

9.3.4.3 实训基地

通过对产教融合基地的调查发现，所有中职院校均有产教融合实训基地，

97.22%的高职院校有产教融合实训基地。在对开展产教融合（校企合作）实训基地的院校的进一步调查显示，不同的职业院校产教融合（校企合作）的实训基地的开展方式各有不同，调查结果如图9－28所示。将实验室作为实训基地的中职院校数量占比为35.29%，50.00%的高职院校也采取此方式；64.71%的中职院校和58.33的高职院校将仿真实习车间作为实训基地；23.53%的中职院校和41.67%的高职院校将校内实习工厂作为实训基地；仅有17.65%的中职院校和80.56%的高职院校将校外实习工厂作为实训基地。由此可见，中职院校的实训基地以仿真实习车间和实验室为主，高职院校的实训基地以校外实习工厂和实验室为主。

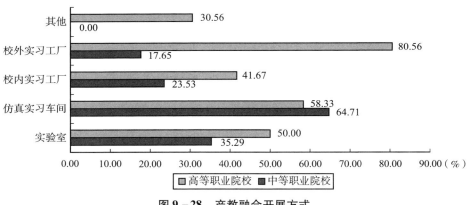

图9－28　产教融合开展方式

　关于"学校在'产教融合（校企合作）'实训基地所面临的困难"问题的调查结果如图9－29所示，23.53%的中职院校和72.22%的高职院校表示经费困难是产教融合实训基地所面临的困难；11.76%的中职院校和41.67%的高职院校表示政策支持不足是其实训基地所面临的困难；仅有11.76%的中职院校和11.11%的高职院校表示其实训基地所面临的困难是市场无需要的相关资源，软硬件不匹配；82.35%的中职院校和50.00%的高职院校表示师资力量薄弱是所面临的困难；还有29.41%的中职院校和69.44%的高职院校表示企业积极性不高是所面临的困难；17.65%的中职院校和66.67%的高职院校还表示产学结合发挥不充分是所面临的困难；仅有5.88%的中职院校和 8.33% 的高职院校表示实训教材建设缺乏规划是其实训基地所面临的困难。由此可知，师资力量薄弱、企业积极性不高及经费困难是中职院校所面临的困难，而企业积极性不高、师资力量薄弱、经费困难、政策支持不足、产学结合发挥不充分是高职院校所面临的困难。

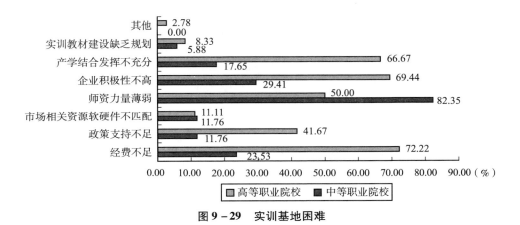

图 9 - 29　实训基地困难

　　进一步调查发现，无论是中职院校还是高职院校，在"产教融合（校企合作）"中均采取了诸多措施落实实训情况，调查结果如图 9 - 30 所示。29.41% 的中职院校建立相应"校企合作"运行成效的评估机制、奖罚措施，确保实习实践工作的有效落实，对此，72.22% 的高职院校采取该措施；41.18% 的中职院校依据国家、地方有关与校企合作的政策制度，与用人单位签订合作协议从而帮助用人单位对学生进行约束、分工，86.11% 的高职院校采取这项措施；仅有 17.65% 的中职院校通过制定具体的成绩评定措施，对学生参与企业（用人单位）实训情况进行监督，而采取这项举措进行监督的高职院校数量占比高达 88.89%；还有 70.59% 的中职院校、69.44% 的高职院校通过企业（用人单位）评定学生校外实训情况等方式，建立相应反馈机制，及时对"校企合作"需要进行调整。总体而言，中职院校与高职院校为了更好地推动"产教融合（校企合作）"都做出了一定的推动举措，但是相较于中职院校而言，采取相关举措的高职院校覆盖面更广，落实率更高。

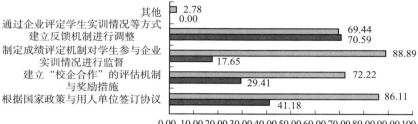

图 9 - 30　产教融合采取措施

第 10 章

基于新疆产业结构现状的
用人单位调研结果分析

10.1 调研用人单位基本概况

用人单位问卷包括五个方面的内容：第一部分是用人单位的基本情况，包括注册地址、注册类型、所属行业、性质等；第二部分是学校与用人单位合作的基本情况；第三部分为用人单位参与职业院校学生的评价；第四部分是教师到用人单位实践的情况；第五部分是用人单位对未来岗位的动态调整情况。

为了解新疆职业教育人才供需情况，还需要从职业院校人才需求方的视角开展调查，以进一步发现人才培养质量供给中存在的问题。项目组共对用人单位发放问卷 50 份，实际上共收回问卷 43 份，回收率达 86%，有效问卷 40 份，有效率达 83.72%。其中，22 个用人单位分布在北疆地区，18 个用人单位分布在南疆地区，北疆地区包括乌鲁木齐市的 10 个用人单位，占比 25%，昌吉回族自治州的 6 个用人单位，占比 15%，伊犁哈萨克自治州的 4 个用人单位，占比 10%，石河子市的 2 个用人单位，占比 5%；南疆地区包括阿克苏地区的 8 个用人单位，占比 20%，喀什地区的 5 个用人单位，占比 12.5%，和田地区的 5 个用人单位，占比 12.5%。

10.1.1　用人单位注册类型及其所属行业

用人单位注册类型的调查结果如图 10 - 1 所示。由图 10 - 1 可知，用人单位注册类型分为六类，在被调查职业院校的用人单位中，内资企业类型的用人单位占比最大，高达 82.5%，事业单位类型位居其次，占比 10%，再者是行政机关类型、社会团体类型和外商投资类型，三者比重相同，占比 2.5%。由此可见，内资企业是新疆职业院校人才的主要需求方。

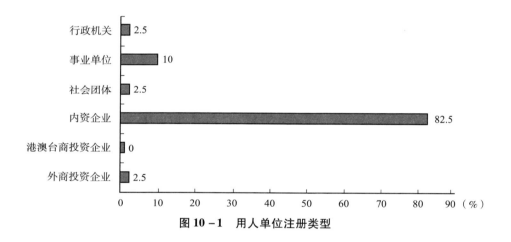

图 10 - 1　用人单位注册类型

本次问卷调查中所涉及的用人单位包括农、林、牧、渔业和建筑业等多个行业。用人单位所属行业的调查情况如图 10 - 2 所示。由图 10 - 2 可知，农、林、牧、渔业的企业最多，占比 40%；工业企业比重位居其次，占比 27.5%；零售业企业比重位居第三，占比为 22.5%；而建筑业、交通运输业、软件和信息服务业和地产开发经营等占比均为 2.5%，比重较小，另外诸如仓储业、邮政业、信息传输业等行业均未涉及。

10.1.2　用人单位性质及其规模

用人单位性质的调查数据如图 10 - 3 所示，在被调查职业院校的用人单位中，国有企业性质的单位占比 50%，私营企业占比 32.5%，机关、事业单位占比 12.5%，另外合资企业以及其他性质的企业占比同为 2.5%。

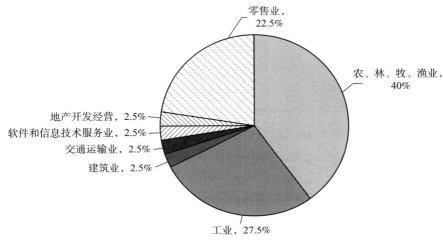

图 10 - 2　用人单位所属行业

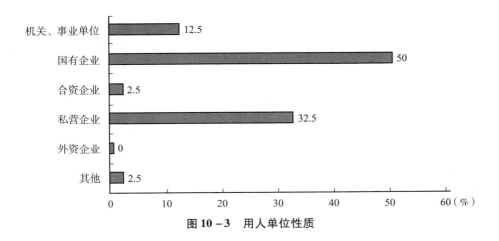

图 10 - 3　用人单位性质

另外，本次所调查的企业的规模也不尽相同，企业人数从几十人到上万人不等，具体数据如图 10 - 4 所示，其中有 10 家用人单位人数规模位于 100 人以下，有 13 家用人单位人数规模位于 100~200 人范围，有 7 家用人单位人数规模位于 200~300 人范围，另外还有 10 家用人单位人数规模在 300 人以上。

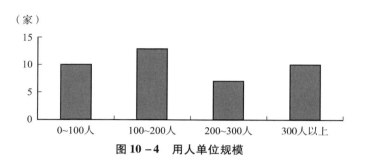

（家）

图 10 - 4　用人单位规模

10.2　用人单位与高校合作的情况

"校企合作"是用人单位与各高校建立起来的一种合作模式，旨在双方互利共赢，在谋求自身发展的同时，有针对性地为企业培养其所需的人才，同时也从另一个角度提升教育质量，拓宽学生的实践机会。现以问卷调查结果为基础，就新疆职业院校的用人单位与职业院校合作情况予以进一步分析。

10.2.1　用人单位对校企合作的意愿

用人单位对校企合作的意愿的调查结果如图 10 - 5 所示。通过调查发现，在所调查的用人单位中，10% 的单位表明非常愿意与院校合作培养人才，27.5% 的单位表明很愿意与院校合作培养人才，45% 的单位表示愿意与院校合作培养人才，15% 的单位表明一般愿意与院校合作培养人才，仅有 2.5% 的单位表示不愿意与院校合作培养人才。由此可知，有 97.5% 的用人单位愿意与院校合作培养人才。

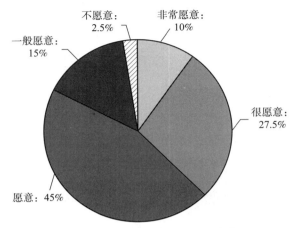

图 10 – 5　用人单位对校企合作的意愿

10.2.2　用人单位参与校企合作的社会责任认同

　　"校企合作"是学校与用人单位的一种特有联合方式，这种联合是否为用人单位出于社会责任考量所作出的决策，还需要进一步分析。用人单位参与校企合作对于社会责任的认同的调查结果如图 10 – 6 所示，通过对用人单位的调查结果可以发现，50% 的用人单位部分认同参与"校企合作"是单位的社会责任，持认同态度的用人单位占比 17.5%，持有点认同态度的用人单位占比 15%，有 12.5% 的用人单位对此持完全认同态度，仅有 5% 的用人单位持不认同态度。这说明绝大多数单位在参与"校企合作"时，是出于社会责任考量所作出的决策。

10.2.3　用人单位对建立健全校企合作法律法规所持有的态度

　　用人单位对建立健全法律法规持有的态度的调查结果如图 10 – 7 所示，不同的用人单位对于是否要建立健全"校企合作"的相关法律法规制度，各持有不等同的观点。其中，42.5% 的用人单位认为有必要，25% 的用人单位认为很有必要，12.5%的用人单位认为有点必要，15%的用人单位认为非常有必要，而认为不必要建立健全法律法规的用人单位仅占5%。这说明有82.5%的单位还是认为建立健全"校企合作"的相关法律法规制度是有必要的。

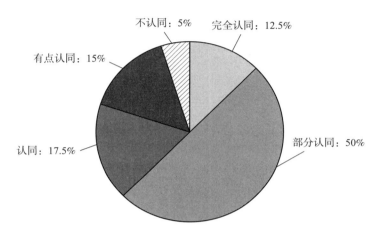

图 10 – 6　用人单位参与校企合作对于社会责任的认同

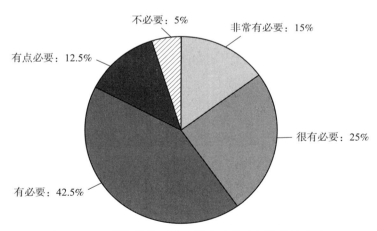

图 10 – 7　用人单位对建立健全法律法规持有的态度

10.2.4 政府对参与"校企合作"的有效监督

从用人单位的角度看,校企合作进行过程是否得到了政府的有效监督,还需进一步分析,政府对贵单位参与"校企合作"的有效监督的调查结果如图 10 - 8 所示,7.5% 的用人单位完全同意政府对其校企合作事项的监督有效,27.5% 的用人单位部分同意政府对其校企合作事项的监督有效,27.5% 的用人单位同意政府对其校企合作事项的监督有效,32.5% 的用人单位有点同意政府对其校企合作事项的监督有效,仅有 5% 的用人单位不同意政府对其校企合作事项的监督有效。综上可知,62.5% 的用人单位都持赞成观点,32.5% 的用人单位持徘徊态度,不同意的企业仅占极少数。

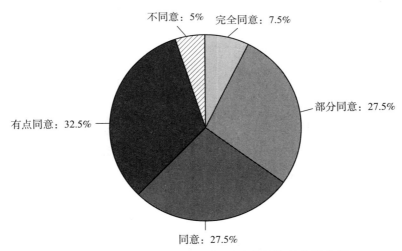

图 10 - 8 政府对贵单位参与"校企合作"的有效监督

10.2.5 用人单位对职业技术院校学生需求的质与量的分析

首先,用人单位对职业技术院校学生的需求量的调查结果如图 10 - 9 所示。从需求量的角度来看,在所调查的用人单位中,27.5% 的用人单位对职业技术院校学生的需求量为 1 ~ 10 人,30% 的用人单位对职业技术院校学生的需求量为 10～20 人，15% 的用人单位对职业技术院校学生的需求量为 20～30 人，10% 的用人单位对职业技术院校学生的需求量为 30～50 人，10% 的用人单位对职业技术院校学生的需求量为 50～100 人，7.5% 的用人单位对职业技术院校学生的需求量为 100 人以上。由此可以看出，需求量为 20 人以内的企业占比为 57.5%，而需求量在 100 人以上的企业相对较少。

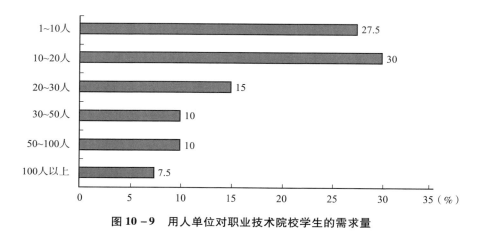

图 10 - 9　用人单位对职业技术院校学生的需求量

另外，从需求的质的角度看，在用人单位每年人员招聘中，就技术等级职业资格的岗位而言，职业技术院校学生多数为初级岗位，其次是中级岗位，高级岗位的人数较少。就学历层次结构而言，初中生和高中生的招聘人数基本处在 10 人以内，极少数会招收 10 人以上，中专生和专科生的招聘人数基本处在 20 人以内，极少数会招收 20 人以上，本科生和研究生的招聘人数也大都在 20 人以内。就学生所在地而言，新疆本地学生占据主导部分。

10.2.6　用人单位对学生能力的需求程度分析

用人单位对学生能力的需求程度的调查结果如图 10 - 10 所示。通过调查发现，39.47% 的用人单位认为职业实践能力对单位有更大帮助，23.68% 的用人单位认为人际沟通能力对单位有更大帮助，18.42% 的用人单位认为岗前技术证书对单位有更大的帮助，15.79%的用人单位认为良好的职业道德对单位有更大的帮助，仅2.63%的用人单位认为团队合作能力对单位有更大的帮助，而继续学习能力、思维能力、人文素养占比为零。由此可以看出，单位更看重学生的职业实践能力、人际沟通能力、岗前技术证书及良好的职业道德。

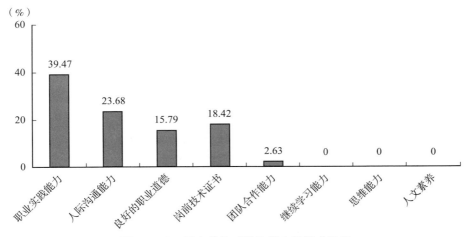

图 10 – 10　用人单位对学生能力的需求程度

10.2.7　用人单位提供"校企合作"方式及对其积极性的影响因素

用人单位提供"校企合作"的方式的调查结果如图 10 – 11 所示，82.5%的用人单位主要通过为学校提供实训基地进行"校企合作"，为学生提供实习机会参与校企合作的单位数量与之相同，占比为82.5%，以委托学校进行员工培训的方式与院校合作的单位数量占比为80%，47.5%的单位通过为教师提供实践机会进行校企合作，42.5%的单位通过与学校实施订单培养参与校企合作，15%的单位通过提供经费进行校企合作，15%的单位通过提供兼职老师进行校企合作，12.5%的单位通过参与人才培养方案设计与实施来进行校企合作，而除此之外的其他方式占比较小，仅为5%。

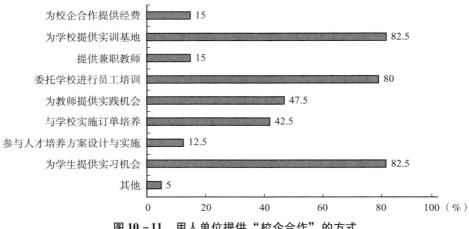

图 10 - 11　用人单位提供"校企合作"的方式

用人单位关于影响"校企合作"积极性的因素的调查结果如图 10 - 12 所示。在调查用人单位关于影响"校企合作"的因素时发现，80% 的用人单位认为影响因素是学校与用人单位之间沟通不畅通、学生无法达到用人单位的要求，67.5% 的用人单位认为影响因素是参与人才培养的经济损失得不到补偿，52.5% 的用人单位认为影响因素是学校处于被动的地位，还有 32.5% 的用人单位认为影响因素是校企双方职责分工不明确，而除此之外的其他影响因素仅占比 7.5%。

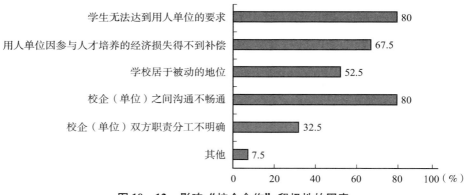

图 10 - 12　影响"校企合作"积极性的因素

10.3　用人单位参与职业院校学生的评价

10.3.1　用人单位安排学生实践的情况

用人单位每年安排学生在单位实践的学生人数的调查结果如图 10 – 13 所示，52.5% 的用人单位每年安排 10 名以下的学生到该单位实践，27.5% 的用人单位每年会安排 11 ~ 30 名学生到该单位实践，10% 的用人单位每年会安排 31 ~ 50 名学生到该单位实践，剩下的 10% 的用人单位每年会安排 51 名以上的学生到该单位实践。

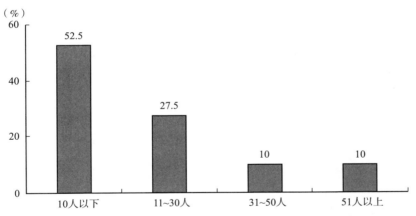

图 10 – 13　用人单位每年安排学生在单位实践的学生人数

其次，每年安排学生到单位实践时间的调查结果如图 10 – 14 所示，47.5% 的单位安排学生实践时间为半年以下，50% 的用人单位安排学生到单位实践时间为半年至一年，而另外 2.5% 的用人单位安排学生到单位实践时间为两年以上，实践时间一年至两年内用人单位占比为 0。

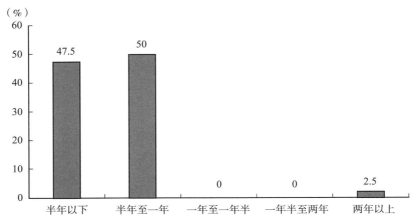

图 10 - 14　用人单位每年安排学生在单位的实践时间

另外，学生实习后留在用人单位的人数的调查结果如图 10 - 15 所示，用人单位安排学生到单位实习后，留在单位工作的学生人数为 10 人以下的用人单位占 72.5% ，留在单位工作的学生为 11 ~ 30 人的用人单位占 12.5% ，留在单位工作的学生为 31 ~ 50 人的用人单位占 5% ，留在单位工作的学生在 51 名以上的用人单位占 10% 。

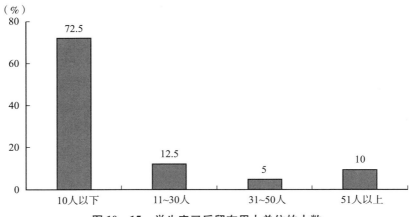

图 10 - 15　学生实习后留在用人单位的人数

10.3.2　学生在各单位实习期间主要存在的不足点分析

学生在实习期间存在的不足的调查结果如图 10 - 16 所示，被调查的用人单位均认为学校学生主要存在流失率高，存在干不长久的问题，占比高达85%，77.5% 的用人单位还认为学校学生存在自我学习能力弱、岗位适应能力差、专业技能不强的问题，72.5% 的用人单位认为学校学生还存在职业道德素养不高，缺乏敬业精神的问题，另外，22.5% 的用人单位认为学校学生在实习期间还存在人际关系处理不当，缺乏社会经验的问题，其他仅占5%。

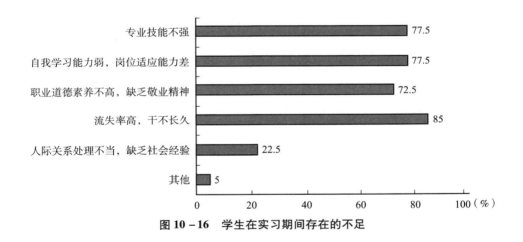

图 10 - 16　学生在实习期间存在的不足

10.3.3　用人单位参与学校招生、学业评价及考核方面分析

用人单位参与学校招生、学业评价及考核的调查结果如图 10 - 17 所示，调查显示参与学生到单位岗位实习评价的用人单位占 72.5%，认为应涉及参与学生的校内实践教学评价的用人单位占 67.5%，根据单位的岗位和用人标准，与学校共同探讨人才培养方案的修订、制定及考核的用人单位占32.5%，还有 12.5% 的单位参与从学生的招生录取一直到毕业后进入劳动力市场的职业生涯发展过程。

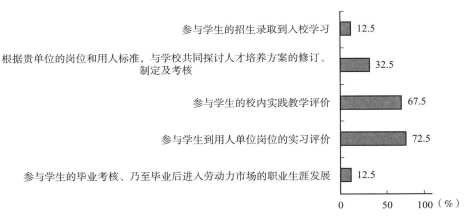

图 10 - 17　用人单位参与学校招生、学业评价及考核

10.4　教师到用人单位实践

通过调查可知，只有 10% 的用人单位表示每年有学校教师到该单位实践，90% 的用人单位表示每年没有学校教师到该单位实践。每年职业院校派遣教师到用人单位实践的人数的调查情况如图 10 - 18 所示，进一步调查发现，40% 的用人单位表示每年有 10 人以下的学校教师到该单位实践，60% 的用人单位表示每年有 20 人以上的学校教师到该单位实践。

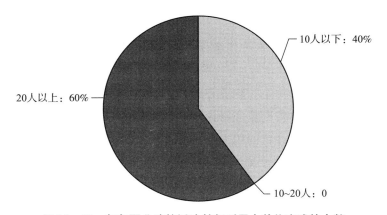

图 10 - 18　每年职业院校派遣教师到用人单位实践的人数

每年职业院校派遣教师到用人单位实践周期的调查结果如图 10－19 所示，20% 的用人单位中院校教师实践时间周期为 3 个月以下，40% 的用人单位中院校教师到单位实践时间的周期为 3～6 个月，院校教师到单位实践时间的周期为 6～12 个月与实践时间在 24 个月以上的用人单位占比相同，同为 20%。

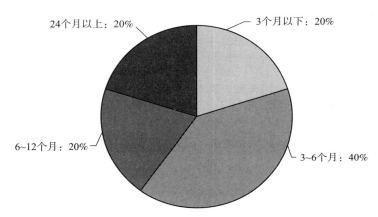

图 10－19 每年职业院校派遣教师到用人单位实践周期

每年职业院校派遣教师到用人单位实践方式的调查结果如图 10－20 所示，80% 的用人单位表示每年高校派遣教师到单位实践的方式是考察、专业见习、实习指导，60% 的用人单位表示高校派遣教师去单位实践是单位岗位兼职，40% 用人单位表示高校派遣教师是脱产到单位挂职的方式，还有 20% 的用人单位表示职业院校采用单位顶岗培训项目的方式将其教师派遣到单位实践，另外，其他实践方式占比 20%。

提供给教师单位实践的安排与管理方式的调查结果如图 10－21 所示，80% 的用人单位为教师安排了专业对口的岗位，60% 的用人单位是安排了详细的实践计划与任务、必需的办公生活条件，40% 的用人单位安排了专业对口的指导老师、对教师与员工同样进行监督、管理及考核。

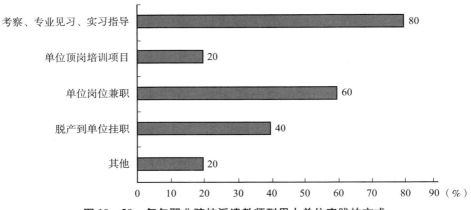

图 10 – 20　每年职业院校派遣教师到用人单位实践的方式

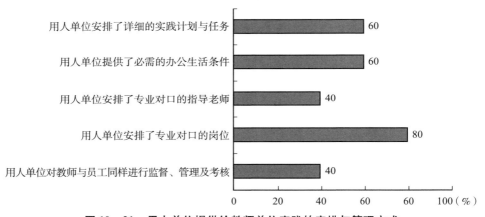

图 10 – 21　用人单位提供给教师单位实践的安排与管理方式

　　通过调查可知，仅有 20% 的单位参与教师专业水平评价，说明单位对于参与教师评价的参与度不高。另外，用人单位参与教师专业水平评价的调查结果如图 10 – 22 所示，就参与教师评价的单位在评价教师专业水平方面来看，参与评价教师在单位实践能力、参与评价教师解决行业单位生产管理问题的能力方面均占比相同，均为 50%。用人单位参与教师职业素养评价的调查结果如图 10 – 23 所示。

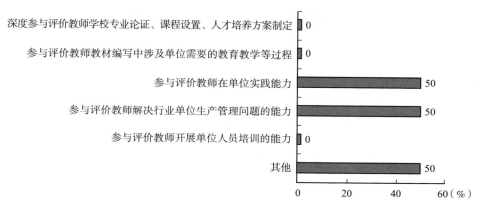

图 10－22 用人单位参与教师专业水平评价

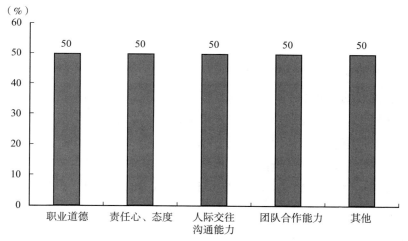

图 10－23 用人单位参与教师职业素养评价

10.5 用人单位对未来岗位的动态调整

在被调查的用人单位中，90%的用人单位认为单位的岗位设置没有满足当地产业结构升级的需要，说明用人单位岗位设置与当地产业结构升级不适应，需要调整。另外，"如果单位对现在岗位设置不满，将会做出哪些方面的岗位和用工调整"的问题的调查结果如图 10－24 所示，60%的用人单位认为应提升岗位学历的进入门槛、提升用工资格进入门槛，40%的用人单位认为应扩充岗位种类、增加岗位用工数量。

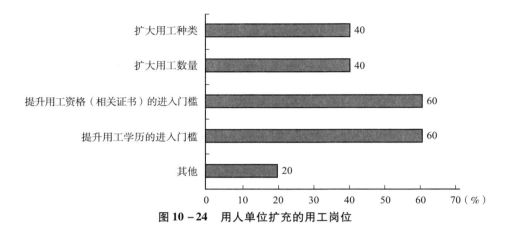

图 10 - 24　用人单位扩充的用工岗位

关于面对未来人才发展要适应当地产业结构升级的需要的问题，用人单位有各自的规划，调查结果如图 10 - 25 所示，82.5%的用人单位认为应积极向当地政府反馈单位发展及岗位用人情况，并申报相关的制度保障，激励单位开展"校企合作"，77.5%的用人单位认为应积极联合行业，对相关人才质量的资格认证及专项职业能力考核制度进行探讨，开辟高技能人才培养的多种途径，57.5%的用人单位认为应加大与职业技术院校"校企合作"力度，培养对应人才，而55%的用人单位认为应加大对本单位经营理念的社会宣传，吸引人才。

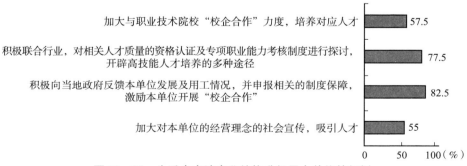

图 10 - 25　为适应当地产业结构升级用人单位的规划

第 11 章

发达国家与地区的职业教育发展个案研究与启示

11.1 发达国家的职业教育发展解读

11.1.1 欧美澳发达国家职业教育发展解读

11.1.1.1 美国经验

第二次世界大战后至 20 世纪 60 年代，美国经济状况持续改善，人们渴望经济繁荣与社会安定，职业教育的发展显得异常重要。60 年代，美国高等职业教育政策最主要的变化是大规模发展技术学校和社区学院。70 年代，美国失业人数由于经济发展趋于迟缓而逐渐增多，不少人为了推迟就业时间而选择继续上学，因此，美国高等职业教育得以逐步发展。70 年代初期，美国出现了试图将职业教育与普通教育合并的"生计教育"运动，正式提出"职业生涯教育"的全新思路。20 世纪 80 年代初期，美国发展各类中等以上教育的同时积极开展职业指导理论研究，"JAG 计划"（Jobs for American Graduates）就是促进由教育向职业转移的一种有力措施，旨在缓解学生在专业技能上的不足。期间，《国家在危急中：教育改革势在必行》《职业训练合作法》等文件的陆续出台，促使美国的高等职业教育质量持续提高，增强了美国作为高科技大国的综合实力。

《2000 年目标法案》等法案于 20 世纪 90 年代相继出台，美国高职教育得以进一步发展，建立了较完整的普职融合的高职教育体系，职业教育的因素渗透到从幼儿园教育到研究生教育的整个过程。伴随着美国经济的进一步发展，新经济对质量、品种、时尚和便利等的要求更高，美国国会 1990 年通过的《柏金斯职业应用技术教育法案》实现了技术教育和职业教育的相互衔接。从办学形式上来看，私立学校相对来说较多，公立学校与私立学校在数量上差异不大。从地域分布特征来看，美国高等院校主要分布在"东部 128 公路带""硅谷高等院校带""南部发射中心带"，形成区域分布较为明显的高等教育体系。实际上，美国职业教育结构改革成功的经验主要表现在以下几个方面。

第一，职业教育与产业结构升级相适应。

美国职业教育的变革是由于美国产业结构升级所造成的生产经营方式变革。美国职业教育机构最初采用了学徒制的方法，学徒制是指在手工业生产经营的状态下，师傅通过对徒弟们手工技能的不断训练，直至人的生理与心灵极限可达到的最高技艺水准。早期工业革命解决了机器生产过程与合格劳工相匹配的问题，通过机器解放了大量手工熟练的劳动者，越来越需要大量的高技术水准的劳动者，同时对劳动者提出了文化素质水平的要求，急需通过学校教育以快速满足合格劳动者的社会需求，在此背景下，早期工业革命时期的学徒制逐渐瓦解。此后，信息化与电气化产业结构升级对手工技能劳动者与体力劳动者的需求逐步减少，而对具有文化素质劳动者的需求日益增加。从整个国家经济社会发展角度看，培养更大规模、更高素质的技术劳动力势在必行，因此，将专门的职业教育延伸到高等教育领域的"社区学院"成为职业教育的主体力量。由此可见，产业结构升级所造成的生产经营模式变革必将对劳动力市场产生巨大影响，而为满足劳动力市场的新需求，职业教育也需要作出改革。

第二，注重市场需求，引入市场机制。

专业学校和企业办学都特别注重市场需求，严格按照社会经济发展需求确定培养目标与教学内容。美国社会的人才选拔与聘用的竞争过程极其激烈，为适应市场竞争的需求，将培训、实践、考评、晋升一体化，人员经过培训后其工作能力显著增强，管理者与技工的工资差别很大。此外，美国的职工教育也特别看重员工的工作态度，尤其注重职业道德教育，企业很注重培养员工为客户提供优质服务的思想，这是企业参与市场竞争的基本要求，并贯穿在人才选拔的竞争机制之中。

第三，职业教育讲究实效性。

企业与专业院校举办的培训活动无论在实践过程中还是在教学方式上，都较注重理论与实际的联系，培养学习者的综合素质，增强实践的能力和处理社会问题的能力。另外，技能工作者在上岗之前就必须培训，了解本职位所需要的知识与技术，同时还要到现场进行专业技术的培训。而对于企业经营管理者的培训，首先要进行经理人的培训，以增强对企业的社会责任感；其次是抓好领导组织能力的培养；再其次是抓好专业技术培训；最后，高级岗位培训要注重综合决策、管理与创新，低层次岗位培训则注重于操作技能的提高。

第四，普教、职教及成教相互贯通。

美国的普通中学一般都开设职业技术课程，基本技能训练和职业基础知识训练向普通教育渗透，对中学生的培训着眼点在于要使他们具备一定的专业知识，以学历性质的工艺院校作为成人职业技术培训学校，师资和设备都可以充分利用。各州政府法律规定青年从业前都需要进行职业技能训练，成人在职教育是晋升的必需条件，这样能显著提升职工的技术素质，也是员工谋求自身事业发展的必经之路。

第五，教师高标准、严管理、高待遇。

普教、职教、成教的教师任职资格异常严格，还需要经过定期专业培训和资格考核，并获得相应的任职资格。在美国，对教学质量不好或不负责任的教师将解除聘约。不过，教师的薪酬待遇仅次于医生，社会地位也非常高。

11.1.1.2　英国经验

作为一个最早发生工业革命的国家，英国创造了最早的学徒制式职业教育，在职业教育上的投入也逐步实现了经验到策略的飞跃。英国于 20 世纪 80 年代开始着手建立"国家职业资格框架"体系。随后，英国又相继落实一些相关的配套举措，构建了"高等职业教育资格框架"体系。2001 年，为逐步加大对高等教育层次劳动力的培养，英国政府推出了基础学位计划。2002 年，英国加入哥本哈根进程，对教育体系实施了众多的改革。2004 年，英国将国家职业资格框架与高等教育资格框架整合到一起，初步形成了"国家资格框架"体系（NQF），其所涵盖的职业资格体系在国际教育学界中享有盛名。不过，该体系也存在一些瑕疵漏洞，大量职业资格证书种类冗杂，后来英国针对这一点进行了优化，2009 年，英国颁布了《英国技能战略》，实施了职业资格改革工程，并且制定了英国"资格与学分框架"（QCF），2011 年，"资格与学分框架"（QCF）全面替代了 NQF。英国这一系列的配套举措，一是力图简化各种证书及其认证体系，二是完善职业教育与普通教育课程框架的统一，并着力构建有效契合学习者与企业方供求均衡的职业资格体系，提升职业技能水平，提高英国经济竞争力。

"国家职业资格"体系（NVQ）是英国"国家资格框架"体系中一个重要的子系统，是一种为员工开发的说明岗位匹配与否的资格证书，主要是在企业的工作现场进行职业教育。"国家资格证书框架"体系中将员工对学习的付出、技能、知识的层次作为主要的评判依据，全民皆可在教育中获益，从而逐步实现终身教育、终身学习的目标，英国的职业教育体系虽然存在很多不足之处，但是促进了现代职业教育的进一步发展，摒弃了重高等教育轻职业教育重学术轻技能的教育思想，英国职业教育结构性改革的成功经验主要有以下几方面。

第一，英国教育体系架构清晰，不同类型的教育能够相互衔接。

英国社会团体和行政机构之间实现了职责分工，建立了国家教育各环节相互依存的良好体制。英国职业教育的主要环节包括职业规范与课程标准。英国的校企合作特别是"合作职业教育"值得学习和借鉴，在这种方式下，企业不是被动地进行合作，每一项合作都是以学院和企业"双赢"为最终目的。

第二，"三明治"教学模式促进了职业教育的产学融合。

"三明治"教学（Sandwich Courses）是一个"理论—实践—理论"的新

型人才培养模式，采用企业实习与在校授课相结合的方式，达到以企业职业素养和综合运用能力提高为主的培养目标，主要有两种模式：第一种模式（"1 + 2 + 1"和"1 + 3 + 1"）是指学生从中学毕业后，首先在公司工作一年，其次在学校里修完 2 ~ 3 年的课程，最后在企业工作 1 年；第二种模式（"2 + 1 + 1"）指第一、第二、第四学年在校内学习理论，第三学年在企业实践一年。这两种模式均要求学生最后一年必需返回学校完成学业。通常，学生的工作实习单位由企业招聘和学校推荐共同完成，值得一提的是，学员在实习期间能获得一定薪资。英国"三明治"教学模式探索了高等学校与企业之间有机融合的新型的教育实践教学模式，使学员真正地走进了企业工作与学习，从而最大限度压缩了学员从高校到企业中间的适应期，也是企业共享教育的成功，实现了高校与企业之间的合作双赢，从而使英国职业教育越来越符合产业的发展要求。

11.1.1.3　德国经验

1864 年，联邦德国最早期的"进修学校"（原名为周末与节假日学校）主要为手工业教学和企业教育服务。为满足职业教育发展的迫切需求，德国于 1906 年在慕尼黑首创了"职业进修学校"，后来逐步发展成"职业学校"。1938 年，职业学校正式成立。德国政府在 1969 年颁布《职业教育法》，这是德国"双元制"职业教育发展的重要里程碑。校企联办的双元制职业学院是德国高等职业教育的主要机构，通过近二十多年的发展，该学校已发展成以专科层次教育为主的高等职业教育机构，值得一提的是职业学院特别注重发挥学校和企业的各自优势。近年来，为推动德国职业教育改革，德国拜仁州率先制定了《拜仁州教育与培训法》，规定职业学校必需要与校外机构尤其企业紧密合作。《职业教育法》随着经济社会的发展又作了进一步修改和补充，德国职业教育结构性改革的经验大致分为以下几方面。

第一，德国社会高度重视职业教育。

在历史的各个时期，德国社会对职业教育都高度重视，有大批致力于职业教育理论研究和从事于职业教育教学研究的专门性人才，不仅如此，德国还创建了职业教育高水平的相关研究机构，每所大学几乎都设有职业教育学专业、师资培养机构及教育研究所。另外，企业界积极支持与配合职业教育的发展，这些对德国职业教育的发展起到了极大的推进作用。

第二，德国高等职业教育重视学校管理、教学和科学研究。

德国的高等职业教育改革主要围绕学校管理、教学和科学研究方面进行，其中，高校管理改革的基本特征为简政放权，以突出学校发展的自主性，提高教育资源配置；在教育与科学研究改革方面，大力开展大学卓越计划，以提升德国高校科学研究水平；在教学改革方面，力推高等教育国际化发展，以应对国际化的挑战，增强德国高校全球竞争力。

第三，资源配置保证高等职业教育与经济社会协调发展。

高等职业教育、政府和企业的代表将国家战略、企业需求与学校教育工作有机融合在一起，从制度上有力保障了高等教育和经济社会的协调发展。高等教育管理委员会的成立，使政府部门、企业、学校之间得以更高效地合作与交流，对于优化高等学校资源有着重大意义。

11.1.1.4 澳大利亚经验

工业革命末期，澳大利亚的职业教育开始发展，为澳大利亚国家经济发展作出突出贡献的几个职业教育报告分别是：1974 年，明确提出"终身教育"理念，内容涉及职业教育使命的《坎甘报道》；1987 年，提出整合教育、培训与就业项目的《澳大利亚技能》报告；2011 年，为职业教育改革发展指明方向，并提出学习者和企业居于同等地位的《为了繁荣的技能——澳大利亚职业教育与培训路线图》。

澳大利亚职业教育结构性改革经验主要与其所形成的符合社会经济发展要求的职业教育系统相关，该体系包括技术和继续教育系统（TAFE）、资格框架（AQF）、培训包（TP）等系统。

（1）TAFE：以技能培训促进就业，满足国家人才需求。

TAFE 是职业教育体系的核心组成部分。通过数据发现，澳大利亚的失业率与职业教育入学规模增长率有着紧密的联系，说明要解决民众的失业问题需要通过职业教育的途径来实现。另外，为改善国家的就业状况，为经济转型提供各类技能型人才，澳大利亚政府期望通过职业教育的方式，使受训者达到就业所具备的行业能力标准而推行的"新学徒制"尤为突出，社会所亟须的技术培训还将得到联邦政府巨额的资金保障。

（2）TP：校企深度合作，按需定制。

以行业为主导、以技能为基础、注重结果是澳大利亚职业教育强调的原则，实际上，为供职业教学课程设计使用，行业技能委员通过对职业技能需求预测开发了相应的 TP，在职业教育中起到了关键作用。企业和职业院校进行了全过程参与，双方共同完成培训工作。将行业技能需求和职业培训目标有机融合在一起，就可以加强与培训机构、行业、政府之间的联系，从而快速有效地把行业对劳动力市场的需求转化为职业教育内容。可以说，澳大利亚的校企合作是双向且面向劳动力市场的，是以需求为导向，以经济发展为目标的。

（3）AQF：构建技能培训体系，发展终身教育理念。

AQF 内容包括从义务教育到博士学位的 12 个等级，这 12 个等级相互衔接又有所区别，在强化普通教育与职业教育的有效衔接方面发挥了重要作用。在这一框架下，同一级别将不同类型的教育连接起来，从而实现了受教育者可以在不同教育类型间作出自由选择。这既实现了企业培训和学校教育之间的过渡，又完成了职业教育与普通教育的衔接，同时又对劳动者提供了多样化的职业发展途径，这相当于建立了国家终身教育体系，并极大地解决了社会多方对职业教育的迫切需要。

11.1.2 亚洲发达国家职业教育发展解读

11.1.2.1 日本经验

第二次世界大战后，日本劳动省重新修订并公布了《技能者培训规程》和《职业安定法》，从而确立了日本职业教育法的基石。1951 年后，《产业教育振兴法》《职业教育法》《失业紧急对策法》等法律法规的相继颁发，为职业教育打下了良好基础。另外，日本的"产学合作"被认为是世界职业教育领域的典范之一。日本的职业教育一般强调课程和教学形式的多样化，仅就学校教学模式而言，日本各种不同形式的学校把职业高中作为职教重点，加强与中等、高等教育及继续教育的联系，对学制及专业等进行设置。日本职业教育结构性改革的成功经验主要有以下几点。

第一，建立职业教育内部不同体系的联系渠道。

日本职业学校类型很多，职业教育体系相当复杂，其办学层次涵盖了从高中到博士阶段的所有层次，日本的职业学校之间、学科体系间能够相互融通。从专业设置方面来看，高等专门学校教育、短期大学教育等自 20 世纪 90 年代以来也越来越注重专业的实用性，逐步废除了教育学专业和医学专业，着重培养适应国际化发展的技术人才。日本职业教育为顺应时代的发展趋势进行了调整，并加强了外语、信息技术、机械制造等学科建设。对日本职业教育发展来说，学科专业和学校类型的变化与社会经济发展相适应，加上职业教育体系的灵活性，为学生带来了多元化的选择。

第二，重视私立职业学校在职教体系中的作用。

20 世纪 80 年代，日本私立职业学校开始获得长足发展，能与劳动力市场无缝衔接。具体来说，一是在学校行政管理方面，地方政府对各种性质的院校采取了差异化的管理模式，私立职业学校被给予了很大的自由办学空间，而同时，在都府道县政府中设有私立学校审查议会，专司监管工作，在私立职业院校内部也设有独立监事会，主要对学校管理的流程实施监管，以确保私立职业院校能够正常规范运作，这种良性的循环模式已经在实践中得到了检验。二是按照《私立学校法》的规定，私营职业学校除正常教学外，有经营创收活动自主权，能开展各类创收活动，而且可以利用所获得的收益扩大办学规模。

11.1.2.2　韩国经验

韩国的专门大学由原来的短期大学整合而来，主要是为了培养经济建设和社会发展所需的中高级专业人才。1979 年，一些职业学校和专科学校也开始逐步改革，同时也按规定在学生入学标准、实验室器材与设备、课程的设置等方面实施了严格考核。2008 年，高等职业院校为填补社会的岗位需求，提高职业院校学生的职业素质等又推出了一些能够授予学士学位证书的集中课程。2011 年，韩国的高等职业学校入学人次占接受教育总人次的 35.2%，跃居成为仅次于四年制大学学生人数的教育方式（杨勇、石伟平，2019）。实际上，韩国职业教育结构性改革的成功经验得益于高等职业教育体系结构的三种教育模式。

第一，订单教育模式。

韩国政府支持职业专科学校实施"企业－院校"的办学模式始于 1996 年，自此开始在资金上予以大力资助，这是一种全新的"订单式教育"合作办学模式，在这个体系下，职业专科学校与特定企业签约，并按照企业的需求合理设置课程，并以此实现培训企业所需要人才的目的。从结果上来看，这种人才培养模式不但为职业教育带来了正面效应，而且使职业专科学校的教学更加贴近市场，大大提高了学生的就业率。

第二，产业委任教育体系。

在产业委任教育体系下，企业可以通过与高等职业学校签订协议，使职业专科学校为企业员工提供更好的教育。在公司雇员们拥有高中毕业证和相应教育背景的情况下，可以在具有产业委任资格的职业专科学校就读之后拿到副学士学位，公司雇员们也能够按照自身所从事的工作自由地选择相应专业的学习。

第三，由提供副学士学位的学校集中授课。

这种培养模式主要是针对已经毕业的职业院校的学生，这部分学生可以在毕业后选择继续学习，针对性地提高他们自身专业知识或者相关技能，完成相应的学习任务，甚至可以拿到硕士学位。2011 年，韩国已经有 89 所专科学校提供了相关课程，共招收了 5608 位有工作经验的专科毕业生（杨勇、石伟平，2019）。

11.1.2.3　新加坡经验

1965 年，新加坡为适应经济的发展，其发展战略逐渐从内需型转变为外需型，主要的经济发展方针是引进外资以发展出口产业，出口型企业的大规模发展在客观上要求学校培训出大量掌握相应知识的专业化人才，并以此来保障巨额投资的先进设备、技术可以被高效的运作起来。1965～1979 年，新加坡的"第一次工业革命"促使经济高速发展，20世纪80年代以后，新加坡政府采取新的举措，明确提出"重振科学技术，使新加坡成为科技大都会"的经济发展战略，实施以蓬勃发展科学技术和知识密集型工业生产的"二次工业革命"。这两次工业革命导致了新加坡的产业结构、职业结构都出现了巨大的变化，对国内的就业局势也产生了很大的影响，职业教育结构在不断地改变；从1979年开始，当地专门设立了技能发展基金，当地政府规定对工资不足750新元的员工由企业支付工资1%至4%的技术发展基金，并规定由生产局直接掌握这些基金，该职教基金为新加坡职业教育的发展奠定了良好的物质基础，并实现了职业教育领域的可持续性发展。其实，新加坡高等职业学校教育是伴随着三次工业革命的出现而蓬勃发展起来的，具体上可分成三个阶段：新加坡高职初创阶段（1961~1970年）、新加坡高职蓬勃发展阶段（1971~1990年）、新加坡的高职教育改革与提高阶段（1991年至今）。新加坡高职教育发展经过与工业革命的三次融合，实现了从量变到质变的飞跃，新加坡的职业教育经历几十年的发展，已经形成从专科到研究生层次的较为完备的教育体系。新加坡的职业教育结构性改革的成功经验主要有以下几点。

第一，职业教育与产业结构调整相适应。

随着经济从单一结构向多元结构发展，新加坡及时调整了职业教育的课程，由侧重低档次和学术性的课程向侧重高技术、高工艺的实用性课程转变，淘汰一些旧课程的同时设立一些全新课程，从而使课程的设置适应经济发展的需要。随着产业结构的升级及外资涌入等使新加坡对人力资源的质量提出全新的要求。因此，新加坡高等职业教育必须随着产业结构的变化和社会经济发展的需要，及时改革已有的课程，使学生掌握最新的科学知识以适应高科技产业重组的需要，培养实用性的专业技能已成为高职课程改革的重点。为适应科技的发展趋势，高职学校课程设置更为科学合理，同时把相关方面的前沿科学理论和研究成果运用到实际教学当中，在基础理论知识够用原则下，更加注重实践能力的发展，更加注重全面挖掘学生的创新和创造潜力。

第二，高等职业技术教育注重理论紧密联系实际。

高等职业技术教育注重实践性课程，采取了"教学工厂"的模式，做到理论与实践紧密联系。"教学工厂"将学校与企业融为一体，教师和学生在学校的支持下，能开展理论研究与实践性教学，还可以向企业承揽项目。

第三，政府为高等职业技术教育的发展营造了良好的环境。

新加坡从独立开始，就充分考虑到了经济发展和高等教育的紧密联系，新加坡政府不但从资金上对高职教育提供了大量支持，同时也通过立法使普通教育和高等职业技术教育获得同等的法律地位，从根本上改变了社会对职业教育的歧视，为高职教育的蓬勃发展营造了一种良好的社会环境。新加坡在建国之初就颁布了一系列高职教育的法规及政策，对高职教育的发展给予了正确的指导和法律上的保障，同时还不惜大笔投入设立技能发展基金。除投入大量扶持资金之外，新加坡还设立了全国性的专业技能发展基金，该基金通过向企业缴纳专业技能发展税，专门用来保障对员工接受专业技能的培养，以适应经济重组、技术快速升级的需要。

11.1.3　亚欧美澳国家的职业教育发展对我国的启示

第一，职业教育的供给结构与经济发展水平相匹配。

伴随着经济社会的快速发展，目前许多国家的高等教育体系中高职教育已占半壁江山，客观上要求其与经济发展水平相匹配。我国正处在工业化后期，现阶段会需要更多的专门的高素质技能型人才，新型工业化道路也必须以教育的大众化为基础，因此，在当前不但应该扩大职业教育的规模和比例，还应该重视职业教育内部结构的合理性问题，这对推动西部地区高等职业教育的发展尤为重要。

第二，不同层次的职业教育相互衔接贯通，构建现代职业教育体系

西方国家受传统教育模式的影响，在前期发展中职业教育也面临着精英化、学术化的趋势，但是经过一系列的制度安排，逐渐形成了纵向连贯、横向互通的一体化教学体系，西方发达国家的职业教育得到了较大的发展。因此，我国要把推进职业教育发展同提高就业率、繁荣社会经济等问题紧密联系在一起，不断满足社会经济发展对技术技能型人才的需求，积极培养本科层次、研究生层次应用型教育人才，构建 3 + 2 中接专、3 + 2 专接本、五年

一贯制中高职贯通、本科班教育等多种形式的现代职业教育体系。

第三，积极推进产教融合，优化校企合作办学体制。

我国应建立健全职业教育产教融合体系，联合出台职业教育发展指导政策，建立长效机制，由劳动、教育、经贸等行政部门建立联合工作机制。职业院校应当创建有利于产教融合培养模式，积极探索教学与生产劳动相融通的人才培养机制，进一步强化实施职业院校与企业共同培养人才的机制，把企业、行业的人才需求纳入课程和实训体系，建立适应双方需求的人才培养模式，积极开展校企合作，研究具有中国特色的学徒制，大力培养技术技能型人才，同时应充分考虑企业的合理诉求，既要鼓励企业主动承担社会责任，也要提高企业参与职业教育改革的积极性。另外，行业协会是实现职业院校产教融合的重要支撑，因此，还要发挥行业协会在职业院校与企业之间合作的桥梁作用，保障校企合作的主体在搭建平台中有效运行。

11.2 我国东中西部地区职业教育院校典型案例解读与启示

11.2.1 我国东中西部地区职业教育院校典型案例解读

11.2.1.1 苏州健雄职业技术学院

苏州健雄职业技术学院位于著名德企之乡的江苏太仓市，该地区经济的快速发展对当地职业教育的内涵式发展提出了更高的要求。该学院由国内外职业教育与培训专家、企业技术专家、骨干教师等组成项目组，经过多年对德国"双元制"消化、改造的实践探索，化解德国"双元制"引入实践中的不服水土的问题，在双元制本土化、校企"双主体"明晰、学生"双身份"实现的探索过程中，以中国文化为背景，在技术和理论探讨和创新方面，作出了卓越成绩，值得一提的是，苏州健雄职业技术学院在合作载体的高效运行方面实现了重大突破，将"双元制"从中职上升到高职、从德企扩展到其他企业，为区域经济发展培养了近万名毕业生，逐步形成了"双主体、双身份"的人才培养模式，政校企行共建跨企业培训的新格局已显现，实现了岗位确定、合同培养、利益驱动、产训共赢的人才培养机制，进一步提高了校企合作的质量，建立了双目标、双证书、双师资、双场地为特征的教学团队、人才培养方案、课程体系和评估体系。

苏州健雄职业技术学院充分汲取西方的成功经验，着力形成政校企行合作的"一董三委"组织体系，确立"岗位确定、双元培养"的人才培养机制，积极推动人才培养目标有效对接行业需求。为保障"定岗双元"模式的有效运行，教学指导委员会负责教学过程管理，考试委员会负责培养质量评价，形成"定岗双元"培养模式。企业根据法律，招工后须与学校联合进行"双元制"教育，由学校与企业间、企业与学生间签订协议，培养与合作企业职位相适应的技术技能型人才。

近年来，苏州健雄职业技术学院依托行会与企业资源，充分发挥政策扶持的优势，坚持政府导向，遵循专业契合产业，拓展建立了校企资源整合、课堂教学与车间实训对接、学生身份向员工身份转化、师资发展和双师队伍构建等多个平台。为有效推动学生的全面发展，学院还为学生提供了全真企业环境对学生进行职业化培训。

11.2.1.2　河南职业技术学院

1954 年 12 月，河南职业技工学院建立，1992 年更名为河南职业技术教育学院，经教育部批准，1999 年 3 月改制为新型高等职业教育学院，为全国高等职业院校教学资源 50 强高校、全国创新创业典型经验高校，并先后被认定为国家优质专科高等职业院校、国家示范性高职院校，被列入教育部"双高计划"建设单位，被确认为国家首批 1 + X 证书制度试点学校、国家现代学徒制试点学校、首批国家高技能人才培养示范基地。

为全面提升育人水平，河南职业技术学院坚持培养学生精益求精的大国工匠精神，使学生不但具有优秀匠人品格，还具有精湛技能。学院坚持以高就业为导向、以高技能为重、以高素质为本的理念，始终践行"一体多元分层次"创新创业人才培养模式。实际上，校企合作和国际交流是河南职业技术学院驱动创新发展的重要法宝，学院实施工学结合，不断推进产教融合，目前，该学院已建立了"苹果公司 A + 雏鹰策划"等订单班近 40 个，被确立为全国现代学徒制试点单位，建成集研发、教学、培训、生产为一体的教学工厂，形成"校中厂"和"厂中校"的产教协同发展和校企共同育人新格局。另外，该学院还与微软、通用、大唐等 300 多家名企深入合作，共建人才培养方案，共同开发教材。

目前，河南职业技术学院积极适应经济与社会发展的迫切需要，以内涵建设为中心，实行目标导向的人才培养发展策略，不断深化实施教学质量提升、学生人文素养培育、创新创业教育引导三个工程项目，力求教师既具备坚实的专业功底，又具备高度的社会责任感，为社会输出更多优质人才。

11.2.1.3　重庆工贸职业技术学院

2003 年 1 月，涪陵职业技术学院由三所学校联合成立，2006 年 3 月改名为重庆工贸职业技术学院，是重庆市示范性高等职业院校、重庆市优质高等职业院校立项建设单位，该学院制定了以服务地区经济为宗旨、以市场需求为导向、以职业岗位群为依据开设专业，设置课程，培养面向生产、建设、管理、服务第一线的高技能人才的教学模式，不断大胆探索，成绩斐然。

重庆市工贸职业技术学院办学思想是扎根涪陵、立足库区、面向重庆、服务于西南、走向全国的思路以培养优质人才。首先，根植于涪陵，为实现涪陵"三化"提供强大的智力与人才支持；其次，立足库区，为库区移民与劳动力转移培养了大量的实用技术和管理人才；再其次，面向重庆，为推动重庆市的新型工业化，实现城乡统筹兼顾，三次产业联动，经济和生态环境建设良性循环作出了积极的贡献；最后，面向全国，服务于西南地区，逐步把西南地区作为学院培养人才的后方培训基地，向四川、贵州、云南、广西等省区招生，扩大招生范围，并逐步向全国招生。

近年来，重庆工贸职业技术学院已与 68 家知名企业签订了校企合作办学协议书，建立了稳固的校外企业实训基地，该学院还积极推行订单培养，与企业联合创办了"望江班""重安班""观澜湖班""奥康班"等多个订单班。近年来，重庆工贸职业技术学院始终坚持以能力为本，就业为先的教育办学理念，中职教育和高职教育以职业能力为本位，践行"校企合作、工学结合"的培养模式。目前，该学院已成为重庆市高技能人才培养基地、职业技能培训认证鉴定基地。

11.2.2　我国东中西部地区职业教育院校典型案例对新疆的启示

当前新疆经济社会正处于转型升级的关键时期，这就需要新疆职业教育加快改革发展步伐，大规模培养市场需求的技术技能型人才，优化调整学科专业结构，有效支撑新疆经济的高质量发展。通过我国东中西部地区职业教育院校典型案例的研究，对新疆职业教育的启示总结如下。

第一，根据产业结构升级需求，调整优化学科专业设置，服务当地经济社会。新疆职业教育供给侧结构性改革，一定要突破传统思维上的桎梏，改变人才培养模式，根据新疆产业结构升级的需求，调整优化学科专业设置，做好人才需求预测，适应企业人才需求。在规划学科专业时，不仅要考虑市场对人才的需求，还要重视第二、第三产业相关学科专业的设置，只有这样，才能使之更好地为当地经济社会发展服务。

第二，坚持产教融合，加强校企合作，积极推进现代学徒制和新型企业学徒制。为根据新疆经济的发展需求，建立健全以政府引导、行业指导、企业参与、社会支持的办学机制，促进校企合作制度化，坚持产教融合。在新疆职业院校中逐步推行"招生就是招工、入校就是入厂、学校与企业联合培养"的办学理念，积极推进现代学徒制和新型企业学徒制。

第三，大力培养创新型、复合型和应用型人才。新疆职业教育领域要鼓励职业院校开设更多紧缺的、满足市场需求的学科专业，建立密切衔接产业链、创新链的学科专业体系，大力培养创新型、复合型和应用型人才。

第 12 章

产业结构升级视角下的新疆职业
教育供给侧结构的优化路径

12.1　问　题　总　结

12.1.1　宏观分析问题总结

第一，新疆职业教育供给侧结构与产业结构升级之间的影响具有滞后性。产业结构升级对职业教育供给侧结构的影响随着时间推移逐渐增强，职业教育供给侧结构对产业结构升级的影响随着时间推移逐渐减弱，但两者之间仍存在相互影响。

第二，新疆职业教育供给侧结构与产业结构升级没有形成良好的适应性关系。职业教育层次结构与产业结构升级适应性缓慢上升，但处于濒临失调阶段，职业教育供给侧结构对产业结构升级优化作用较为明显。职业教育学科结构与产业结构升级处于濒临失调阶段，职业教育布局结构与产业结构升级处于轻度失调阶段。

第三，职业教育投入水平、职业教育师资力量、政府干预和经济发展水平对职业教育供给侧结构与产业结构升级之间的适应性产生正向的促进作用，市场化水平对二者之间的影响不显著。

12.1.2　微观调研分析问题总结

12.1.2.1　基于产业结构现状的学生调研结果的总结

中高职院校学生就读的主要为农林牧渔类、加工制造类、财经商贸类、信息技术类专业；大多数中高职学生认为报考职业院校原因是升学考试失利、被动选择职业教育、自己适合从事技术行业；不到一半的中高职学生表示公共基础课程与专业课程设置合理；通过公共基础课程学习后，不到一半的中职学生表示解决实际问题的能力、创新能力、逻辑推理能力提升较大，不到一半的高职学生认为通用能力、逻辑推理能力、口语及书面表达能力、解决实际问题的能力、计算机能力、信息处理能力提升较大，较少数高职学生认为英语能力提升较大，少数高职学生认为创新能力提升较大。

通过实践教学课程学习，不到一半的中高职学生认为收获一般，只是接触简单操作；对于专业课程的开设方式，不到一半的中高职学生表示理论与实践结合，比例合适；较少数中高职学生认为多数教师既有扎实的理论知识又有较丰富的实践经验；相当部分中职学生认为自身专业理论知识、专业技能操作能力欠缺，多数高职学生认为自身专业技能操作能力欠缺，相当部分高职学生认为自身人际交往能力、创新能力欠缺；相当部分中高职学生表示学校应强化专业设置的调整、改善课程体系、强化校企合作。

绝大多数中高职学生表示学校有实习实训基地，相当部分中高职学生表示学校有专门的生产性实习实训车间，少数中高职学生表示不清楚学校有无专门的生产性实习实训车间；相当部分中高职学生表示实际技术操作的时间占 40%~60%；极少数中高职学生希望实习实训课程方式是理论课，多数中高职学生希望实习实训课程方式是教师指导下的实践课；很少数中高职学生认为学校的实训设备、实训资料和场地不能满足教学要求；相当部分中高职学生希望学校的实习实训场所具备单纯的技能练习场地，绝大多数中高职学生希望学校的实习实训场所具备可以高度模拟真实岗位环境，具备教师指导练习的场地；极少数中高职学生表示校企合作的办学形式对自己的就业不太有帮助或认为没有帮助；极少数中高职学生持不太满足态度和不满足态度。

绝大多数中高职学生表示实习单位最看重学习能力与动手操作能力，相当部分中高职学生认为实习单位最看重理论基础；较少数中高职学生表示有职业规划，而且非常清楚，相当部分中高职学生表示对职业规划还很模糊；少数中职学生和相当部分的高职学生认为高技能人才是目前就业市场最为需要的，少数中职学生和很少数的高职学生认为最为需要的是技术工人，少数中职学生和很少数的高职学生认为最为需要的是技术工人或是管理人才，极少数中高职学生认为最为需要的是有技术证书的人才；多数中高职学生就业倾向为国企、事业单位、政府等稳定工作，不到一半的中高职学生选择自主创业；相当部分中高职学生考虑的最重要因素是地区经济发展水平高，发展机会较多，少数中高职学生考虑的最重要因素是自己专业与产业结构相适应并且地区有发展潜力。在学校对学生提供的就业指导方面，相当部分中高职学生认为学校应提供就业指导课程与进行职业规划的指导，另外，学校还应提供与职业相关的实践活动机会；相当部分的高职学生与少数中职学生认为社会适应能力较差，少数中高职学生认为是就业现状和就业预期不匹配，相当部分的高职学生与少数中职学生认为是对岗位专业知识缺乏了解，较少数的中职学生与很少数的高职学生认为是专业脱离市场需求。

12.1.2.2 基于产业结构现状的教师调研结果的总结

少数中高职教师具备高学历、相关专业行业工作经验、执教教师资格证书，较少数中职教师具有相关专业工作实践并具有相关专业技术资格、具有较好的现场实际操作能力，少数高职教师具有工作实践和专业技术资格、现场实操能力；极少数的中高职教师的所在专业为新兴专业。

多数中职教师所在专业培养的人才类型为技能型，较少部分为技术型，极少部分为创新、复合型，多数高职教师培养技能型人才，较少部分为技术型人才，很少部分为复合型人才，创新型人才占极少部分；较少数中职教师认为自身的专业知识与技能不太符合产业结构的调整；不到一半的中职教师表示自身应该接受专业技能培训，较少数中职教师认为应当接受教育方法培训，极少数中职教师认为应当接受学科发展新形势方面的培训；少数高职教师认为应当接受专业技能的培训，较少数高职教师认为应当接受教学方法的培训，极少数高职教师认为应当接受双师素质培训、学科发展新形势培训。

多数中职教师所在专业实训课程占全部课程的比例为 20% 到 50%，相当部分高职教师所在专业实训课程占全部课程的比例为 20% 到 50%；很少数中高职教师把经验传授、职业综合能力作为主要设置内容；较少数中职教师所在专业实训课程上课地点安排在校外企业实训基地，相当部分中职教师采取课堂讲授实训课程的方式，少数中职教师采取让学生自主技能训练的方式；较少数中职教师其专业主要是大力发展交叉学科和专业，不到一半的高职教师所在专业人才培养规格和质量的目标为大力发展交叉学科和专业，特别是加强培养与第三产业关联学科创新人才；极少数中高职教师表示不太重视其对互动知识引导行为；不到一半的中职教师在课堂教学设计中采取组织学生开展社会调查，不到一半的中职教师与少数的高职教师在课堂教学设计中采取以就业为导向并注重课程综合的开发；不到一半的中职教师具备一定的产品设计、生产实践以及应用能力，少数中高职教师具有本专业生产服务一线工作经历，不到一半的高职教师具有指导学生开展创新活动，并将创新与企业生产相结合的能力。

绝大多数中职教师到企业实践工作的时间不足 6 个月，较少数中职教师到企业实践为企业顶岗培训，很少数中职教师采取企业兼职的方式，极少数中职教师采取的是脱产到企业挂职，较少数高职教师没有到基层工作过以及工作的时间为 3 ~ 6 个月，很少数高职教师在基层工作的时间为 6 个月到 2 年之间，很少数高职教师采取的实践方式为企业顶岗培训、企业兼职、脱产到企业挂职。

12.1.2.3 基于产业结构现状的教育管理者的调研结果总结

多数中高职业院校设置农林牧渔类、信息技术类、财经商贸类、土木水利专业，开设新兴专业的院校极少；较少数中高等职业院校以经济发展和区域人口变动为依据，较少数中高等职业院校以地区经济发展和区域人口变动为招生规模依据，多数中等职业院校缺乏师资队伍；绝大多数高职院校在培养目标上主要采取的是对拥有专业资格证书的技术技能人才的培养，具备学习能力的专业技术人才的培养，相当部分中职院校以具备较强学习能力的专业技术人才为培养目标。

多数高职院校的学籍管理办法为工学结合、学分制、弹性学制，不到一半的中职院校的学籍管理办法为工学结合；绝大多数中高职院校采用考试成绩、班级综合评测、引入企业评价对学生评价，很少部分中职院校引入企业评价进行学生评价；较少数中职院校拥有完善人才管理机制的人才引进措施，极少数中职院校的人才引进措施采用与企业共同培养人才；较少数中职院校将产教融合纳入教师业绩评价指标，少数高职院校对教师职称评价标准有学历和资格证书，较少数中等职业院校对教师职称评价标准有对校外实习、实践教学等的指导老师予以政策倾斜；大多数高职院校企业积极性不高并且产融结合发挥不充分。

绝大多数高职院校经费不足，绝大多数中高等职业院校师资力量薄弱；较少数中职院校受到公共财政的支持，较少数中高职院校受到企事业、社会团体和公民捐资助学；在数字化资源上，较少数中职院校拥有网络课程资源和电子期刊，很少数中职院校拥有数字图书馆，少数中职院校拥有教学资源库。

绝大多数中高等职业院校校外实践的周期为半年至一年；绝大多数中高职院校对学生实践采用与企业长期合作达成的校外实习基地形式，相当部分的中职院校与绝大多数的高职院校对学生实践采用学生自主安排实习的形式，很少数中职院校与相当部分高职院校对学生实践采用的是与企业长期合作达成的校内生产性实训基地，很少数的中高职院校对学生实践采用的是学校自建的校内生产性实训基地；很少数中等职业院校拥有校外实习工厂，较少数中等职业院校拥有校内实习工厂。

12.1.2.4 基于产业结构现状的用人单位调研结果总结

用人单位对学生的需求岗位多为初级岗位；少数单位认为高职院校学生的职业实践能力对单位的帮助作用更大，较少数单位认为高职院校学生人际沟通能力、岗前技术证书和良好的职业道德对单位的帮助作用更大。

用人单位对学校提供"校企合作"的方式一是为学校提供实训基地，二是为学生提供实习机会，三是委托学校对员工进行培训的方式与高职院校合作，很少数用人单位以提供经费的方式、通过提供兼职老师方式及通过人才培养方案设计与实施的合作方式参与"校企合作"，不到一半的单位通过为教师提供实践机会或通过与学校实施订单培养的方式参与"校企合作"。

学校与用人单位之间沟通不畅通、学生无法达到用人单位的要求、因参与人才培养的经济损失得不到补偿、学校处于被动的地位是影响"校企合作"的主要因素；用人单位认为学生在实习期间主要存在学生自我学习能力弱、适应岗位能力差、专业技能不强的问题，还存在职业道德素养不高、敬业精神缺乏的问题；用人单位参与学校招生、学业评价及考核方面主要表现为参与学生到用人单位岗位的实习评价、参与学生的校内实践教学评价，而与学校共同探讨人才培养方案的修订与制定、考核方面及与学生毕业考核方面较少。

绝大多数用人单位每年安排学生在单位实践时间为半年或半年到一年；接受教师到用人单位实践的单位数很少，每年职业院校派遣教师到单位实践人数占 50% 以上，少数用人单位让高校教师到单位实践时间的周期为半年以上，很少数职业院校采用单位顶岗培训项目的方式将其教师派遣到单位实践；用人单位提供给教师单位实践的安排与管理方式主要是安排了专业对口的指导老师，与员工一样进行监督、管理及考核，但专业对口的指导老师、对教师与员工一样进行监督、管理及考核的安排与管理方式的用人单位是少数；用人单位对于参与教师评价的参与度不高，一是缺乏深度参与教师在专业论证、人才培养方案制订、课程设置方面，二是缺乏参与评价教师教材编写中涉及单位需要的教育教学等过程，三是缺乏参与评价教师开展单位人员培训的能力等方面。

绝大多数用人单位的岗位设置没有满足当地产业结构升级的需要。

12.1.3　经验借鉴总结

通过对发达国家与我国东中西部地区职业院校发展的个案研究，新疆职业教育的发展一是要根据新疆产业结构升级的需求，调整优化学科专业设置，做好人才需求预测，适应企业人才需求；二是要在不断满足新疆社会经济发展对技术技能型人才的需求的同时，夯实培养专科层次的高素质技能型人才，渐进培养本科层次的应用型教育人才；三是为壮大发展新疆产业人才队伍，需要进一步深化校企合作，推进现代学徒制和新型企业学徒制，强化培养企业技能人才；四是要鼓励职业院校开设更多紧缺的、满足市场需求的学科专业，大力培养创新型、复合型和应用型人才；五是发挥行业协会在职业院校与企业之间合作的桥梁作用，保障校企合作的主体在搭建平台中有效运行。

12.2　产业结构升级视角下的新疆职业教育供给侧结构性优化路径的目标定位

现代经济的发展离不开产业结构的优化升级，产业结构的优化升级需要与之相匹配的高素质劳动力。职业教育是培养技术技能人才，促进就业创业，推动当地经济发展亟需的基础性技能人才的重要基础。经过长期的发展，一些发达国家的职业教育已建立起成熟的机制，在提升民众整体素质的同时，在一定程度上也缓解了就业困境。我国的东中西部地区由职业教育推动当地经济的发展也有可借鉴的成功经验。然而一段时间以来，一方面受普通高中及高等教育扩招的影响，职业教育直接服务于基础经济的作用在弱化，发展持续处于低谷；另一方面在新业态下，我国整体经济处于下行，面对外需波动，资源要素价格上升等新形势，新疆虽拥有中欧丝绸之路经济带的重要区位优势，又具备地区经济发展所需的低劳动工资、低资源价格、低土地成本及高环境容量等的比较优势，但宏观分析的结果显示职业教育的供给侧结构与产业结构发展协调性不高，地区产业结构转型速度相对滞后等情形；调研结果显示学科专业与课程体系设置不尽合理，产教融合契合度不高，师资力量不充足，用人单位对未来岗位的动态调整滞后，致使技术技能型人才培养质量不高，又在一定程度上限制了产业结构的升级。因此，为促进产业结构升级，新疆职业教育必须优化供给侧结构，扩大职业教育的有效供给，承担起满足产业结构升级所需的专业及人才培养，真正做到增强职业教育服务于地区产业经济的效能。

因而，新疆职业教育必须应势顺变，改革以往扎堆办学，减少无效低端的人才培养方式，优化本地区职业教育供给侧结构，集发展理念为"创新、协调、绿色、开放、共享"作为供给侧结构优化的指导思想，将职业教育供给结构优化与地区产业结构升级有效对接，前瞻性地满足地区产业结构升级的需求，通过市场调节、政府导向、行业企业及社会组织辅助、院校主动拓展等多方机制的共同作用形成合力，构建专业对接产业模式，优化职业教育服务经济发展的能力，进而实现职业教育主动融入经济转型发展、产业结构升级，实现对培养人才的精准供给。基于此，其目标定位具体如下。

第一，作为"供给端"的学校，应以社会经济产业结构调整为契机，站在服务国家战略，服务地区产业经济发展的高度，透过供给侧改革视角更新教育理念，优化学科专业结构，提高供给质量，打破单一培养模式的课程资源等，为学生提供多元、丰富、可选择的教育服务模式、教育资源及教育环境的新供给侧结构，深化内涵建设，提高新疆职业教育的人才培养质量。

第二，作为"需求端"的企业及社会组织，应全程参与技术技能人才培养，洞察市场及产业发展方向的最新动态，向当地有关政府部门反馈市场情况，并协助学校优化职业教育学科专业结构，发挥其在育人中的重要主体作用，推动产业发展与职业教育发展的同频共振。

第三，以政府为主导，统筹发挥政府和市场的作用，优化新疆的职业教育学科专业结构、层次结构及区域布局结构，完善相关的制度和机制，为职业教育供给侧结构性改革保驾护航。

12.3 基于产业结构升级的新疆职业教育供给侧结构性优化路径

12.3.1 调整供给结构是优化路径的核心

12.3.1.1 完善职业教育层次结构，各层次教育要有效衔接

考察期内实证结果研究表明，新疆的产业结构升级与职业教育层次结构适应性呈缓慢上升态势，为此，为保证职业教育供给侧结构优化的生态循环性，职业教育需建立现代职业教育体系，确立不同层次的技能人才应用到不同的岗位，以适应不断变化的产业结构升级需要。另外，为提升职业竞争力水平，营造良好环境，还应构建一体化的职业教育人才培养体系，需将职业教育层次结构纵向和横向有效衔接，推动不同层次职业教育的专业设置、课程体系、培养目标、培养方案衔接等工作，采取"3+2""3+3"、5年一贯制的中高职学制衔接模式，架构起中等职业教育的基础地位，高等职业教育的引领地位，增加本科职业教育的启动地位、专业研究生教育的"金字塔式"的探索地位的职业教育层次结构，促进职业教育与社会经济发展相适应。

第一，以从业人员需求结构变化为依据，优化新疆职业教育层次结构。

为保证面向产业转型升级下的人才培养的有效和精准供给，新疆职业教育需在办学层次设置上主动适应产业结构升级所需的人口结构和未来发展变化的趋势，以地区经济发展所需从业人员的需求结构变化为主导，优化新疆职业教育供给侧结构。新疆政府应密切关注市场竞争和科学技术发展等因素对人才需求层次结构及从业人员层次结构的变化带来的影响，加强对不同职业教育层次结构设置的宏观指导。新疆职业教育主管部门应为专业设置和规划提供全方位的信息服务，宏观指导职业院校进行层次结构调整，为职业院校学科专业规划发展提供决策依据，避免由于信息不对称而造成各职业院校

间办学层次的盲目性，避免造成人才资源的过度生产而导致的人才供给层次结构与市场需求不匹配。

第二，构建一体化的职业教育层次体系，各层次职业教育有效衔接。

通过调查发现，培养目标为建立职业教育和专业学位连通融合的中职院校占较少数，说明职业教育的"单向断头"教育现象依然存在，有必要进一步提升教育层次，采取有效措施推进中职与高职融通，打破不同层次、不同类型、不同区域教育间的"单向断头"现象，构建中职、高职、本科甚至于研究生的一体化职业教育层次体系，形成人才成长晋升通道更加通畅的态势。可借鉴已有的新疆巴音郭楞职业技术学院和新疆财经大学的联合培养试点经验，持续推进高职教育与本科教育联合培养，中高职教育衔接等改革工作。为提高人才培养质量、满足学生与家长的诉求，应推动本科高校向应用型高校转型发展，促进新疆经济社会进一步发展、满足产业结构转型升级需求，从而培养更多的应用技术型人才。

12.3.1.2　优化职业教育学科专业设置，促进产业结构优化升级

考察期内实证结果研究表明，产业结构升级与学科专业结构之间的协调水平有小幅度的下降态势，为实现职业教育供给侧结构和产业结构升级两大系统的有效对接和最优匹配，职业教育应以市场为导向，有计划地调整学科专业方向，从而满足产业结构升级对人才需求的变化，形成以学科专业结构适应产业结构升级、产业结构升级引领学科专业结构的协调发展机制。

第一，应根据本地区产业发展实际，增加学科专业大类及专业种类。

调研结果发现，绝大多数中高等职业院校设立了农林牧渔类学科专业、信息技术类学科专业、财经商贸类学科专业，极少数院校开设了司法服务类学科专业；极少数中等职业院校设立能源与新能源学科专业，绝大多数中等职业院校开设加工制造类学科专业，很少数中职院校开设医药卫生类学科专业，旅游服务类学科专业是绝大多数中职院校开设的学科专业，教育类学科专业在极少数的中等职业院校中开设，中职院校没有开设资源与环境类学科专业、生物与石油化工类学科专业、休闲保健类学科专业、体育与健身类学科专业、司法服务类学科专业，这体现了目前新疆中高职院校对国家层面的

19 个大类的学科专业存在开设不足或学科专业种类覆盖不全的问题，将在一定程度上影响中职或高职学生学科专业的选择，限制学生学科专业的发展，也会导致企业难以招到与岗位适配的人员。因此，中职或高职院校应根据本地区产业发展实际，增加与之适应的学科专业大类及学科专业。

第二，依据产业结构调整的方向，突出学科专业特色，降低专业重复率。

调研结果发现，绝大多数中高等职业院校设立了农林牧渔类学科专业、信息技术类学科专业、财经商贸类专业，绝大多数中等职业院校开设加工制造类学科专业和旅游服务类学科专业，在一定程度上体现了学科专业存在重复设置的问题。中职或高职院校应该结合当地产业结构调整的方向，并依据自身学科专业设置实际，在近期目标与远期目标的规划下，重点设置能体现自身特色的一些专业。另外，应结合本地区行业企业对人才的需求，建立一个数量适中、结构合理及特色鲜明的学科专业体系，不仅为行业企业提供匹配的技术技能人才，还避免了院校间学科专业重复设置的问题。

第三，构建政府、企业与学校三方联动机制，动态调整学科专业结构。

政府应从全局出发，综合考虑区域中职或高职院校的学科专业发展，引导学校开设适应社会经济发展需求的新兴专业或前瞻专业，适量淘汰一些落后学科专业，更重要的是建立政府、学校、企业三方联动机制，根据区域产业结构的转型升级与企业需求定期动态调整学科专业结构。

12.3.1.3　调整职业教育布局结构，引领产业结构优化升级

考察期间实证结果研究表明，新疆职业教育布局结构与产业结构升级处于轻度失调状态，北疆地区较南疆地区有较大的教育资源优势，这两个地区的职业教育发展处于失衡状态，仅仅用农业经济发达程度和职业学校分布数量作为衡量新疆职业教育区域布局的指标缺乏一定的合理性，在布局结构上应充分考虑区域社会需求、公平与效率及要素禀赋等实际，做到优先发展与后发促进的有机结合。

第一，南疆地区着力发展中等职业教育，北疆地区积极发展高等职业教育。

鉴于南北疆地区的职业教育发展处于不均衡的发展状态，为此，南疆地

区职业教育的建设工作应主要放在中等职业教育发展上，大力提升中等职业教育办学质量，实施中等职业教育"办学条件达标工程"，采取集团办学、托管办学、合作与合并办学等措施，集中优势资源建设一批高标准中等职业学校和特色专业或一流专业，注重为高等职业教育输送技术技能基础扎实的生源，并适度加大对高等职业院校的发展力度。北疆地区应集中力量建设一批高水平高等职业学校和特色专业或一流专业，争做西北地区职业教育发展的领头羊，同时，积极推进为高等职业教育提质培优的同时，渐进式地发展本科职业教育。

第二，南北疆地区职业教育资源共享，助力职业教育向南疆地区发展。

目前，新疆优质职业教育资源大多主要集中在北疆地区，一是可以通过北疆地区职业院校和疆外院校在南疆地区院校开设分校区，将适合南疆地区产业发展的专业分设到南疆地区，以带动南疆地区职业教育的发展；二是北疆地区的职业院校教师和疆外职业院校教师可以在南疆地区职业院校挂职，定期去南疆地区讲学，让南疆地区职业院校的学生享受优质的教育资源；三是南北疆地区职业院校间或者疆内外职业院校间定期举办学习交流、竞赛等活动，增进学生间的交流与教师间的合作。

第三，鼓励有条件的职业院校兴办"社区学院"，实现"大职业"教育。

目前新疆职业教育仍然存在过分倚重学历教育的现象，而对职业培训、继续教育等教育培训形式重视不够。因此，大力发展多种形式的职业教育，特别是与新疆经济发展联系密切的行业所需人才的培训及继续教育应作为职业教育发展的新增长点，并成为政策制定的重点方向之一。另外，社区学院以其投资省、见效快、机制灵活、实用性强且具备均衡教育区域结构的特点，对推动产业结构的升级有很好的补充作用。因此，新疆可考虑支持有条件的中等职业技术学校根据当地经济社会发展的需要筹办"社区学院"，实现"大职业"教育。

12.3.2　提高学生培养质量是优化路径的关键

学生是教育服务的最终消费者，学生的培养规格将最终影响到市场对学生的需求，因此，满足学生的多样化需求与个性化发展是教育供给侧结构优化的重要原则，为学生提供多元、丰富、可选择的教育服务模式、教育资源及教育环境是教育供给侧结构优化的关键所在。强教必须强师，教师作为育人主体，从教与学看，是教育资源的直接供给侧，教师的专业素养及发展水平对学生的培养质量，学校的发展乃至办学特色具有重要的影响，教师的素质、能力及水平的提高是职业教育供给侧结构优化的本质，职业院校是为学生提供就业所需的知识与技能的场所，是培养职业技术劳动者与管理者的摇篮，为学生提供教育资源、教育环境和教育服务模式，是教育资源的间接供给侧，是职业教育供给侧结构优化的重心所在。因此，学生、教师与学校是职业教育供给侧结构优化路径上的三个非常重要要素，只有摸清基于产业结构现状的学生、教师及教育管理者的职业教育的现实情况，才能深入挖掘存在的问题，剖析原因并针对性地提出具体的优化路径。

12.3.2.1 从学生看优化路径：基于学生的调研分析

（1）探索教师教育教学新模式，提高学生的学习效果。通过对中高职院校学生的调研结果发现，学生通过公共基础课程学习后，不到一半的中职学生表示创新能力、逻辑推理能力、解决实际问题的能力提升较大，不到一半的高职学生认为通用能力、口语及书面表达能力、逻辑推理能力、解决实际问题的能力、计算机能力、信息处理能力提升较大，较少数高职学生认为英语能力提升较大，少数高职学生认为创新能力提升较大。再通过调查学生实践性教学课程的收获情况发现，相当部分中高职学生认为收获一般，只是会简单操作，在一定程度上说明学生培养质量没有得到切实提高。目前，新疆职业院校的学生多数是普教模式下的不适应者，相对来说，自制力与自觉性较差，这就需要考虑将学生的注意力吸引到学习上，为此，需要避开枯燥、抽象、纯理论的内容，突出知识的应用性与可操作性，凸显教学的实用性。另外，通过对专业教师的教学水平和教学方式评价的调查结果发现，较少数中高职学生认为多数教师既具备扎实的理论知识又具有丰富的实践经验，很少数中高职学生表示生动有趣，但教学内容偏少，很少数中高职学生表示呆板无聊，但教学内容丰富，这都说明职业院校教师的教学水平亟待提高，教学方式需要进一步改善。鉴于此，结合学生的实际情况、职业教育技术应用操作的特点、职业岗位的现实需要等，教师应积极探索职业教育教学的新模式，调动学生的学习兴趣，提高学习效果。

（2）明确培养目标，优化课程设置，增强学生职业技能。公共基础课是提高中高职学生素质、学好专业课和专业基础课的基石，专业课是培养中高职学生"知识＋技能"的落脚点，实训课则是专业课之后的实践环节，三类课程在教学体系中相辅相成。根据学生问卷中课程设置情况问题的调研结果发现，有一半以上的中职学生认为公共基础课与专业课设置不合理，近一半的高职学生认为公共基础课与专业课设置不合理，同时，对学生所在专业的课程开设方式调研结果发现，不到一半的中高职学生认为理论与实践结合，开设比例合适。再据教育管理者问卷的调研结果表明，多数中职院校公共基础课的开设比例为 30%～45%，专业课的开设比例为 60% 以上，实践课的开设比例为 60% 以上，多数高职院校公共基础课的开设比例为 15%～30%，专业课的开设比例为 45%～60%，实践课的开设的比例为 45%～60%。这说明中高职院校的课程设置还不尽合理，基于此，职业学校的培养目标应坚持德技并修，在培养学生具备工匠精神的前提下，重构专业课程体系。在注重提升学生综合素质的前提下，应合理设置不同类型课程的比例，课程设置应瞄准市场的需求，结合专业特点，依据岗位或职业能力要求，有针对性地设置公共基础课与专业课，在专业课的内容设计上还要注重培养学生应用性与操作性的职业能力。

（3）强化学生的实习实训，提高学生的岗位实操能力。职业院校的实习实训是以实现学生与岗位零距离为技能训练目标的重要基础性教学环节，因此，实习实训的组织安排、教师指导、实习实训场地等都将影响学生的培养质量。根据对学生调研结果发现，依然有较少数的中高职学生对学校安排的实训课程不太了解及不了解，因此，在学生实习实训前，学校应通过一定途径让学生充分了解课程设置的情况及课程需要具备的基本知识，有的放矢地参与到实习实训教学中，达到事半功倍的效果。另外，调研结果显示，多数中高职学生希望在教师指导下开展实习实训，这在某种程度侧面反映了学生的专业基本技能欠缺，基于此，职业院校应更注重学生实际操作技能的培养，实现教学中理论部分与实习实训分模块结合，在实习实训课程中应注重学生的动手操作训练过程的养成教育，把动手操作放在首位，将实习实训讲解穿插在操作中，讲解旨在促进操作，期间还要因势利导、因材施教、积极引导、答惑解疑，提升学生的实践技能，把学生培养成为合格的技术技能型人才，为当地社会和区域经济发展储备人才。

（4）学生职业规划通过学校创造有利条件，为社会提供适配人才。根据学生问卷调查结果发现，学校对在校学生职业规划缺少引导，致使学生既没有清晰的就业岗位认知，对自身职业规划模糊，也没有较强的自主创业意识。调研结果还显示，当前就业市场更需要的人才依次为高技能工人、技术工人和管理人才，就业前景好的专业主要是信息技术类、农林牧渔类、能源与新能源类、资源环境类、财经商贸类、医药卫生类，但学生在毕业择业时却将所学专业与产业结构相适应并且将地区有发展潜力作为最重要首选因素，其次对国企、事业单位、政府机构等稳定工作有较高的就业选择倾向，这些都反映出由于学生在学校没有接受到系统的职业规划指导，造成大多数学生对就业市场没有清楚的认知，致使他们毕业后的就业现状与自身就业预期有较大落差，反映在调研结果中则表现为就业市场中职业院校难以发挥对技术技能人才的专业培养优势。为此，职业院校应尽早对在校学生进行就业指导的相关培训，将就业指导培训提升到与其他课程教育同样的地位，学校应在每学年分期开设就业指导相关课程，如通过引导一年级的学生主动收集就业信息找到其就业兴趣点，引导二年级的学生熟知职业生涯规划同时做好就业所需的各项条件准备，指导三年级的学生掌握求职技巧，在校进行模拟招聘或提前参加招聘进行就业前热身等活动，创造更多机会，让学生对自身和就业市场有清晰的认识，从而激发学生在校期间提升个人能力的积极性，为就业做好各项准备。

12.3.2.2　从教师看优化路径：基于教师的调研分析

（1）优化课堂教学设计，更新课程教学内容。根据教师调研结果发现，较多数的中职教师在课堂教学设计中采取以下方式：一是提炼学科知识将其转化为应用知识，并根据学生特点予以设计；二是将新知识、新技术有选择地应用；而绝大多数的高职教师在课堂教学设计中采取的方式有：一是提炼学科知识并转化为应用知识，再根据学生特点予以设计；二是将新知识、新技术有选择地应用，多数高职教师在课堂教学设计中会组织学生开展社会调查；还有只有不到一半的中职教师和少数高职教师在课堂教学设计中采用以就业为导向同时注重课程综合开发，而在课堂教学设计中组织学生开展社会调查的中职教师却不到一半。因此，为优化课堂设计，应将思政内容纳入课堂教学设计中，提高学生的思想政治素养，同时教师要积极调研，借助政府提供的信息交流平台与其他育人主体加强沟通和交流，提炼有关信息，将企业的实际生产情境作为教学案例融入课堂设计中。

在理论与实训课程比例上，多数中职教师认为开设的实训课程占全部课程的比例主要在 20%～50%，并且调查结果表明学校实训课程内容设置不能满足学生的就业需求，少数中职教师认为应该不断总结问题与实时更新课程内容，而少数高职教师认为应该不断总结问题并改进，在以就业为导向的前提下引入企业项目教学，因此，教师应根据岗位的行业标准、职业规范等实际需求，前瞻性地调整与优化课程结构、更新课程内容，并建立起 1～2 年局部调整，2～3 年全部调整的动态管理机制，同时对学生职业能力的培养应实行关键能力指标的动态设置，使得学生面对职业变化时，也具有学习应用新知识并内生新技能的能力。另外，还应依托产教融合平台与校企联合开发教材，加强教材内容的新颖性，逐步改变教材与生产实际脱节状态，可以将竞赛内容转化为教学内容，高职院校教师也应牵头合作中职院校教师，结合社会对专业的需求，共同制订培养方案、课程标准、课程大纲，针对不同专业特点编写一体化教材，实现人才培养的无缝对接。

（2）创新教学方法。目前常用的课堂教学方法主要有任务驱动教学、PBL 教学、案例教学、情景教学等多种方法，但根据调研结果发现，高职教师以任务驱动法作为其主要的教学方法，中职教师仍以灌输授课作为主要的教学方法。实践性和职业性应是职业院校突出的教育教学特点，根据专业所需，应推行情境教学、项目教学、模块化教学等灵活多样的教学方法，提高课堂教学质量，同时可以将第二课堂技能大赛成果向教育教学资源转化，将竞赛训练模拟转化为教学过程，让课堂学习接近真实生产的任务训练，调动学生学习兴趣，另外注重教育教学与现代信息技术的深度融合，将大数据、人工智能、区块链、物联网等新技术灵活补充到教育教学中，将数字化专业课程教学纳入课程体系的建设中。

（3）提升教师专业实践技能，深化教师"双师"能力。通过调研"教师对企业实践锻炼作为工作绩效考核指标认同程度"问题的结果表明，绝大多数教师持认同态度，调查结果还发现职业院校中高职教师深入基层或者企业开展实践工作的时间普遍不长，绝大多数中职教师实践工作时长不足6个月，绝大多数高职教师实践工作时长在一年以下，并且很少数高职教师具有本专业生产服务一线工作的经历。根据调研结果可知，只有少数中高职教师具备高学历、专业行业工作经验及执教教师资格证书，较少数中职教师具有相关专业工作实践并具有相关专业技术资格、具有较好的现场实际操作能力，少数高职教师具有工作实践、专业技术资格和现场实操能力。鉴于此，中高职院校尤其是中职院校应通过加强与用人单位建立长期稳定的关系，在政府的大力支持下通过与企业共建"双师型"教师培养培训基地的方式，派遣教师到基层实践周期至少一年的时间，在提升专业实践能力的同时也为"双师型"队伍的建设创造一定的条件。由于近年来新疆产业结构升级需要一些新技术技能人才，职业院校也应随之增设一些新专业，基于建设"双师型"教师队伍周期较长，为促成高质量"双师型结构"教学团队的建设，高职院校可借鉴实施专业学位研究生培养的校内校外"双导师制"的做法，校企双方共同建立一支既懂教改、技改，又会创新、创业的"双改双创型"教师队伍。

（4）提升教师专业素养，适应产业结构升级。只有不断地提高教师的专业素养，才能适应当地经济发展的需要，培养出适合产业结构升级的新兴学科专业人才。但通过教师问卷调查发现，虽然大多数中高职教师认为自身的专业知识和技能更新能力水平符合产业结构调整的需要，但仍有较少数中职教师认为自身的专业知识与技能不太符合产业结构的调整，很少数高职教师认为自身的专业知识与技能不太符合产业结构的调整，同时中高职教师参加学科前沿、学科发展新形势的培训较少，对未来学科专业发展的前瞻意识欠缺。调查结果还发现，中职教师所从事的农林牧渔业、加工制造业的学科专业占比较高，高职教师所从事的农林牧渔业、信息技术业以及财商经贸业学科专业的占比较高。进一步调查发现，中职教师表示近几年增加农林牧渔业、加工制造业、信息技术业、旅游服务业和轻纺食品业等学科专业的占比较高，而司法服务业和休闲保健业等学科专业增加占比较少；高职教师表示近几年增加的农林牧渔业、信息技术业和旅游服务业等学科专业的占比较高，交通运输业、休闲保健业以及体育与健身业等学科专业增加占比较少，说明学科专业的设置在一定程度上滞后于当地产业结构的升级的需求，因此，为适应当地产业结构升级的需要，中高职教师自身应积极谋求转型，学习新专业的前沿理论知识、积极参加企业实践锻炼、参加学科发展形势等内容培训等，跟上未来学科专业发展的步伐。

12.3.2.3　从学校看优化路径：基于教育管理者的调研分析

（1）拓宽人才引进渠道，建立健全科学人才测评体系。第一，拓宽人才引进渠道，注重现有师资的培育，优化师资结构。根据宏观数据分析显示，新疆职业院校的师生比依然偏低，通过教师问卷的调查也发现，师资力量薄弱是目前中高职教师所在专业存在的最大问题，这影响了职业教育的培养质量。所以，新疆职业院校应积极培育并引进人才，学校可通过"外引内培"并举的方式聚集人才，所谓"外引内培"，即某领域具有重大学术影响的重要学者等典型人才与进行高层次研究和教学任务的团队协作人才及极具潜力的骨干教师或青年学者的内部培育人才。另外，学校还可通过政府帮扶引进"能工巧匠"进课堂、进入实习实训基地任教。据调查结果发现，多数中高职教师所在专业人才培养规格和质量的目标是培养高技能技术型人才、复合型人才以及培养与产业发展趋势相契合的新专业人才，因此，需要强化院校间及院校与企业间的良性互动的协作关系，具体而言：一是吸引疆外人才到疆内教学，吸引具有创新实践经验的高技能人才、"能工巧匠"等到学校讲学；二是学校在政府财政的引导下，鼓励教师到生产或管理岗位顶岗实践，夯实现有学校师资队伍的整体素质。

第二，建立科学人才测评体系。人才评价是开发管理和使用人才的前提，是人才发展体制的重要组成部分。通过对"学校人才引进的措施"这一问题的调查发现，较少数中等职业院校拥有完善人才管理机制的措施。为此，在设立人才发展机制时，职业院校应设置科学的评价标准，合理制定人才政策，从而建立科学的建立人才测评体系。

第三，完善教师职称评价和绩效考核标准。通过对"教师职称评价标准"问题的调查发现，较少数中等职业院校对从事校外实习与实践教学的指导老师在职称评价时予以政策倾斜。因此，应突出技能考核在职称评价中的分量，给予实践指导教师一定政策优待。通过对"教师业绩考核评价"问题的调查发现，较少数中等职业院校将"产教融合"纳入教师业绩评价指标中，不到一半的中职院校将专业实践能力纳入到教师业绩评价标准中，因此，学校应将参加过企业实践经历作为教师业绩的一项重要评价指标，通过该评价凸显职业院校对专业实践能力的重视，不断提高技能人才待遇及教育技能人才待遇。

（2）以校企合作为平台，共同制订工学结合的专业人才培养方案。通过对"学生的培养目标"问题的调查发现，较少数中职院校的培养目标是建立职业教育和专业学位联通融合。因此，中职院校应考虑学生整个职业生涯的发展规划，准确定位中职院校的人才培养目标，加强对学生职业的适应性、个人素质和能力的培养以及知识迁移能力的培养，解决中职院校人才培养向高阶段学习的衔接问题。

进一步调查发现，新疆职业院校学生存在实习期较短、自我学习能力弱、岗位适应能力差、专业技能弱、职业素养不高、缺乏敬业精神等一系列问题，而目前企业除看重专业技能知识外，更多的是看重员工职业实践能力、人际沟通能力、岗前技术证书、职业道德等综合能力，反映出当前职业院校的人才培养方案与企业的岗位需求有较大偏差。基于此，职业院校为培养出"为企所用"的有效职业人才，必须满足企业人力资源发展的需要，将企业引入到专业人才培养方案制订中，进行社会人才需求分析，坚持以能力培养为目标，并通过企业专家认证，培养出与企业需求精准匹配的职业人才，从而达到"校企双赢"。

学校根据学科专业设置的要求与实习实训教学需求，本着"优势互补、互惠双赢"的原则与有意向合作的企业共建校内外实训基地。通过调研结果表明，学校与用人单位之间沟通不够畅通，有的学生无法达到用人单位的要求；接受教师到单位实践的用人单位数很少，在这些少数用人单位中，每年职业院校派遣教师到单位实践人数近一半以上，而用人单位中高职教师到单位实践时间的周期短，半年以上的较少，说明"校企合作"缺乏长效机制。因此，学校应加强和企业之间的沟通，在政府相关政策的支持下，通过"专业＋产业""研发＋教学""就业＋培养"等链条，推行职教集团的校企合作模式，推动学校和企业共同利益的培育和发展。同时，学校应及时把握企业用人岗位的动态调整，进一步地巩固校企合作的稳定性和长期性，逐步形成企业市场化运作、校企间"互惠双赢"的长效合作机制。

（3）学校应依托政府的支持，改善教学环境。课程资源、教师资源和物质资源是构成教育教学正常运行的支撑要素和开展教育教学培养人才的基础，其所形成的教学环境是开展职业教育教学良好的保障，尤其是网络资源平台和实训平台在协同教学培养学生质量方面有着重要的作用。通过学生调研结果发现，虽然绝大多数中高职学生表示学校的实训设备、实训资料和场地满足教学要求，但仍有近三成的学生表示学校的实训设备、实训资料和场地不满足教学要求，相当部分的高职学生表示实训场地局限于教室且功能不完备，大多数学生认为实习实训场所仍有待改善升级，并期望其具备教师指导练习场地、高度模拟真实的岗位环境和单纯的技能练习场地。基于此，学校应首先争取当地政府的财力支持，作出整体规划布局，改善校园环境和教学条件，扩大并优化学生实训的场地，与政府及用人单位达成协议，采购行业企业最新规格的设备用于校内教学的同时建立"校内工厂"，在校外可联合政府部门及企业建设校外实习实训基地，将实践育人平台从校内扩展到校外，从课内扩展到课外，实现全覆盖。其次，通过对网络教学资源共享平台使用情况的调研结果发现，有近三成院校至今尚未开通使用，但已开通使用的大多数学生对其使用持较高的满意度。鉴于以上情况，在加大校内外实训基地建设的同时，新疆职业院校建设还可以通过充分运用新技术、新理念，做大做强"VR＋职业教育"，有效满足中高职院校高质量实习实训的要求。

12.3.3　企业需求是优化路径的导航仪

12.3.3.1　专设兼职教师岗位，参与教学质量评价管理体系

企业通过签订合同与职业院校建立产学研基地，形成长期稳定的校企合作关系。调研结果发现，目前很少有用人单位通过提供兼职教师岗位、参与人才培养方案设计与实施方式参与"校企合作"，只有不到一半的单位为教师提供实践机会或通过与学校实施订单培养的方式参与校企合作。因此，在兼职教师岗位设置上，一方面企业内部应专设企业兼职教师岗位，主要培养有职业技能教育经历并富有职业技能经验的青年加入到职业教育行列，另一方面为保证院校学生有高质量的专业实习实训，企业应与学校共同探讨人才培养方案制定，并结合以往学生在企业实习实训或顶岗实习中出现的问题及与企业用人需求间的差距，提供具体的教学理论指导与操作方法，帮助学校完善教学质量的评价与监控管理体系，提高人才培养质量。

12.3.3.2　建立健全用人单位参与职业院校学生的评价体系

德国非常重视师傅带徒弟的理论学习，此环节占到整个学习过程的2/3以上的时间，但通过调查发现，新疆职业院校学生的实习期较短，多为一年以下，学生还未完全适应工作环境就得离开实习岗位，导致实操能力没有切实提高，与实习的岗位要求有一定的落差。另外，学生还存在自我学习能力弱、岗位适应能力差、专业技能不强、职业素养不高、缺乏敬业精神等一系列问题，而用人单位更看重的是学生的实践能力、获取岗前技术证书能力、人际沟通能力和良好的职业素养。为优化人才培养方案，提升人才培养规格，用人单位应根据学生在实训期间出现的问题进行全面而深入地分析，据此，用人单位需建立健全参与职业院校学生的评价体系，如评价学生从招生录取到入学的学习过程，参与学生的校内实践教学评价，参与学生在单位岗位实习的评价，参与学生的毕业考核及毕业后进入劳动力市场的职业生涯发展规划等。但调研结果显示，用人单位与学校间在共同探讨人才培养方案的制定、

修订及考核方面做得并不到位，在学生毕业考核及毕业后进入劳动力市场职业生涯发展方面的参与也有所欠缺，为此，用人单位应与学校共同探讨人才培养方案的制定、修订及考核，注重教学环节对接生产过程方面设置、课程内容环节对接职业标准方面设置、教学方式环节紧贴岗位生产过程等方面，加大用人单位参与对职业院校学生的毕业考核力度。

12.3.3.3　建立健全用人单位参与职业院校教师的评价体系

根据调查结果发现，每年职业院校派遣教师到用人单位实践人数近 50% 以上，但提供给教师参加实践的用人单位较少，并且实践周期短，尤其以单位顶岗培训项目的方式将教师派遣到用人单位实践的更少，无法确保用人单位对教师实践项目的精准供给，实际上用人单位提供给教师实践的安排与管理方式主要是安排了详细的实践计划与任务，提供了必需的办公生活条件，安排了专业对口的指导老师、专业对口的岗位，但提供的专业对口指导老师及对教师进行监督、管理及考核的用人单位较少，导致教师专业实践的技能没有实质性地提升，实践的经验没有得到进一步充实，进而影响到对学生的培养质量和培养效果。为了提高用人单位的人才需求与学校培养人才质量的适配性，需要建立健全用人单位参与职业院校教师的评价体系，主要包括参与到教师所在学校的专业论证、课程设置及人才培养方案制订等过程中，参与评价教师在单位的实践能力，参与评价教师解决行业单位生产管理问题的能力，参与评价教师开展单位人员培训的能力。但调研结果还显示，用人单位没有参与学校的专业论证、课程设置、人才培养方案制订，没有参与教材编写中关于用人单位在教育教学过程中的需求，没有参与教师对单位人员开展培训的能力，参与评价教师解决行业单位生产管理问题的能力与参与评价教师开展单位人员培训的能力方面的用人单位仅占一半，为此，用人单位应积极开展或加强对职业院校教师的评价，并对其参与教师的评价体系予以完善。

12.3.3.4　用人单位应根据产业结构升级的需要，对岗位进行动态调整

根据调研结果显示，绝大多数用人单位的岗位设置没有满足当地产业结构升级的需要，用人单位对现有岗位设置不足，还需要扩大用工种类。因此，

为保证未来人才发展能够适应当地产业结构升级需要采取以下方式：一是加大与职业院校校企合作力度，培养相应人才；二是积极联合行业，对相关人才质量的资格认证及专项职业能力考核制度进行探讨，拓宽高技能人才的培养途径；三是积极向当地政府反馈本单位发展及用工情况，并申报相关的制度保障来激励本单位开展校企合作；四是通过加大对用人单位的经营理念的社会宣传，吸引人才。

12.3.4　政府助力是优化路径的保障

作为学校举办方的政府，应发挥统筹协调关于优化职业教育供给侧结构主体间的关系，即政府宏观指导、职业院校自主办学、社会第三方评估的多元主体间的关系，着力促成"政府适度管教育，学校规范办教育，企业协助促教育，行业协会评教育"的和谐发展新环境，为此需以法律及规章制度的形式建立健全以政府主导、企业指导、社会第三方评估的多元主体参与的办学机制，明确各方责任权利，实现适应产业结构升级需求的职业教育供给侧结构，从而保证人才的精准供给。

12.3.4.1　完善联席会议制，加强责任监督，确保产教良性互动

为确保职业教育工作的统筹规划，政府应综合协调宏观管理职责，将国家现行的有关职业教育督导评价指标，结合当地情况，纳入新疆政府对地方经济社会发展的履职考核指标中，并采取相关协助运行措施。一是完善职业教育部门联席会议制度，为多元协同育人的参与主体搭建平台，定期召开用人及技术工作会议，通过平台各主体反馈现阶段的发展情况，同时学校与企业、行业协会等社会组织可进行信息速配，达成共享。在此基础上，政府可以清晰掌握各主体发展动态，做好教育布局、学科结构及教育层次的前瞻性的规划设计，并向社会发布信息指导。二是成立以政府统筹、其他主体共同组成的质量评估小组和监管队伍，对校企合作事项进行有效监督和反馈，以保证产教的良性互动。

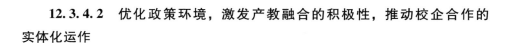

12.3.4.2　优化政策环境，激发产教融合的积极性，推动校企合作的实体化运作

校企合作对提升职业院校学生能力为产业发展培养所需人才、实现产教融合提供了可能，但此实施过程较复杂。为保证校企合作的有效开展，一方面政府应用政策制度的红利调动企业积极性，鼓励当地国企、行业骨干企业示范带头，带动中小企业携手职业院校共建产教融合集团，并对产教融合型企业给予"金融＋财政＋土地＋信用"式的激励，落实规定相关的税费政策等；另一方面政府应建立相应校企合作运行成效的评估机制、奖罚措施，推动企业履行共同办学的社会责任。在政策及制度的制定过程中，需要政府研究企业参与校企合作的背后机理，把握不同企业参与的意愿、模式、期望及投入产出等，以保证校企合作政策的落地、生根、发芽，推动校企合作长期深入的运行。

12.3.4.3　统筹配置教育资源，规范办学行为，围绕产业发展调整学科专业布局

一方面，政府对国家教育事业进行统筹管理，制定发展规划、方针政策和基本标准，优化学科专业结构、层次结构和区域布局结构；另一方面，政府在规范学校办学前提下，向学校放权，在特色办学的同时保证职业教育办学方向不变、培养模式不变、特色发展不变，坚持立德树人，德技并修融合统一的办学目标。地方政府在当地经济建设和社会发展规划中要纳入职业教育，鼓励学校因地制宜地开设紧密对接产业链与创新链的专业，尤其是市场较紧缺专业。为保证同层次教育间的公平竞争，政府应统筹制定师资、经费等各类教育资源，统筹安排招生就业等，通过推动制定各项职业教育发展的政策措施，提高教育教学质量和办学效益。在出台的教育发展体系中，围绕经济社会发展对产业的需求不断调整学科专业布局，均衡北疆地区、南疆地区的教育发展，建立教育资源互通共享的区域性协作机制，为区域生态保护和经济社会高质高效发展提供有力支撑。

12.3.4.4 完善经费发放标准，动态调整拨款水平，积极探索多元经费来源渠道

政府是教育投资的主体，充足的经费可以提升办学质量。政府应建立与办学规模、办学质量等相适应的财政投入制度和标准，根据发展需要和财力可能，动态调整生均拨款标准，逐步提高拨款水平。通过调研结果发现，绝大多数高职院校经费不足，中央拨款是中高职院校教学经费的主要来源，少数中职院校接受公共财政帮助，少数中高职院校接受社会捐助。因此，一方面政府需要增加经费投入力度，另一方面，积极探索职业教育经费多元化的来源渠道，盘活中央和地方的职业教育资金渠道。政府通过创立公益性基金会等形式，面向全社会各界对职业教育事业的建设进行投资，确保教育经费的重组供给，扶持职业教育办学，落实免学费、资助及对口帮扶政策；还可以通过鼓励各职业院校以校企合作的方式办"教学工厂"，通过学生入厂实践的方式参与工作提高技术，在解决了教学实践厂地的同时获得收入，也为学校的发展创立了资金，在此过程中学生能真切感受到所学技术的价值内涵，从而唤醒其学习的积极性。

12.3.4.5 构建行业协会参与校企合作的运行机制

为提高行业协会对职业院校校企合作的引导能力，有必要借鉴发达国家行业协会参与职业院校校企合作的经验。为此，职业院校和企业要建立行业协会引导的校企行三方合作的办学理念，积极配合行业协会开展工作。行业协会可在政府的支持下搭建校企双方信息沟通平台，收集和传递职业院校与企业之间的信息，一方面，职业院校能够了解企业对人才的需求，及时调整培养目标，调整师资培训方向，更新教学内容，缩小与社会需求间的差距，另一方面，企业也可以了解职业院校人才培养的规格和质量等信息，保障校企之间的信息畅通。同时，行业协会自身也应积极参与到职业院校的人才培养计划中，为职业院校的课程设置、教学要求提供行业参考标准。另外，行业协会还可参与校企合作人才质量的评估，组织行业内职业资格认定考试和资格认证，提高人才在市场中的流动能力和在企业中的职称待遇。

12.4　研究不足与展望

本书的研究一是从宏观分析角度对职业教育供给侧结构整体、层次结构、学科专业结构、区域布局结构分别与产业结构升级进行适应性分析，二是从微观分析角度从职业教育供给端与需要端对调研结果进行了分析，从而对产业结构升级视角下的新疆职业教育供给侧结构性优化路径进行了深入研究。由于受客观与主观条件所限，本书尚存在一些不足，还有一定的提升和改进的空间。

第一，项目团队在大量已有文献的基础上，认真努力地设计问卷，并多次讨论、修改与完善，但毕竟受研究力量及能力所限，问题及答案设计的不一定全面与精准。

第二，受疫情管控的实际影响，本应对新疆职业教育职能部门的深层次访谈内容无法按计划实施，因而，对问卷中没提及但分析中需深入分析的内容没能进一步补充，这也是今后需要深入研究的问题。

第三，本项目根据调研的数据主要对中职院校与高职院校分别就学生、教师、教育管理者进行了分析，没有分南疆与北疆地区再对中职和高职院校进行细化分析，这也是今后尚需进一步研究的问题。

参 考 文 献

［1］ 毕家驹．外国高等职业教育的特点及发展趋势［J］．高等发展与评论，2006（2）：77 – 81．

［2］ 曹洁，张学英，闫妍．京津冀高等职业教育专业设置问题分析［J］．中国职业技术教育，2018（17）：17 – 22．

［3］ 曹卫国，张蓉华．论产业结构升级对职业教育的影响［J］．职业教育研究，2008（9）：126 – 127．

［4］ 陈保荣．职业教育与产业结构协调性研究［J］．成人教育，2020，40（7）：51 – 56．

［5］ 陈龙涛，梅春才，李佳．深化供给侧改革背景下职业教育终身化发展构建研究［J］．中国职业技术教育，2018（33）：21 – 24．

［6］ 陈明选，黄浩，周潜．数字校园支撑职业院校教育教学改革的核心要点：《职业院校数字校园规范》解读之二［J］．中国职业技术教育，2020（34）：10 – 15．

［7］ 陈淑芬．"供给侧改革"视阈下高职 ESP 英语人才培养研究［J］．教育现代化，2019（93）：15 – 16．

［8］ 陈水斌．现代化经济体系建设背景下的职业教育供给侧改革［J］．教育与职业，2019（2）：25 – 31．

［9］ 程艳霞，李永梅．普及高中阶段教育的历史逻辑与供给侧改革路径［J］．中国教育学刊，2019（2）：34 – 41．

［10］ 陈苡．基于德国教学模式的实践教学改革探索与实践［J］．教育研究，2020（41）：25 – 27．

［11］ 陈俊珂．日本企业职业教育的三大特点［J］．中国成人教育，1997

（10）：42 – 43.

［12］陈晋玲，张靖．教育层次结构与产业结构优化效应的统计测度 ［J］．科学研究，2019，37（11）：1990 – 1998.

［13］陈晋玲．教育层次结构对产业结构优化升级的影响研究：基于空间杜宾模型 ［J］．技术经济，2020，39（10）：112 – 118.

［14］程兰芳，王园园．我国高等教育与经济增长的协调度研究 ［J］．现代教育管理，2009（1）：38 – 40.

［15］迟景明，何晓芳，程文，等．高等教育层次结构与经济发展关系的实证研究 ［J］．教育与经济，2010（1）：1 – 7.

［16］崔志莉．基于乡村振兴需求的职业教育供给侧改革路径 ［J］．教育教学论坛，2020（35）：1 – 2.

［17］邓鹏，赵晓琴，许健．高等职业教育对区域经济发展和就业影响的实证分析：基于新疆高等职业教育资源空间布局和规模的视角 ［J］．新疆社会科学（汉文版），2016（1）：149 – 152.

［18］邓庆宁．发挥基础作用优化布局结构 ［J］．中国职业技术教育，2014（21）：66 – 71.

［19］邓耀彩．欧美高等职业教育定位 ［J］．高教探索，2005（2）：33 – 35.

［20］丁才成．新时代高职院校专业质量评价策略的研究与实践 ［J］．中国职业技术教育，2020（35）：70 – 74.

［21］丁宁．日本职业教育发展历程特点及启示 ［J］．教育与职业，2019（2）：79 – 85.

［22］付卫东．职业教育改革与发展的经验与启示 ［J］．西南交通大学学报，2014（6）：105 – 110.

［23］付雪灵，石伟平．美澳欧盟职业教育教师专业能力标准比较研究 ［J］．比较教育研究，2010（12）：81 – 85.

［24］付国华．中高职课程衔接问题与对策分析 ［J］．职业技术教育，2020（32）：37 – 40.

［25］高峰．乡村振兴战略下农村职业教育发展现状及应对策略 ［J］．职

教论坛, 2019 (4): 135 - 138.

[26] 高然. 东北地区高等教育科类结构与区域经济发展的适应性研究 [D]. 沈阳: 沈阳师范大学, 2020.

[27] 高远东, 张卫国, 阳琴. 中国产业结构高级化的影响因素研究 [J]. 经济地理, 2015, 35 (6): 96 - 101, 108.

[28] 干春晖, 郑若谷, 余典范. 中国产业结构变迁对经济增长和波动的影响 [J]. 经济研究, 2011, 46 (5): 4 - 16, 31.

[29] 国家中长期教育改革和发展规划纲要 (2010 - 2020 年) [J]. 实验室研究与探索, 2018, 37 (6): 273.

[30] 郭立强, 张乃楠. 高等教育与经济发展的协调性研究 [J]. 黑龙江高教研究, 2018, 36 (7): 43 - 48.

[31] 郝冰. 天津职业教育公共服务问题研究 [D]. 天津: 天津财经大学, 2019.

[32] 郝克明, 汪永铨, 中国高等教育结构研究 [M]. 北京: 人民教育出版社, 1987.

[33] 郝天聪, 石伟平. 产业结构转型与职业教育办学模式改革: 基于对美国、德国、日本、中国的比较分析 [J]. 现代教育管理, 2020 (8): 122 - 128.

[34] 郝天聪, 石伟平. 高职院校的科研锦标赛: 表现形式、形成机制及改革建议 [J]. 高等教育研究, 2020, 41 (11): 66 - 72.

[35] 韩锡斌, 崔依冉, 罗杨洋. 职业院校数字校园的内涵、框架及要求:《职业院校数字校园规范》解读之一 [J]. 中国职业技术教育, 2020 (34): 5 - 9.

[36] 韩永强, 王仙芝, 南海. 职业教育专业结构与产业结构协同度测量 [J]. 中国职业技术教育, 2019 (11): 47 - 52.

[37] 何有良, 莫健. 供给侧改革视角下广西高职教育供给状况分析 [J]. 高教论坛, 2019 (8): 100 - 103.

[38] 何万国, 兰刚, 杨慊慨. 成渝主轴带高等教育布局与结构优化 [J]. 重庆高教研究, 2020, 8 (6): 23 - 33.

[39] 何静，殷明，刘丹青．基于成果导向的高职应用型学习层次结构分析与探索——以美国DQP学历框架为例 [J]．职业教育研究，2019（4）：87－91．

[40] 侯小雨，曾姗，闫志利．高职院校专业设置与产业结构的适应性问题及优化措施——以河北省为例 [J]．高等职业教育探索，2019，18（1）：63－69．

[41] 黄艳，周洪宇．长江经济带高等教育竞争力测度及空间布局研究 [J]．中国高教研究，2020（3）：44－49．

[42] 黄勇，李光荣，杨宗伟．高分子行业人才需求与职业院校专业设置匹配分析研究 [J]．中国职业技术教育，2020（35）：13－22．

[43] 姜平．浅论新形势下新疆职业教育如何发展 [J]．西部教育，2014（32）：36－37．

[44] 蒋辉，张康洁，张怀英，等．我国三次产业融合发展的时空分异特征 [J]．经济地理，2017，37（7）：105－113．

[45] 江永红，张彬，郝楠．产业结构升级是否引致劳动力"极化"现象 [J]．经济学家，2016（3）：24－31．

[46] 季玫瑰．供给侧改革背景下高职学生就业能力提升研究 [J]．职业，2019（24）：32－33．

[47] 景维民，王瑶，莫龙炯．教育人力资本结构、技术转型升级与地区经济高质量发展 [J]．宏观质量研究，2019，7（4）：18－32．

[48] 康元华．产业结构与职业教育互动战略研究 [D]．南宁：广西大学，2006．

[49] 孔海东，刘兵，徐志云，等．区域产业结构与学科创新体系对接分析研究—以河北省为例 [J]．黑龙江高教研究，2019，37（2）：59－65．

[50] 孔繁正，夏新燕．我国高职教育对产业结构转型升级影响的实证分析 [J]．广东技术师范学院学报，2019，40（1）：1－6，14．

[51] 雷培梁．适应新型城镇化建设的高等教育布局与结构调整 [J]．中国高等教育，2015（7）：42－45．

[52] 梁丹，徐涵．职业教育专业结构与产业结构的协调性评价研究——

以辽宁省为例 [J]. 现代教育管理, 2016 (12): 58 - 64.

[53] 郎军. 职业教育产教融合人才培养问题及对策研究 [D]. 沈阳: 沈阳师范大学, 2020.

[54] 黎玉升, 关伟东. 供给侧改革背景下广西通用航空专业人才培养模式研究 [J]. 教育现代化, 2019 (25): 224 - 225.

[55] 李春鹏, 黄玉强. 基于产业发展的广西中等职业教育专业结构分析及优化策略 [J]. 教育与职业, 2019 (18): 36 - 41.

[56] 李海东. 基于产业转型升级的职业教育供给侧改革研究 [J]. 教育与职业, 2019 (5): 5 - 12.

[57] 李建萍, 陈御钗. 试论新形势下广东物流职业教育的布局结构优化 [J]. 中国职业技术教育, 2011 (12): 38 - 41.

[58] 李钧, 赵璐. 发达国家本科教育层次职业教育研究——以美德日三国为例 [J] 高等教育研究, 2009 (7): 89 - 95.

[59] 李俊. 德国职业教育发展之社会结构及文化传统探源 [J]. 清华大学教育研究, 2011 (2): 113 - 119.

[60] 李敏, 张婷婷, 雷育胜. 人力资本异质性对产业结构升级影响的研究——"人才大战"引发的思考 [J]. 工业技术经济, 2019, 38 (11): 107 - 114.

[61] 李敏, 孙佳佳, 张婷婷. 人力资本结构高级化对产业结构升级的影响研究—基于中国省级面板数据 [J]. 工业技术经济, 2020, 39 (8): 72 - 77.

[62] 李兴洲, 肖珊, 朱明. 加拿大职业教育管理体制的特色探析 [J]. 教育研究, 2014 (9): 127 - 133.

[63] 李鹏, 朱德全. 职业教育质量监测评估: 英美德奥的经验与启示 [J]. 职业技术教育, 2019 (4): 77 - 81.

[64] 李雪花, 张燕燕. 日本中等职业教育与高等教育衔接模式的启示 [J]. 河南职业技术师范学院学报, 2008 (5): 62 - 64.

[65] 李薪茹, 茹宁. 多学科视域下我国职业教育与产业协同发展研究综述 [J]. 高等职业教育探索, 2019, 18 (1): 4 - 10.

［66］李淑琴．供给侧结构改革推进高等职业教育专业的优化路径——以甘肃省高等职业教育为例［J］．广东交通职业技术学院学报，2020（6）：113－117．

［67］梁莹．安徽省高等教育结构与产业结构协调发展研究［D］．蚌埠：安徽财经大学，2020．

［68］刘瀑．河南省教育层次结构与产业结构调整的关系［J］．教育评论，2014（7）：129－131．

［69］刘克勇，郝天聪．贯通培养：增强职业技术教育适应性的区域实践［J］．中国职业技术教育，2021（13）：5－9．

［70］刘磊，徐国庆．中本贯通教育外部质量保障框架设计——基于制度建设视角［J］．中国职业技术教育，2020（36）：26－30．

［71］刘启够．基于产教融合的福建水利职业教育供给侧改革实践与思考［J］．长江工程职业技术学院学报，2019（1）：32－35．

［72］刘焱．供给侧改革背景下安徽省农村职业教育发展研究［D］．淮北：淮北师范大学，2019．

［73］刘洋，刘苗苗，刘纬纬，等．产业转型升级视角下黑龙江高职教育供给侧结构性改革研究［J］．智库时代，2020（16）：37－39．

［74］刘扬．中国与以色列职业教育比较研究［J］．教育研究，2011（3）：2－3．

［75］刘雅婷．行业协会参与高职院校人才培养的路径研究［D］．桂林：广西师范大学，2018．

［76］刘玉萍．地方高等职业教育供给侧改革困境与对策研究［J］．齐齐哈尔大学学报（哲学社会科学版），2019（4）：164－166．

［77］路宝利．美国中等职业教育启鉴："普渡之见"研究［J］．职业技术教育，2018（4）：82－90．

［78］罗明誉．浙江省高职院校产教融合现状分析［J］．职业技术教育，2018（33）：52－58．

［79］卢志米．产业结构升级背景下高技能人才培养的对策研究［J］．中国高教研究，2014（2）：85－89．

［80］吕航，陈蕾，谈镇，等．高职教育技术型人才培养供给侧结构性改革的思考［J］．职教论坛，2017（22）：62－66.

［81］马树超，郭文富．高职教育深化产教融合的经验、问题与对策［J］．中国高教研究，2018（4）：58－61.

［82］马庆发．德国职业教育发展趋势及其面临的挑战［J］．外国教育资料，1996（4）：76－81.

［83］马力，张连城．高等教育结构与产业结构、就业结构的关系［J］．人口与经济，2017（2）：77－89.

［84］马建富，周如俊，潘玉山，等．职业教育专业结构与产业结构吻合度研究——以江苏省为例［J］．职业技术教育，2017，38（15）：38－44.

［85］孟维莹．高等教育供给侧改革——人才培养问题研究［D］．呼和浩特：内蒙古财经大学，2017.

［86］潘玉山，周如俊．职业学校专业结构与产业结构吻合度评定指标的研究［J］．职业教育研究，2015（12）：21－26.

［87］潘懋元，王伟廉．高等教育学［M］．福州：福建教育出版社，2007：72.

［88］屈光洪，等．供给侧结构性改革背景下高等职业教育发展面临的问题与对策［J］．北京工业职业技术学院学报，2019（4）：48－51.

［89］任占营．职业教育提质培优的现实意义、实践方略和效验表征［J］．中国职业技术教育，2020（33）：5－9.

［90］孙辉，唐振华，朱正茹．"双高计划"：高职院校高质量发展的战略举措［J］．中国职业技术教育，2020（33）：16－23.

［91］苏丽锋．职业教育发展对产业结构升级的支撑作用分析［J］．高等工程教育研究，2017（3）：192－196.

［92］沈陆娟．高职教育与区域产业转移互动的实证研究——以杭州市为例［J］．职业技术教育，2011，32（14）：43－46.

［93］沈陆娟．高职教育与区域产业结构的互动研究［J］．职教论坛，2010（27）：11－15.

［94］沈陆娟．适配与滞后：区域高职专业结构与产业结构对接效应分

析 [J]. 中国职业技术教育，2019 (6)：25 – 34.

[95] 孙健. 行业协会引导下的高职院校校企合作模式 [J]. 江苏高教，2020 (5)：114 – 118.

[96] 孙翠香. "多层级"与"共治"：以色列职业教育与治理体系培训研究 [J]. 比较教育研究，2018 (6)：84 – 88.

[97] 孙虹，魏海丽. 基于 VAR 模型的高等教育层次结构与区域经济增长关系的实证研究 [J]. 工业技术经济，2015，34 (10)：69 – 76.

[98] 孙小进. 高等职业教育专业设置与区域产业结构的适应性研究 [J]. 教育现代化，2019，6 (50)：261 – 262.

[99] 孙雪. 我国职业教育产教融合发展路径研究 [J]. 职业教育（下旬刊），2020，19 (3)：52 – 56.

[100] 苏丽锋. 职业教育发展对产业结构升级的支撑作用分析 [J]. 高等工程教育研究，2017 (3)：192 – 196.

[101] 苏志刚. 治理共同体：类型教育背景下高职教育治理结构的创新探索 [J]. 中国职业技术教育，2020 (7)：61 – 65.

[102] 苏兆荣. 职业教育对我国产业结构升级影响的研究现状 [J]. 科教文汇（上旬刊），2020 (7)：127 – 128.

[103] 苏金秋. 我国高等教育科类结构与产业结构的适应性研究 [D]. 沈阳：沈阳师范大学，2019.

[104] 苏丽锋. 职业教育发展对产业结构升级的支撑作用分析 [J]. 高等工程教育研究，2017 (3)：192 – 196.

[105] 唐文忠，郑云峰. 优化高等职业教育质量的供给侧改革探析 [J]. 集美大学学报（教育科学版），2016，17 (6)：71 – 77.

[106] 田楠. 基于多因素灰色模型的技术技能型人才需求预测与分析——以天津市为例 [J]. 职业技术教育，2014，35 (19)：43 – 48.

[107] 王春燕，苏永昌. 北京市职业院校技能人才供给质量及其优化策略研究 [J]. 职教论坛，2019 (3)：127 – 132.

[108] 王剑，吕一中，李宇红，等. 我国职业教育办学体系层次类型结构特征研究 [J]. 中国市场，2015 (1)：128 – 129.

[109] 王剑. 我国职业教育办学体系的结构特征研究 [J]. 职业技术教育, 2013, 34 (22): 36 - 40.

[110] 王玲. 发达国家职业教育对江苏高职教育发展的启示 [J]. 教育理论研究, 2014 (35): 166 - 167.

[111] 王伟, 陈祥碧. 我国职业教育与产业结构调整适应性研究——基于教师和学生视角 [J]. 职业技术教育, 2016, 37 (25): 28 - 33.

[112] 王天骄, 蒋承. 我国高职毕业生非正规就业的特征、问题及对策 [J]. 中国职业技术教育, 2020 (36): 12 - 15.

[113] 王姗姗, 等. 基于模块化教学的专业群人才培养模式改革研究与实践 [J]. 中国职业技术教育, 2020 (35): 85 - 88.

[114] 王云凤. "三教" 改革背景下职业院校教材建设的实践探索与策略 [J]. 中国职业技术教育, 2020 (35): 93 - 96.

[115] 王一凡. 供给侧结构性改革视域下福建省中职专业结构优化研究 [D]. 福州: 福建师范大学, 2019.

[116] 王卓. 西方职业指导发展理论研究 [D]. 大连: 辽宁师范大学, 2001.

[117] 王旭辉. 福建省科技人力资本对产业结构优化影响研究 [J]. 重庆理工大学学报 (社会科学), 2018, 32 (10): 36 - 47.

[118] 王成端, 王石薇. 区域高等教育学科结构与产业结构相关性分析: 以四川省为例 [J]. 高等教育研究, 2017, 38 (12): 51 - 55.

[119] 王悠. 高等职业教育供给侧改革的现实困境与创新路径 [J]. 职业技术教育, 2018, 39 (11): 20 - 23.

[120] 魏煜铱. 行业协会参与职业教育校企合作的优势与实现 [J]. 教育科学论坛, 2021 (5): 20 - 24.

[121] 魏贤富. 高职院校可持续发展治理改革研究——基于供给侧改革视域 [J]. 中国市场, 2019 (4): 114 - 116.

[122] 吴春笃. 深化供给侧改革推进多元多领域合作 [J]. 中国高等教育, 2018 (18): 57 - 59.

[123] 吴连霞, 赵媛, 等. 基于 SRM - GWR 的人口结构与经济耦合机

制动静态研究——以江苏省为例 [J]. 经济问题探索，2018（10）：95－104，150.

[124] 吴明珠，陈瑛，李和香. 供给侧改革背景下的虚拟现实专业人才的培养——以广州工程技术职业学院为例 [J]. 教育现代化，2018（49）：30－32.

[125] 吴雪萍，周婷婷. 澳大利亚国家职业教育与培训数据政策探析 [J]. 职业技术教育，2019（6）：86－90.

[126] 吴雪萍. 英国职业技术教育和培训新模式探析 [J]. 杭州大学学报，1995（1）：124－129.

[127] 吴欣，张颖. 基于 VAR 模型的现代流通业驱动区域产业结构升级实证分析 [J]. 商业经济研究，2018（24）：157－160.

[128] 伍成艳. 职业教育供给侧改革的内涵、理念与路径探索 [J]. 教育与职业，2017（3）：11－17.

[129] 伍千惠，佘少华. 新加坡职业教育在我国中高职实践教学的衔接与应用——以广西科技师范学院学前教育专业为例 [J]. 广西教育学院学报，2020（4）：213－218.

[130] 肖加平. 职业院校如何提供"适合的教育"：改革思路与行动策略 [J]. 职业技术教育，2020（33）：35－38.

[131] 薛中元. 山西省产业转型升级中的职业教育结构问题研究 [J]. 现代职业教育，2017（1）：74－75.

[132] 许瑞泉，徐义盛. 日本职业教育概述 [J]. 世界职教，2009（7）：13－14.

[133] 徐建华，李季. 经济新常态背景下高等职业教育供给侧结构改革探析 [J]. 中国成人教育，2019（13）：26－28.

[134] 徐平利. 以色列职业教育与培训概览 [J]. 深圳职业技术学院学报，2019（5）：63－66.

[135] 徐建华，李季. 经济新常态背景下高等职业教育供给侧结构改革探析 [J]. 中国成人教育，2019（13）：26－28.

[136] 闫妍，张学英. 德、美、日职业教育匹配产业结构演进及对我国

的启示 [J]. 教育与职业, 2018 (1): 78-84.

[137] 杨林, 陈书全, 韩科技. 新常态下高等教育学科专业结构与产业结构优化的协调性分析 [J]. 教育发展研究, 2015, 35 (21): 45-51.

[138] 杨勇, 石伟平. 产业升级进程中韩国职业教育发展及其经验分析 [J]. 职教论坛, 2019 (8): 165-170.

[139] 杨勇. 我国高等职业教育学位层次结构的构建 [J]. 职教论坛, 2014 (7): 35-38.

[140] 杨飞虎, 晏朝飞, 熊毅. 政府投资、人力资本提升与产业结构升级——基于面板 VAR 模型的实证分析 [J]. 经济问题探索, 2016 (12): 18-25.

[141] 杨鉴, 陈章, 沈军. 欠发达地区职业教育融合创新的路径抉择——基于 "第三空间" 理论的分析 [J]. 中国职业技术教育, 2020 (33): 54-59.

[142] 杨子舟. 新型产业工人技能形成体系的构建研究 [J]. 职业技术教育, 2019 (13): 6-12.

[143] 易石宏. 高等职业教育类型体系创新制度支持的研究 [J]. 江苏技术师范学院学报 (职教通讯), 2009, 24 (6): 16-20.

[144] 于雪珂. 供给侧改革下新型职业农民培育路径研究 [D]. 重庆: 西南大学, 2019.

[145] 殷宝庆. 新常态下职业教育供给侧结构性改革探究 [J]. 职教论坛, 2016 (19): 67-71.

[146] 曾繁香. 德国职业教育发达的历史与现实成因及其对我国职业教育的启示 [J]. 教育与职业, 2014 (2): 167-168.

[147] 曾小敏. 我国职业教育的层次结构研究及思考 [J]. 继续教育研究, 2016 (5): 69-71.

[148] 赵敏. 从新加坡职业教育看我国职业教育的发展 [J]. 南京理工大学学报, 2000 (3): 68-74.

[149] 赵杨, 刘延平. 我国产业结构与就业结构的关联性分析 [J]. 经济学动态, 2010 (12): 80-83.

[150] 赵蒙. 长株潭城市群高职教育与产业转型升级互动研究 [D]. 长

沙：湖南大学，2014.

［151］张德成，陆宇正，丁玲丽. 大职教理念下中职人才培养：模式构建与路径探析——以杭州市西湖职业高级中学为例［J］. 职业技术教育，2021（2）：6－10.

［152］张俊青. 广西高职院校专业结构与区域产业结构适应性分析［J］. 职业技术教育，2020，41（6）：61－68.

［153］张强，邢清华，刘晓梅. 京津冀高职教育与产业结构协调性实证研究［J］. 职业技术教育，2019，40（18）：25－31.

［154］张万朋，程钰琳. 探析教育领域的供给侧结构性改革［J］. 复旦教育论坛，2017，15（5）：9－16.

［155］张晴云，王纯. 基于 VAR 模型的重庆市商贸流通业发展与产业结构升级关系实证分析［J］. 商业经济研究，2018（13）：154－157.

［156］张淼，徐涵. 职业教育结构合理性及其要素分析［J］. 现代教育管理，2016（3）：92－96.

［157］张莉初. 新疆职业教育现状与对策分析［J］. 教育研究，2020（3）：44－46.

［158］张萌，张光跃. 高职教育结构与区域经济结构调整的适应性分析［J］. 高等职业教育（天津职业大学学报），2010，19（5）：10－13.

［159］张伟肖. 职业教育产教融合动力机制研究［D］. 石家庄：河北师范大学，2020.

［160］张航程，邱莉. 在供给侧政策下高等职业教育的改革［J］. 中外企业家，2019（24）：201.

［161］张杰. 高职院校校企合作推进策略研究——基于文献计量软件可视化分析的视角［J］. 中国职业技术教育，2020（36）：16－20.

［162］张屹，刁均峰，马静思. 职业院校师生信息化能力发展标准框架与内涵——《职业院校数字校园规范》解读之三［J］. 中国职业技术教育，2020（34）：16－21.

［163］郑霞，骆小民. 产业发展与职业教育的和谐性研究［J］. 湖北社会科学，2010（4）：160－162.

［164］郑云英.产业结构调整下我国高等职业教育现状及发展对策研究［D］.太原：山西大学，2016.

［165］周稽裘.现代职业教育崛起进程若干特色的回顾和启示［J］.职教发展研究，2019（3）：1－7.

［166］周启良.高等职业教育对产业结构升级的影响研究——来自中国287个地级及以上城市的经验证据［J］.西部经济管理论坛，2020，31（2）：57－67，78.

［167］周明星，周雨可.职业教育学科体系划分：理论与框架［J］.职教论坛，2013（7）：10－13.

［168］朱军，张文忠.基于能力层次结构理论的职业教育中高本贯通教学衔接探究［J］.职教论坛，2020，36（8）：54－58.

［169］朱云辉.产业结构调整背景下高等职业教育发展研究［J］.哈尔滨学院学报，2019，40（5）：117－119.

［170］朱季康.我国教育供给侧结构性改革的目标、内容与路径［J］.教育评论，2020（2）：25－30.

［171］朱晓琳.以色列职业教育发展特点与挑战［J］.职业技术教育，2020（9）：76－78.

［172］Xiujuan Dong. Discussion on the Strategy of Improving Professional Quality for Vocational Students in the New Era［J］. Lifelong Education，2020，9（6）：93－96.

［173］Cedefop. Understanding Technological Change and Skill Needs：Skills Surveys and Skills Forecasting. Cedefop Practical Guide 1［R］. 2021，http：//data. europa. eu/doi/10. 2801.

［174］Cedefop. Benefits of Vocational Education and Training in Europe for People［R］. Organisations and Countries，2013.

［175］Christa Schweng，Every Crisis Brings Opportunity，Skillset and Match，European Centre for the Development of Vocational Training（Cedefop）［R］. 2021，5：4－5.

［176］Bella Cornelia Tjiptady. Yoto. Tuwoso，Improving the Quality of Vocational Education in the 4. 0 Industrial Revolution by using the Teaching Factory Approach [J]. International Journal of Innovation, Creativity and Change, 2019. 1 (8): 22 – 28.

[177] OECD, Learning for Jobs: Summary and Policy Messages [R]. 2010. http: //www. oecd. org/edu/skills-beyond-school/46972427.

[178] Hongtao Zhang. Discussion on the Strategy of Improving Professional Quality for Vocational Students in the New Era [J]. Lifelong Education, 2020, 9 (6).

[179] Guangliang Zhu. Thinking on the Application of Big Data in Vocational Education [C]. Proceedings of 2019 International Conference on Modern Education and Economic Management (ICMEEM 2019). Francis Academic Press, 2019: 339 – 344.

[180] Jia Liu, Songxiao Zheng, Wenying Wang, Xiao ran Feng. Backgrounds, Trends and Approaches of Internationalization of Medical Higher Vocational Education [J]. International Medical Student Education, 2019, 2 (2): 88 – 96.

[181] Jingyan Wang. Accounting Teaching Methodology Study of Vocational Education based on Professional Competency Cultivation [J]. International Journal of Intelligent Information and Management Science, 2018, 7 (1): 165 – 167.

[182] Kotamraju. The Indian Vocational Education and Training (VET) System: Status, Challenges, and Options [J]. Community College Journal of Research and Practice, 2014, 38 (8): 740 – 747.

[183] Peng Du. Research on the Reform Path and Countermeasures of Vocational Education [J]. International Journal of Social Science and Education Research, 2021, 4 (5): 45 – 48.

[184] Aarkrog Vibe. The Standing and Status of Vocational Education and Training in Denmark [J]. Journal of Vocational Education & Training, 2020, 72 (2): 170 – 188.

[185] Dong Guo, Anyi Wang. Is Vocational Education a Good Alternative to

Low-performing Students in China [J]. International Journal of Educational Development, 2020, 75: 102 –187.

[186] Jingyan Wang. Accounting Teaching Methodology Study of Vocational Education based on Professional Competency Cultivation [J]. International Journal of Intelligent Information and Management Science, 2018, 7 (1): 165 –167.

[187] Yir-hueih Luh, Wun-ji Jiang, Szu-chi Huang. Trade-related Spillovers and Industrial Competitiveness: Exploring the linkages for OECD Countries [J]. Economic Modelling, 2016 (4): 309 –325.

[188] Eric A. Hanushek. Economic Growth in Developing Countries: the Role of Human Capital [J]. Economics and Education Reviwess, 2013, (12): 204 –212.

[189] Middleton. Vocational Education and Training and Human Capital Development: Current Practice and Future Options [J]. European Journal of Education, 2008, 45 (2): 181 –198.

附录1 学生问卷

您好！

我们来自××××××，正在进行"产业结构升级视角下的新疆职业教育供给侧结构性优化路径研究"的调查研究。本问卷采用不记名的方式填答，答案无对错之分，您真实的回答对我们的研究非常重要，所有问卷获得的资料将不会对外公开，仅供统计分析使用，请您放心填写，感谢支持！

××××××

填答说明：

1. 正常每个问题只能选择一个答案，如有多选，题项中会标出。

2. 在标明"_____"的问题上填写数字或文字，其余项需在相应的选项位置打"√"。

调查员_____　调查时间_____　问卷编号_____

第一部分　基本信息

（1）您的性别？

1. 男　　　　　2. 女

（2）您的年龄？

1. 15～17 岁　　2. 18～20 岁　　3. 21～23 岁　　4. 24 岁及以上

（3）您的政治面貌？

1. 中共党员　　2. 团员　　　　3. 群众　　　　4. 其他

（4）您的家庭住址？

_____省（市、自治区）_____地区（州、市）_____市（县、团场）_____乡（连）

（5）您的户籍？

1. 城镇　　　　2. 农村

（6）您所在院校名称（全称）_____，院校所在_____地区（州、市）

（7）您所在院校属于？

1. 中职　　　　2. 高职

（8）您所在的年级？

1. 一年级　　　2. 二年级　　　3. 三年级　　　4. 四年级

（9）报考职业学校的原因？（可多选）

1. 通过职业教育，可以尽早就业　　2. 认为自己适合从事技术行业

3. 主要是家长意愿　　　　　　　　4. 升学考试失利，被动选择职业教育

5. 其他_____

（10）您认为大家不愿意选择职业院校的原因是？（可多选）

1. 职业教育就业前景不好

2. 职业教育后再报考大学本科的可能性较小

3. 职业教育就业后工资低

4. 职业教育师资不足

5. 其他_____

（11）您选择这所学校的原因？（可多选）

1. 名气大　　　　　　　　　2. 收费低

3. 管理好　　　　　　　　　4. 规模大

5. 专业好　　　　　　　　　6. 师资好

7. 就业率高　　　　　　　　8. 硬件设施完备，环境好

9. 亲友推荐　　　　　　　　10. 其他_____

（12）您所就读职业院校有哪些优惠政策？（可多选）

1. 免学费　　　　　　　　　2. 享受助学金

3. 补助生活费　　　　　　　4. 顶岗实习有一定报酬

第二部分　专业与课程设置

（1）您就读的专业大类是？

1. 农林牧渔类   2. 资源环境类

3. 能源与新能源类   4. 土木水利类

5. 加工制造类   6. 生物与石油化工类

7. 轻纺食品类   8. 交通运输类

9. 信息技术类   10. 医药卫生类

11. 休闲保健类   12. 财经商贸类

13. 旅游服务类   14. 文化艺术类

15. 体育与健身类   16. 教育类

17. 司法服务类   18. 公共管理与服务类

19. 其他_____

（2）您选择专业的依据是？

1. 就业形势好   2. 兴趣所在

3. 所在学校专业突出   4. 按分数选择

5. 其他_____

（3）您所学专业是否为新增专业？

1. 是   2. 否

（4）您了解自己专业的人才培养方案吗？

1. 非常了解   2. 比较了解   3. 了解   4. 不太了解

5. 非常不了解

（5）您所在院校的课程设置情况？

1. 专业课程与公共基础课程设置合理

2. 专业课程较多，有少量公共基础课程

3. 专业课程较少，公共基础课程较多

4. 实践课程较多，专业课程较多

5. 实践课程较少，公共基础课程较多

（6）您认为学校在设置课程时应做到？

1. 注重学生通用能力的提升，多设置一些公共基础课程

2. 注重学生的专业能力和发展能力，多设置专业课程

3. 注重学生全面发展，合理设置专业课与公共基础课程

4. 注重学生实践能力，多设置实践课程

（7）通过公共基础课的学习，您的以下能力是否得到提升？（相应选项划√）

	非常大提升	较大提升	一般提升	较少提升	没有提升
通用能力					
计算机能力					
英语能力					
口语及书面表达能力					
创新能力					
解决实际问题的能力					
独立思考能力					
职业素养					
逻辑推理能力					
信息处理能力					

（8）您所在专业的专业课程开展方式是？

1. 理论课为主，实践课少　　　2. 实践课为主，理论课少

3. 理论与实践结合，比例合适　　4. 校企合作，在企业中实践学习

（9）通过实践性教学课，您的收获如何？

1. 收获较大，专业技术操作能力有效提升

2. 收获一般，只是接触简单操作

3. 没有收获，对专业技能操作能力的提升没有帮助

（10）学校创新创业课程开设的方式？

1. 必修课　　　2. 选修课　　　3. 讲座形式　　　4. 竞赛形式

（11）您对本专业课程设置的认知情况（相应选项划√）

	非常满意	比较满意	一般	不太满意	非常不满意
1. 所学专业就业情况					
2. 在校期间学习规划					
3. 所学课程中理论知识的运用程度					
4. 专业理论课设置的先进性与合理性					
5. 专业课和实践课的时间安排					
6. 专业课教学总体感知情况					
7. 文化课开展感知情况					
8. 教师对您的辅导情况					
9. 开展的思想政治、职业道德方面总体情况					

第三部分　师 资 水 平

（1）您对本专业的教师教学效果满意程度（通过学习是否能有效提升自身能力）？

1. 非常满意　　　2. 比较满意　　　3. 满意　　　　　4. 不太满意

5. 非常不满意

（2）您认为本专业的教师教学水平如何？

1. 理论知识扎实，缺乏实践经验

2. 实践经验丰富，理论知识薄弱

3. 少数教师同时具备扎实的理论知识与较多的实践经验

4. 多数教师同时具备扎实的理论知识与较多的实践经验

（3）您觉得本专业教师知识与技能经验如何？

1. 教师专业知识丰富，专业技能欠缺

2. 教师专业知识不足，专业技能经验丰富

3. 教师专业知识与技能经验都丰富

4. 教师专业知识与技能经验都不足

（4）本专业教师的教学方式如何？

1. 生动有趣，教学内容丰富　　　2. 呆板无聊，但教学内容丰富

3. 生动有趣，但教学内容偏少　　4. 呆板无聊，且教学内容偏少

（5）您对本专业的教师教学质量是否满意？

1. 非常满意　　2. 比较满意　　3. 满意　　　　4. 不太满意

5. 非常不满意

第四部分　实习实训及教学设施

（1）学校安排实习实训的时间？

1. 大一　　　2. 大二　　　3. 大三　　　4. 大四

5. 每学年都有

（2）您对学校安排的实习实训课程了解程度？

1. 完全了解　　2. 比较了解　　3. 了解　　　4. 不太了解

5. 完全不了解

（3）在实习实训课程管理中，您认为学校的实习实训课程与理论课程顺序安排是否合理？

1. 很合理　　　2. 偶尔脱节　　3. 基本合理　　4. 常常脱节

5. 不合理

（4）实训课程上课地点主要在哪里？

1. 在教室　　　　　　　　2. 校内实训车间

3. 校外企业实习实训基地

（5）您所最希望的实习实训课程方式是？

1. 理论课　　　　　　　　2. 教师指导下的实践课

3. 自主技能训练　　　　　4. 自主实践课

（6）您参加的实习实训课程中，实际技术操作的时间占多少？

1. 20%以下　　2. 20%~40%　3. 40%~60%　4. 60%~80%

5. 80%以上

（7）您对本校实习实训课程安排满意程度？

1. 非常满意　　2. 比较满意　　3. 满意　　　　4. 不太满意

5. 非常不满意

（8）您对实习实训指导教师的教学能力满意程度如何？

1. 非常满意 　　 2. 比较满意 　　 3. 满意 　　　　 4. 不太满意

5. 非常不满意

（9）学校是否有实习实训基地？

1. 有 　　　　　　 2. 没有

（10）学校是否有专门的生产性实习实训车间？

1. 有 　　　　　　 2. 没有 　　　　　 3. 不清楚

（11）您参加实训课程时，学校的实训设备、实训资料和场地满足教学要求程度如何？

1. 完全满足 　　 2. 基本满足 　　 3. 满足 　　　　 4. 不太满足

5. 完全不能满足

（12）您希望学校的实习实训场所主要具备怎样的功能？（可多选）

1. 单纯的技能练习场地 　　　　　 2. 教师指导练习场地

3. 可以高度模拟真实岗位环境 　　 4. 无所谓

（13）您所在院校是否开通网上教学资源共享平台？（如果选否，则跳过第（15）题）

1. 是 　　　　　　 2. 否

（14）学校网上教学资源平台对您的学习需求满足程度？

1. 完全满足 　　 2. 基本满足 　　 3. 满足 　　　　 4. 不太满足

5. 完全不能满足

（15）您对学校现有条件下的办学情况满意程度？

1. 非常满意 　　 2. 比较满意 　　 3. 满意 　　　　 4. 不太满意

5. 非常不满意

第五部分　校 企 合 作

（1）通过校企合作的办学形式，对您的就业帮助程度如何？

1. 非常有帮助 　　 2. 比较有帮助 　　 3. 有帮助 　　 4. 不太有帮助

5. 没有帮助

（2）您对当前校企合作的学生培养效果满意程度？

1. 非常满意 　　 2. 比较满意 　　 3. 满意 　　　　 4. 不太满意

5. 非常不满意

（3）以下素质及能力，您认为您欠缺的能力有哪些？（可多选）

1. 专业理论知识　　　　　　　　2. 专业技能操作能力

3. 问题分析解决能力　　　　　　4. 职业道德与素养

5. 团队协作能力　　　　　　　　6. 独立工作能力

7. 人际交往能力　　　　　　　　8. 创新能力

9. 社会责任感与忠诚度　　　　　10. 踏实勤奋的工作态度

11. 英语能力　　　　　　　　　　12. 计算机信息技术能力

（4）您认为学校应强化哪些环节以提升学生的培养质量？（可多选）

1. 专业设置的调整　　　　　　　2. 课程体系的改善

3. 教师队伍的质量提升　　　　　4. 校园文化的建设

5. 教学资源的投入　　　　　　　6. 教学管理工作的完善

7. 校企合作的强化

第六部分　实习与就业

（1）您去实习的单位是怎样联系的？

1. 学校联系　　　2. 自己找　　　3. 其他_____

（2）您的实习岗位与自己的专业是否对口？

1. 非常对口　　　2. 比较对口　　　3. 基本对口　　　4. 有一些关联

5. 毫不相关

（3）在实习过程中实习单位最看重哪些方面？（可多选）

1. 学历　　　　　　　　　　　　2. 理论基础

3. 动手操作能力　　　　　　　　4. 学习能力

5. 其他_____

（4）您的职业规划情况如何？

1. 有，很清晰　　　　　　　　　2. 有，比较模糊

3. 没有，立足当下　　　　　　　4. 无所谓，顺其自然

5. 说不清楚

（5）您认为你所学专业适应社会需求的程度如何？

1. 非常适应　　2. 比较适应　　3. 适应　　　4. 不太适应

5. 非常不适应

（6）找工作时，您认为您的专业受欢迎程度如何？

1. 非常受欢迎　　　　　　　2. 比较受欢迎

3. 一般　　　　　　　　　　4. 不太受欢迎

5. 完全不受欢迎

（7）您认为你所在专业的就业前景如何？

1. 非常好　　2. 比较好　　3. 好　　　4. 不太好

5. 非常不好

（8）您认为现在就业市场更需要哪种人才？

1. 技术工人　　　　　　　　2. 高技能人才

3. 管理人才　　　　　　　　4. 有工作经验人才

5. 有技术证书的人才　　　　6. 其他_____

（9）您的就业倾向是什么？（可多选）

1. 国企/事业单位/政府等稳定工作

2. 企业内技术型工人

3. 企业内高技能人才

4. 个体经营

5. 自主创业

6. 其他_____

（10）如果毕业择业时，您考虑的最重要因素是什么？

1. 地区经济发展水平高，有较大的发展机会

2. 自己专业与产业结构适应，地区有发展潜力

3. 生活环境安逸，竞争压力小

4. 离家近，孩子教育，父母养老问题

5. 其他_____

（11）您认为就业前景最好的专业是哪一类？

1. 农林牧渔大类　　　　　　2. 资源环境类

3. 能源与新能源类　　　　　4. 土木水利类

5. 加工制造类　　　　　　　　6. 生物与石油化工类

7. 轻纺食品类　　　　　　　　8. 交通运输大类

9. 信息技术类　　　　　　　　10. 医药卫生类

11. 休闲保健类　　　　　　　　12. 财经商贸

13. 旅游服务类　　　　　　　　14. 文化艺术类

15. 体育与健身类　　　　　　　16. 教育类

17. 司法服务类　　　　　　　　18. 公共管理与服务类

19. 其他_____

（12）学校提供过怎样的就业指导？（可多选）

1. 开设职业规划与就业指导课程　2. 提供与职业相关的实践活动机会

3. 配备专职的职业咨询教师　　　4. 对学生进行职业兴趣及能力测试

5. 提供更多的就业信息　　　　　6. 其他_____

（13）您对新疆的就业环境了解程度？

1. 完全了解　　　2. 比较了解　　　3. 了解　　　　4. 不太了解

5. 完全不了解

（14）您认为导致当前职业院校学生就业难的最主要因素？（可多选）

1. 社会适应能力较差　　　　　　2. 就业现状和就业预期不匹配

3. 对岗位专业知识缺乏了解　　　4. 职业生涯规划不够

5. 专业脱离市场需求　　　　　　6. 其他_____

附录 2 教 师 问 卷

您好!

我们来自×××××,正在进行"产业结构升级视角下的新疆职业教育供给侧结构性优化路径研究"的调查研究。本问卷采用不记名的方式填答,答案无对错之分,您真实的回答对我们的研究非常重要,所有问卷获得的资料将不会对外公开,仅供统计分析使用,请您放心填写,感谢支持!

××××××

填答说明:

1. 正常每个问题只能选择一个答案,如有多选,题项中会标出。

2. 在标明"_____"的问题上填写数字或文字,其余项需在相应的选项位置打"√"。

调查员_____ 调查时间_____ 问卷编号_____

第一部分 基 本 情 况

(1) 您的年龄?

1. 30 岁以下　　　2. 30~40 岁　　　3. 41~50 岁　　　4. 50 岁以上

(2) 您的教龄?

1. 5 年以下　　　2. 5~10 年　　　3. 10~15 年　　　4. 15~20 年

5. 20~25 年　　　6. 25~30 年　　　7. 30 年以上

(3) 您的学历?

1. 专科　　　　　2. 本科　　　　　3. 硕士　　　　　4. 博士

(4) 您的职称?

1. 初级　　　　　2. 中级　　　　　3. 副高级　　　　4. 高级

（5）您是?

1. 专职教师　　　　　　　　　2. 兼职教师（内聘或外聘）

3. 双师型教师

（6）您的每月工资收入?（扣费后实际收入）

1. 5000 元以下　　　　　　　　2. 5000～8000 元

3. 8000～10000 元　　　　　　　4. 10000 元以上

（7）您入职的途径?

1. 高校毕业分配　　　　　　　　2. 其他学校调入

3. 科研机构调入　　　　　　　　4. 企业调入

5. 其他途径

（8）您入职时的条件有?（可多选）

1. 具备高学历

2. 具有相关专业、行业工作经验

3. 获得职教教师资格证书

4. 具有相关专业工作实践并具有专业技术资格

5. 具有较好的现场实际操作能力

6. 其他

（9）你入职前是否接受过职业教育理论的培训?

1. 是　　　　　　　2. 否

（10）你入职前是否有企业工作经历?

1. 是　　　　　　　2. 否

（11）您主要承担的教学任务?（可多选）

1. 公共基础课　　2. 专业理论课　　3. 专业实践课

（12）您所在专业学生规模?

1. 50 人以下　　2. 50～100 人　　3. 100～150 人　　4. 150～200 人

5. 200～250 人　　6. 250～300 人　　7. 300 人以上

（13）您所在专业的新生报到率?

1. 60% 以下　　2. 60%～70%　　3. 70%～80%　　4. 80%～90%

5. 90%～100%

（14）您讲授课程（公共课除外）所面对的学生类型？

1. 高职学生　　　2. 中职学生　　　3. 高职、中职学生均有

（15）您所在学校是？

1. 国家重点（示范）　　　　　2. 省（自治区）级重点（示范）

3. 地州市级重点　　　　　　　4. 市（县）级重点

5. 普通

（16）您所在专业属于？

1. 农林牧渔　　　　　　　　　2. 资源环境

3. 能源与新能源　　　　　　　4. 土木水利

5. 加工制造　　　　　　　　　6. 生物与石油化工

7. 轻纺食品　　　　　　　　　8. 交通运输

9. 信息技术　　　　　　　　　10. 医药卫生

11. 休闲保健　　　　　　　　　12. 财经商贸

13. 旅游服务　　　　　　　　　14. 文化艺术

15. 体育与健身　　　　　　　　16. 教育

17. 司法服务　　　　　　　　　18. 公共管理与服务

19. 其他

第二部分　教学情况

（1）您对新疆的产业结构了解吗？

1. 非常了解　　　2. 比较了解　　　3. 了解　　　　　4. 不太了解

5. 完全不了解

（2）您认为职业教育培养的学生是否符合新兴产业对从业人员的客观标准？

1. 非常符合　　　2. 比较符合　　　3. 符合　　　　　4. 不太符合

5. 非常不符合

（3）您是否认同产业结构的调整对职业教育的发展起着决定性的推动作用？

1. 非常认同　　　2. 比较认同　　　3. 认同　　　　　4. 不认同

5. 非常不认同

（4）您是否认同职业教育的发展对产业结构的调整起着促进作用？

1. 非常认同　　　2. 比较认同　　　3. 认同　　　　4. 不认同

5. 非常不认同

（5）您是否认同新疆职业教育与产业结构关联性较高？

1. 非常认同　　　2. 比较认同　　　3. 认同　　　　4. 不认同

5. 非常不认同

（6）您所在系近几年增加的有_____专业？（可多选）

1. 农林牧渔　　　　　　　　2. 资源环境

3. 能源与新能源　　　　　　4. 土木水利

5. 加工制造　　　　　　　　6. 生物与石油化工

7. 轻纺食品　　　　　　　　8. 交通运输

9. 信息技术　　　　　　　　10. 医药卫生

11. 休闲保健　　　　　　　　12. 财经商贸

13. 旅游服务　　　　　　　　14. 文化艺术

15. 体育与健身　　　　　　　16. 教育

17. 司法服务　　　　　　　　18. 公共管理与服务

19. 其他

（7）您所在专业培养的人才为？

1. 技术型人才　　2. 技能型人才　　3. 创新型人才　　4. 复合型人才

（8）您对新兴产业相关专业开设课程的关注程度？

1. 非常关注　　　2. 比较关注　　　3. 关注　　　　4. 不关注

5. 非常不关注

（9）您的专业知识和技能更新是否符合产业结构调整程度？

1. 完全符合　　　2. 比较符合　　　3. 符合　　　　4. 不太符合

5. 完全不符合

（10）您认为现在您最需要接受哪些方面的培训？

1. 教育技术　　　　　　　　2. 教学方法

3. 专业技能　　　　　　　　4. 专业前沿问题

5. 双师素质培训　　　　　6. 学科发展新形势

7. 其他_____

（11）在培养创新型技术人才的过程中，你对学生的文化素质培养包括哪些方面？

1. 专业理论知识　　　　　2. 专业技能操作能力

3. 解决问题能力　　　　　4. 职业道德与素养

5. 团队协作能力　　　　　6. 独立工作能力

7. 人际交往能力　　　　　8. 创新能力

9. 社会责任感与忠诚度　　10. 踏实勤奋的工作态度

11. 其他

（12）您所在专业适时调整课程体系，参照企业最新技术标准制定教学大纲，将企业的实际生产情境作为教学案例融入课堂的重视程度？

1. 非常重视　　2. 比较重视　　3. 重视　　　　4. 不重视

5. 非常不重视

（13）您所在专业开设的实训课程占全部课程的比例？

1. 20%以下　　2. 20%～50%　3. 50%～80%　4. 未开设

（14）您认为实训课程与理论课程开设顺序是否合理？

1. 很合理　　　2. 偶尔脱节　　3. 基本合理　　4. 常常脱节

5. 不合理

（15）您认为学校实训课程内容设置是否满足学生的就业需求？（如果选择"是"，则跳过（16）题）

1. 是　　　　　　2. 否

（16）学校实训课程内容设置不能满足学生的就业需求，您认为应该如何设置？

1. 实时更新课程内容

2. 不断总结实训课程存在的问题并及时改进

3. 以就业为导向模拟企业职场环境，引入企业项目教学

4. 企业专家和教师共同参与实训教学

5. 打破课程界限，适当调整实训模块

（17）您对现行的生产性实训课程的设置内容是以什么为主？

1. 理论知识　　　2. 传授经验　　　3. 技能训练　　　4. 职业综合能力

（18）您所在专业实训课程上课地点安排最多的是在什么地方？（可多选）

1. 在教室边做边讲　　　　　　　2. 校内实训基地

3. 校外企业实训基地　　　　　　4. 校内校外差不多

（19）您的实训课程采取哪些上课方式？（可多选）

1. 课堂讲授　　　　　　　　　　2. 教师指导下的实训

3. 学生自主技能训练　　　　　　4. 其他_____

（20）教师授课重视互动知识引导行为的程度？

1. 非常重视　　　2. 比较重视　　　3. 重视　　　　　4. 不重视

5. 非常不重视

（21）学校对教师参与制定学校发展规划的重视程度？

1. 非常重视　　　2. 比较重视　　　3. 重视　　　　　4. 不重视

5. 非常不重视

（22）为适应产业结构调整，教师主要采取了哪些措施？

1. 专业类别调整

2. 积极谋求转型

3. 学习新专业的前沿理论知识

4. 参加企业实践锻炼，加强技能训练

5. 积极参加培训，提高"双师"型素质

6. 其他_____

（23）借鉴国际职业教育培训普遍做法，启动 1 + X 证书（1 个学历证书 + 多个职业技能证书）制度试点工作，学校的重视程度？

1. 非常重视　　　2. 比较重视　　　3. 重视　　　　　4. 不太重视

5. 非常不重视

（24）为完成复合型技术技能人才培养这一教学任务，您所在专业组建了哪些多功能型团队？

1. 专业教学团队　　　　　　　　2. 实训教学团队

3. 科研团队　　　　　　　　　　4. 创新创业团队

5. 学科前沿团队　　　　　　　　6. 其他_____

（25）您所在专业学生就业指导与专业培养紧密联系程度？

1. 非常紧密　　　2. 比较紧密　　　3. 紧密　　　　　4. 不太紧密

5. 非常不紧密

（26）您所在系对学生就业指导工作有很强的系统性和连续性的安排？

1. 非常同意　　　2. 比较同意　　　3. 同意　　　　　4. 不太同意

5. 非常不同意

（27）学校对建设专业化的双师型教师队伍的重视程度？

1. 非常重视　　　2. 比较重视　　　3. 重视　　　　　4. 不重视

5. 非常不重视

（28）学校对建设就业资源库重视程度（企业资源库或校友资源库）？

1. 非常重视　　　2. 比较重视　　　3. 重视　　　　　4. 不重视

5. 非常不重视

（29）教师专业发展与行业发展紧密联系程度？

1. 非常紧密　　　2. 比较紧密　　　3. 紧密　　　　　4. 不紧密

5. 非常不紧密

（30）您所在专业的人才培养方案与学生就业所需技能的符合程度？

1. 非常符合　　　2. 比较符合　　　3. 符合　　　　　4. 不太符合

5. 非常不符合

（31）学校对偏离产业结构的专业采取措施？（可多选）

1. 管控学生数量

2. 做好专业设置、招生计划以及人才规划等方面的科学引导

3. 以"对口就业率"为参考指标，持续优化专业设置

4. 建立产业发展与人才供给及需求的预测机制

5. 帮助专业教师转型

6. 其他_____

（32）您所在专业设置结合产业结构调整需求的紧密程度？

1. 非常紧密　　　2. 比较紧密　　　3. 紧密　　　　　4. 不太紧密

5. 非常不紧密

（33）您所在专业目前存在的问题？

1. 专业设置与市场需求脱节　　　2. 缺少特色

3. 师资力量薄弱　　　　　　　　4. 实训条件较差

5. 校企合作效果未达到预期目标　6. 其他_____

（34）您所在专业设置要和产业结构调整相匹配，需要从哪些方面优化？

1. 利用"互联网＋"实现职业教育专业结构调整，紧跟现代产业发展步伐，从人才培养规格和服务面向出发，调整和优化专业结构

2. 大力发展第三产业和第二产业的专业，形成特色专业群体，培育专业品牌，形成有一定影响力和吸引力的优势专业和特色专业，满足市场需求

3. 新专业设置的方向与产业结构的升级要保持一致性。职业院校应与企业共同实施"专业改造提升""现代学徒制人才培养""协同育人"等计划，

4. 构建企校一体化人才共育新模式

5. 优化专业结构、实现职业教育层次多样化、发挥"双主体"作用、全面提升教师队伍水平

6. 其他_____

（35）您所在专业人才培养规格和质量的目标是：（可多选）

1. 高技能技术型

2. 复合型人才

3. 培养与产业发展趋势相契合的新专业人才

4. 从培养熟练技术工向研发、营销、设计等方面的高端人才转变

5. 大力发展交叉学科和专业，特别是加强培养与第三产业关联学科创新人才

6. 其他_____

（36）您所在专业培养的人才结构与劳动力就业市场需求的符合程度？

1. 非常符合　　2. 比较符合　　3. 符合　　　4. 不太符合

5. 非常不符合

（37）您所在专业依照学科发展需求修订人才培养方案的时间周期？

1. 一年　　　　2. 两年　　　　3. 三年　　　4. 四年

（38）您所在专业的教学内容改革与用人单位职业岗位要求的符合程度？

1. 非常符合　　2. 比较符合　　3. 符合　　　　4. 不太符合

5. 非常不符合

（39）您在教学中运用的教学方法？

1. 传统教学　　2. 岗位轮换　　3. 任务驱动　　4. 项目导向

5. 角色扮演　　6. 其他_____

（40）您在进行专业授课时对理论知识与实践知识的传授作何处理？

1. 重理论传授，涉及实践较少

2. 理论和实践分开进行传授，让学生掌握理论、学会技能

3. 重实践操作，理论够用即可

4. 寓理论于实践操作中，在学会技能中掌握理论知识

5. 其他_____

（41）您在课堂教学设计中的做法？（可多选）

1. 备课中凭直觉、凭经验设计教学过程

2. 提炼学科知识，转化为应用知识，并根据学生特点设计

3. 调整和更新教学知识，将新知识、新技术有选择地应用

4. 组织学生开展社会调查、参加社会实践活动

5. 以就业为导向，注重课程综合的开发

6. 其他_____

（42）您具备的指导实践教学的能力？（可多选）

1. 具有扎实的专业理论知识

2. 熟悉生产过程及相关内容，有较强的动手示范能力

3. 有一定的产品设计、生产实践以及应用能力，并将其贯穿在教学过程中

4. 指导学生开展创新活动，并将创新与企业生产相结合

5. 具有本专业生产服务一线工作的经历

6. 其他_____

（43）您认为职业院校教师应具备的能力有？（可多选）

1. 精深的学科专业知识，广博的文化知识和教学理论基础

2. 良好的语言表达能力

3. 独到的见解、新颖的教法、创新的思维、探索精神

4. 较强的教学组织能力

5. 教学研究能力和学术研究能力

6. 较高的职业道德修养

7. 敏锐的时代意识

8. 其他_____

第三部分　实践与科研情况

（1）您到基层或企业进行实践工作的时间？

1. 没有　　　　　　　　　　2. 3 个月以下

3. 3～6 个月　　　　　　　　4. 6～12 个月

5. 一年以上两年以下　　　　6. 两年以上

（2）教师到合作企业的实践方式有哪些？（企业问卷）

1. 考察、专业见习、实习指导　　2. 企业顶岗培训项目

3. 企业岗位兼职　　　　　　　　4. 脱产到企业挂职

5. 其他_____

（3）将企业实践锻炼作为教师工作绩效考核的一项重要指标，您的认同度？

1. 非常认同　　2. 比较认同　　3. 认同　　　　4. 不认同

5. 非常不认同

（4）近 3 年参加行业企业技术咨询、研发等横向项目的机会？

1. 非常多　　　2. 比较多　　　3. 一般　　　　4. 不太多

5. 没有

附录3　教育管理者问卷

您好！

　　我们来自××××××，正在进行"产业结构升级视角下的新疆职业教育供给侧结构性优化路径研究"的调查研究。本问卷采用不记名的方式填答，答案无对错之分，您真实的回答对我们的研究非常重要，所有问卷获得的资料将不会对外公开，仅供统计分析使用，请您放心填写，感谢支持！

××××××

填答说明：

1. 正常每个问题只能选择一个答案，如有多选，题项中会标出。

2. 在标明"_____"的问题上填写数字或文字，其余项需在相应的选项位置打"√"。

调查员_____　　调查时间_____　　问卷编号_____

第一部分　学校的基本情况

（1）学校的建校时间？ _____年

（2）学校的地址？ _____地区（州、市）_____市（县、团场）_____乡（连）

（3）学校所属学历职业教育的类型？

1. 中等职业学校　　　　　　2. 专科高等职业院校

3. 本科高等职业院校　　　　4. 研究生层次的高职院校

（4）学校的办学主体？

1. 公办　　　　2. 民营　　　　3. 其他_____

（5）学校的办学模式是？（可多选）

1. 校企合作　　2. 校校合作　　3. 校政合作　　4. 校社合作

5. 其他＿＿＿＿＿

（6）您所在学校的类别？

1. 国家级示范　　2. 省级示范　　3. 国家级重点　　4. 省级重点

5. 市级重点　　6. 合格学校

（7）学校的占地面积＿＿＿＿＿＿＿平方米，其中校舍占地＿＿＿＿＿＿＿平方米。

（8）校内实验室＿＿＿＿＿个；校外实习实训基地＿＿＿＿＿个，校内实训基地＿＿＿＿＿个。

（9）目前在校生＿＿＿＿＿人，近三年年均招生＿＿＿＿＿人，入学率＿＿＿＿＿％，其中农村学生生源率＿＿＿＿＿％，城市学生生源率＿＿＿＿＿％。

（10）近三年学生的平均就业率＿＿＿＿＿＿＿％，其中就业率分布最高＿＿＿＿＿＿＿专业，最低＿＿＿＿＿＿＿专业。

（11）教职工＿＿＿＿＿人，其中在岗教师人数＿＿＿＿＿人，其中在编＿＿＿＿＿人，"双师资格证"的教师＿＿＿＿＿人，外聘＿＿＿＿＿人，外聘来源＿＿＿＿＿。

（12）学校教师的学历层次？专科＿＿＿＿＿人，本科＿＿＿＿＿人，硕士研究生＿＿＿＿＿人，博士研究生＿＿＿＿＿人，其他＿＿＿＿＿人。

（13）目前学校设置的专业从属于下列？（可多选）

1. 农林牧渔大类　　　　　　　　2. 资源环境类

3. 能源与新能源类　　　　　　　4. 土木水利类

5. 加工制造类　　　　　　　　　6. 生物与石油化工类

7. 轻纺食品大类　　　　　　　　8. 交通运输大类

9. 信息技术类　　　　　　　　　10. 医药卫生类

11. 休闲保健类　　　　　　　　　12. 财经商贸类

13. 旅游服务类　　　　　　　　　14. 文化艺术类

15. 体育与健身类　　　　　　　　16. 教育类

17. 司法服务类　　　　　　　　　18. 公共管理与服务大类

19. 其他＿＿＿＿＿

其中开展的特色专业_____。

（14）学科设定的依据？

1. 依据教育部学科发展规划

2. 当地政府发展规划

3. 与当地产业结构调整的发展相一致

4. 针对劳动力就业市场需求制定

5. 其他_____

（15）近三年贵校招生人数增加_____，减少_____。（请在横线上分别填"选项号"）

1. 0 人　　　　　2. 0～50 人　　　3. 50～100 人　　4. 100～150 人

5. 150～200 人　　6. 200 人以上

（16）学校招生规模调整的依据是？（可多选）

1. 根据区域人口变动情况为依据

2. 以地区经济发展为依据

3. 根据城镇化的发展状况和空间布局结构为依据

4. 当地政府对地方职业教育资源、经费、师资等方面供给的统一调配

5. 其他_____

（17）学生课程设置中，基础课开设比重_____；专业课开设比重_____；其中实践课比重_____。（请在横线上分别填"选项号"）

1. 0～15%　　　　2. 15%～30%　　3. 30%～45%　　4. 45%～60%

5. 60%以上

（18）贵校在改革与发展中存在的最大困难是？

1. 政府管理部门思想陈旧，对学校限制多、支持少、学校缺乏自主权

2. 缺乏办学经费

3. 市场变化快，缺乏具有相应职业资格及经验的师资队伍

4. 缺乏长期稳定的校外培训实践基地

5. 学校相关的制度更重视院校自身发展，但缺乏与企业间产教融合的共识

6. 其他_____

第二部分 管理制度

（1）为鼓励学生报考，本校采取的激励措施有？

1. 高分入学奖励

2. 针对经济困难学生设置学业及生活资助

3. 设置针对优秀学生的各种奖励金制度

4. 针对农村职业教育生源实行学费补贴政策

5. 其他_____

（2）贵校对学生的培养目标是？（可多选）

1. 建立职业教育和专业学位连通融合（例如：中职升高职，高职升本科等）

2. 培养适合企业需要的拥有专业资格证书的技术技能人才

3. 培养具有较强学习能力的专业技术人才

4. 其他_____

（3）贵校对学生的学籍管理办法包括？（可多选）

1. 弹性学制　　　2. 学分制　　　3. 半工半读　　　4. 工学结合

5. 开放式教育　　6. 远程教育　　7. 其他_____

（4）学校通过哪些指标对学生评价？（可多选）

1. 考试成绩　　　　　　　　　2. 班级综合测评

3. 引入企业评价　　　　　　　4. 其他_____

（5）学生了解校外实践有哪些途径？（可多选）

1. 通过企业（用人单位）宣讲　　2. 课程设置中体现

3. 学生自行了解　　　　　　　　4. 其他途径_____

（6）学校对学生校外实践的课程安排周期？

1. 半年以下　　　　　　　　　2. 半年至一年

3. 一年至一年半　　　　　　　4. 一年半至两年

5. 两年以上

（7）学校对学生实践通过什么安排？（可多选）

1. 与企业（用人单位）长期合作达成的校外实习基地

2. 学生自主安排实习

3. 与企业（用人单位）长期合作达成的校内生产性（盈利性）实训基地

4. 学校自建的校内生产性（盈利性）实训基地

5. 其他_____

（8）学生实践的结果通过哪些渠道反馈？（可多选）

1. 用人单位鉴定　　　　　　　2. 学生实习报告

3. 回校后的实习汇报答辩　　　4. 其他_____

（9）学校人才引进的措施：（可多选）

1. 完善人才管理机制，营造宽松和谐的学术氛围

2. 健全考核体系，评定职称优先

3. 学校和企业（用人单位）共同培养人才

4. 设置企业（用人单位）特聘教授、客座教授等岗位，给予薪酬补助

5. 其他_____

（10）学校对教师的业绩考核评价指标？（可多选）

1. 教学业绩

2. 专业实践能力与贡献

3. 参与产教融合、校企合作

4. 参加企业实践锻炼，承担企业委托课题及提供生产管理技术服务

5. 其他_____

（11）学校对教师的职称评价标准？（可多选）

1. 对从事校外实习、实践教学等方面的指导教师予以政策倾斜

2. 以论文、项目作为主要评价指标

3. 以教学质量和教学成果及教学研究作为主要评价指标

4. 指导学生技能竞赛、参与行业标准研发以及服务行业企业成果等多个标准评价

5. 学历、资格证书为主要评价指标

6. 其他_____

（12）为促进教育教学质量的发展，学校有哪些团队建设？（可多选）

1. 学科前沿团队　　　　　　　2. 跨专业教学团队

3. 实训教学团队   4. 教学科研团队

5. 创新创业团队   6. 其他_____

第三部分　学校办学条件（财政来源、办学设施）

（1）学校教育经费的来源渠道？（可多选）

1. 中央财政向学校拨款

2. 公共财政对职业教育的投入

3. 企事业单位、社会团体和公民个人捐资助学

4. 其他_____

（2）每年中央财政向本校（院）拨付款_____万元，其中地方财政每年向本校（院）拨付款金额_____万元。

（3）改善本校（院）的基本办学条件采取的措施：（可多选）

1. 通过向当地政府申报，获取政策资金或条件扶持

2. 向相关行业协会获取相关技术及人才等支持

3. 向专业对口的企业（单位）获取相关人、财、物支持

4. 向相关办学专业的科研院校及行政事业单位获取支持

5. 其他_____

（4）学校是否有数字化教学资源建设？（如选"是"，请继续答题；选"否"请从第9题开始答题）

    1. 是   2. 否

（5）学校数字化教学资源的种类有？（可多选）

1. 数字图书馆   2. 电子期刊

3. 网络课程资源   4. 学校教学资源库

5. 学科课程教学资源   6. 其他_____

（6）推动本校学生使用数字信息化教学资源的措施有？（可多选）

1. 改善校园网络

2. 网络平台使用纳入学生专业学习

3. 学生使用相关数字化信息的情况纳入课程的成绩评定

4. 开展相关的教学竞赛

5. 纳入对教师教学的评价

6. 纳入对教师职称考核

7. 其他_____

（7）学校引导教师由传统教学转变为数字信息教学的方式有？（可多选）

1. 举办各种培训、讲座

2. 举办设立各类信息化教学竞赛及教改项目

3. 把教学方式纳入学期评教、评优、考核及绩效

4. 其他_____

（8）学校是否有对接的"产教融合（校企合作）"的企业或用人单位？

1. 有_____（填写企业或用人单位名称）

2. 无

（9）学校是否建立"产教融合（校企合作）"的"线上数据资源库"的信息资源匹配？

　　1. 是　　　　　　　2. 否

（10）为实现职业院校与企业（用人单位）间信息与资源的对接措施有？

1. 创建专业教师与技术专家资源库

2. 创建校毕业生及实习生数据库

3. 创建企业（用人单位）培训与服务需求信息库

4. 创建职业院校双师教师培训信息库

5. 开展线下校企合作项目对接洽谈会

6. 通过第三方平台，提供给企业（用人单位）中高端培训资源

7. 整合行业企业（用人单位）资源开展线下校企合作产业对接会

8. 科技成果转化与推介会

9. 其他_____

（11）学校是否有"产教融合（校企合作）"的实训基地？（如"有"请继续答题，如"无"请终止答题）

　　1. 有　　　　　　　2. 无

（12）学校的"产教融合（校企合作）"的实训基地开展的方式？（可多选）

1. 实验室　　　　　　　　　　2. 仿真实习车间（点）

3. 校内实习工厂（基地）　　　4. 校外实习工厂（基地）

5. 其他_____

（13）目前学校"产教融合（校企合作）"实训基地的建设位置是根据_____选取？

1. 政府指定　　　　　　　　　2. 学校和企业（单位）挂牌

3. 企业（单位）主动提供　　　4. 其他_____

（14）学校在"产教融合（校企合作）"实训基地所面临的困难？（可多选）

1. 实训基地建设经费不足

2. 当地政府配套政策支持不足

3. 市场无需要的相关资源，软硬件不匹配

4. 师资力量薄弱

5. 企业（用人单位）参与实训基地建设的积极性不高

6. 实训基地产学结合平台作用发挥不充分

7. 实训教材建设缺乏规划

8. 其他_____

（15）学校在"产教融合（校企合作）"中，采取了哪些措施？（可多选）

1. 依据国家、地方有关与校企合作的政策制度，与用人单位签订合作协议

2. 建立相应"校企合作"运行成效的评估机制、奖罚措施

3. 学校制定具体的成绩评定措施，对学生参与企业（用人单位）实训情况进行监督

4. 通过企业（用人单位）评定学生校外实训情况等方式，建立相应反馈机制，及时对"校企合作"需要进行调整

5. 其他_____

（16）当地政府为推动"产教融合（校企合作）"，采取的措施有？（可多选）

1. 以政策上的优惠吸引企业（单位）合作

2. 对校企合作的企业（用人单位）建立奖惩机制

3. 对校企合作的企业（用人单位）权责划分有相应的立法

4. 政府统筹下建立校企合作平台与协调管理机构

5. 政府统筹下建立职业院校的区域共享，设置特色专业、建立校企合作

6. 政府设置具体执行机构，负责职业院校教师到企业实践

7. 其他_____

附录4　用人单位问卷

尊敬的单位领导：

您好！我们来自××××××，正在对驻地新疆的用人单位做"产业结构升级视角下的新疆职业教育供给侧结构性优化路径研究"的调查研究。本问卷采用不记名的方式填答，答案无对错之分，您真实的回答对我们的研究非常重要，所有问卷获得的资料将不会对外公开，仅供统计分析使用，请您放心填写，感谢支持！

××××××

填答说明：

1. 正常每个问题只能选择一个答案，如有多选项，题项中会标出。

2. 除在标明"——"的问题上填写数字或文字外，其他均在相应的答案位置上打"√"。

调查员　　　　　　调查时间　　　　　　问卷编号

第一部分　用人单位基本情况

（1）用人单位注册地址？_____省（市、自治区）_____地区（州、市）_____县（市）。

（2）用人单位注册类型是？

1. 行政机关　　　　　　　　2. 事业单位

3. 社会团体　　　　　　　　4. 内资企业

5. 港澳台商投资企业　　　　6. 外商投资企业

（3）用人单位经营（生产）地址？_____省（市、自治区）_____地区（州、市）_____市（县、团场）_____乡（连）。

（4）用人单位所属行业？

1. 农、林、牧、渔业　　　　　　2. 工业

3. 建筑业　　　　　　　　　　　4. 零售业

5. 交通运输业　　　　　　　　　6. 软件和信息技术服务业

7. 仓储业　　　　　　　　　　　8. 邮政业

9. 住宿业　　　　　　　　　　　10. 餐饮业

11. 租赁和商务服务业　　　　　　12. 物业管理

13. 地产开发经营　　　　　　　　14. 信息传输业

15. 其他未列明行业_____

（5）用人单位的性质？

1. 机关、事业单位　　　　　　　2. 国有企业

3. 合资企业　　　　　　　　　　4. 私营企业

5. 外资企业　　　　　　　　　　6. 其他_____

（6）用人单位有_____人。

第二部分　学校与用人单位合作（校企合作）

（1）贵单位认为校企合作对本单位发展的重要程度？

1. 非常重要　　2. 很重要　　　3. 重要　　　　4. 一般重要

5. 不重要

（2）贵单位与学校合作培养人才的意愿程度？

1. 非常愿意　　2. 很愿意　　　3. 愿意　　　　4. 一般愿意

5. 不愿意

（3）贵单位参与"校企合作"能够得到相应的优惠措施，您的认同程度？

1. 完全认同　　2. 部分认同　　3. 认同　　　　4. 有点认同

5. 不认同

（4）贵单位参与"校企合作"是单位的社会责任，您的认同程度？

1. 完全认同　　2. 部分认同　　3. 认同　　　　4. 有点认同

5. 不认同

（5）贵单位是否了解参与"校企合作"的相关法律法规的情况？

1. 非常了解　　　2. 很了解　　　3. 了解　　　4. 一般了解

5. 不了解

（6）政府的奖惩机制对推动单位履行社会责任方面的作用？

1. 非常大的作用　　　　　　　2. 很大作用

3. 有部分作用　　　　　　　　4. 有点作用

5. 无作用

（7）政府对贵单位参与"校企合作"事项进行了有效监督，您同意该说法吗？

1. 完全同意　　　2. 部分同意　　　3. 同意　　　4. 有点同意

5. 不同意

（8）对建立健全"校企合作"的相关法律法规制度，贵单位的态度？

1. 非常有必要　　2. 很有必要　　　3. 有必要　　　4. 有点必要

5. 不必要

（9）贵单位每年人员招聘中，对职业技术院校学生的需求量？

1. 1~10 人　　　2. 10~20 人　　　3. 20~30 人　　　4. 30~50 人

5. 50~100 人　　6. 100 人以上

（10）贵单位每年人员招聘中，对有技术等级职业资格的岗位：初级_____人，中级_____人，高级_____人。其中职业技术院校学生_____人？（请在横线填"选项号"）

1. 1~10 人　　　2. 10~20 人　　　3. 20~30 人　　　4. 30~50 人

5. 50~100 人　　6. 100 人以上

（11）贵单位每年人员招聘中，学历层次结构？初中生_____人，高中生_____人；中专生_____人；专科生_____人；本科生_____人，研究生及以上_____人。（请在横线填"选项号"）

1. 1~10 人　　　2. 10~20 人　　　3. 20~30 人　　　4. 30~50 人

5. 50~100 人　　6. 100 人以上

（12）贵单位招聘的职业技术院校的学生主要来自_____地区（州、市）_____院校，其中来自新疆本地职业院校的学生_____人？

（13）贵单位认为下述学生的_____对单位有更大帮助作用？
（请按需求程度排序填列）

A. 职业实践能力   B. 人际沟通能力

C. 良好的职业道德   D. 岗前技术证书

E. 团队合作能力   F. 继续学习能力

G. 思维能力   H. 人文素养

I. 其他_____（自填）

（14）贵单位提供"校企合作"的方式有？（可多选）

1. 为校企合作提供经费   2. 为学校提供实训基地

3. 提供兼职教师   4. 委托学校进行员工培训

5. 为教师提供实践机会   6. 与学校实施订单培养

7. 参与人才培养方案设计与实施   8. 为学生提供实习机会

9. 其他_____

（15）贵单位认为影响"校企合作"积极性的因素主要有哪些？（可多选）

1. 学生无法达到用人单位的要求

2. 用人单位因参与人才培养的经济损失得不到补偿

3. 学校居于被动的地位

4. 校企（单位）之间沟通不畅通

5. 校企（单位）双方职责分工不明确

6. 其他_____

第三部分　用人单位参与职业院校学生的评价

（1）贵单位每年安排学生在单位实践的人数？

1. 10 人以下   2. 11～30 人   3. 31～50 人   4. 51 人以上

（2）贵单位每年安排学生在单位实践时间？

1. 半年以下   2. 半年至一年   3. 一年至一年半   4. 一年半至两年

5. 两年以上

（3）贵单位安排学生在单位实习后，留在单位工作的学生人数？

1. 10 人以下   2. 11～30 人   3. 31～50 人   4. 51 人以上

（4）贵单位认为职业技术院校学生在实习期间主要存在哪些不足？（可多选）

1. 专业技能不强

2. 自我学习能力弱，岗位适应能力差

3. 职业道德素养不高，缺乏敬业精神

4. 流失率高，做不长久

5. 人际关系处理不当，缺乏社会经验

6. 其他_____

（5）贵单位参与学校招生、学业评价及考核方面有哪些？（可多选）

1. 参与学生的招生录取到入学学习

2. 根据贵单位的岗位和用人标准，与学校共同探讨人才培养方案的修订、制定及考核

3. 参与学生的校内实践教学评价

4. 参与学生到用人单位岗位的实习评价

5. 参与学生的毕业考核，乃至毕业后进入劳动力市场的职业生涯发展

第四部分　教师到用人单位实践

（1）每年是否有职业院校教师到贵单位实践？

1. 是　　　　　2. 否

（2）每年职业院校派遣教师到贵单位实践人数？

1. 10 人以下　　2. 10～20 人　　3. 20 人以上

（3）每年职业院校派遣教师到贵单位实践的周期？

1. 3 个月以下　　2. 3～6 个月　　3. 6～12 个月　　4. 12～18 个月

5. 18～24 个月　　6. 24 个月以上

（4）每年职业院校派遣教师到贵单位实践的方式？（可多选）

1. 考察、专业见习、实习指导　　2. 单位顶岗培训项目

3. 单位岗位兼职　　　　　　　　4. 脱产到单位挂职

5. 其他_____

（5）贵单位提供给教师单位实践的安排与管理方式？（可多选）

1. 用人单位安排了详细的实践计划与任务

2. 用人单位提供了必需的办公生活条件

3. 用人单位安排了专业对口的指导老师

4. 用人单位安排了专业对口的岗位

5. 用人单位对教师与员工一样进行监督、管理及考核

（6）贵单位是否参与教师专业水平评价？

1. 是　　　　　　2. 否

（7）贵单位参与教师专业水平评价包括以下哪些方面？（可多选）

1. 深度参与评价教师学校专业论证、课程设置、人才培养方案制定

2. 参与评价教师教材编写中涉及单位需要的教育教学等过程

3. 参与评价教师在单位实践能力

4. 参与评价教师解决行业单位生产管理问题的能力

5. 参与评价教师开展单位人员培训的能力

6. 其他_____

（8）贵单位参与教师职业素养评价方面包括？（可多选）

1. 职业道德　　　　　　　　2. 责任心、态度

3. 人际交往沟通能力　　　　4. 团队合作能力

5. 其他_____

第五部分　用人单位对未来岗位的动态调整

（1）目前贵单位的岗位设置是否满足当地产业结构升级的需要？

1. 是　　　　　　2. 否

（2）根据题目（1），如果单位对现在岗位设置不满，将准备扩充
_____方面的用工岗位。

（3）根据题目（1），如果单位对现在岗位设置不满，将会做哪些方面岗位和用工调整？（可多选）

1. 扩大用工种类

2. 扩大用工数量

3. 提升用工资格（相关证书）的进入门槛

4. 提升用工学历的进入门槛

5. 其他_____

（4）未来人才发展要适应当地产业结构升级的需要，贵单位将有哪些规划？（可多选）

1. 加大与职业技术院校"校企合作"力度，培养对应人才

2. 积极联合行业，对相关人才质量的资格认证及专项职业能力考核制度进行探讨，开辟高技能人才培养的多种途径

3. 积极向当地政府反馈本单位发展及用工情况，并申报相关的制度保障，激励本单位开展"校企合作"

4. 加大对本单位的经营理念的社会宣传，吸引人才

后　　记

本书的出版得到了石河子大学"中央支持地方高校改革发展资金部省合建学科项目"的资助。

本书是在本人主持的国家社会科学基金项目（18BJY048）的基础上修改完成的。自项目立项、结项到本书定稿，我经历了一次心灵与身体苦旅的修行，这终将化作一笔珍贵财富而受益终身。

本书能顺利出版要感谢新疆维吾尔自治区审计厅的王宁副处长、新疆职业大学的法茹克老师、新疆农业职业技术学院蔺小慧副教授、喀什职业技术学院的李文科副院长、伊犁职业技术学院的王传锋老师、兵团干部学院王俊峰副院长、石河子职业技术学院的陈建红馆长、石河子大学经济与管理学院的马拉提老师在调研过程中提供的支持与帮助！

还要感谢国家统计局兵团调查总队丁诚处长、兵团财务局胡小平副局长、新疆财经大学的蔚盼盼助理研究员、石河子大学党委办公室、校长办公室的刘军副主任在数据收集过程中给予的帮助！

同时，在此要衷心感谢杨静老师、李霞老师、王中伟老师在问卷设计、调研及撰写过程中给予的很大支持与帮助！还要感谢邵秀花、郝涵、纪鑫、刘维洲、孙妩在数据收集、整理与分析及撰写过程中提供的帮助！正是你们的倾心帮助，才使得这本书得以顺利完成。

同样，还要感谢在出书过程中给予我支持和帮助的石河子大学经济与管理学院的领导和同事。

特别要感谢我的家人对我工作一如既往的默默支持与关怀，家人们无私的奉献与爱给了我勇气和力量，我点滴成绩的取得无不凝聚着家人们的挚爱与付出。

感谢经济科学出版社给予的出版支持！

谨以此文表达对所有关心、支持和帮助我的家人、朋友、同事、研究生的感激之情，在此祝你们平安、健康、幸福！

徐秋艳

2024 年 5 月 9 日